思想流学说与詹姆士哲学

黄启祥　著

SIXIANGLIU XUESHUO
YU ZHANMUSHI ZHEXUE

GUANGXI NORMAL UNIVERSITY PRESS
广西师范大学出版社
·桂林·

图书在版编目（CIP）数据

思想流学说与詹姆士哲学 / 黄启祥著. —桂林：
广西师范大学出版社，2017.6
ISBN 978-7-5495-9898-4

Ⅰ. ①思… Ⅱ. ①黄… Ⅲ. ①詹姆斯（James,
William 1842-1910）—哲学思想 Ⅳ. ①B712.44

中国版本图书馆 CIP 数据核字（2017）第 125567 号

广西师范大学出版社出版发行
（广西桂林市中华路 22 号 邮政编码：541001
网址：http://www.bbtpress.com）
出版人：张艺兵
全国新华书店经销
济南继东彩艺印刷有限公司印刷
（山东省济南市市中区段店南路 264 号 邮政编码：250022）
开本：720 mm × 1 020 mm 1/16
印张：15 字数：250 千字
2017 年 6 月第 1 版 2017 年 6 月第 1 次印刷
定价：58.00 元

詹姆士著作名称缩写

CER: *Collected Essays and Reviews,* Edited by R. B. Perry, London: Longmans, Green and Co., 1920.

ERE: *Essays in Radical Empiricism*, Edited by R. B. Perry, New York: Longmans, Green And Co., 1922.

LWJ: *Letters of William James*, 2 vols. Edited by Henry James, Boston: The Atlantic Monthly Press, 1920.

LWJTF: *Letters of William James and Theodore Flournoy*, Edited by Robert C. LeClair, Madison : University of Wisconsin Press, 1966.

MT: *The Meaning of Truth*, Cambridge: Harvard University Press, 1975.

MS: *Memories and Studies*, London: Longmans, Green and Co., 1912.

PU: *A Pluralistic Universe*, London: Longmans, Gre体他en and Co., 1909.

P: *Pragmatism and Four Essays from The Meaning of Truth*, New York: The World Publishing Company, 1970.

PP: *The Principles of Psychology*, 2Vols. Beijing: China Social Sciences Pub. Housing, 1999.

PBC: *Psychology: Briefer Course*, London: Macmillan and Co., 1892.

SLWJ: *The Selected Letters of William James*, Edited by Elizabeth Hardwick, Boston: David R. Godine Publisher, Inc. 1980.

SPP: *Some Problems of Philosophy*, New York: Longmans, Green and Co., 1924.

TT: *Talks to Teachers on Psychology and to Students on Some of Life's Ideals*, New York: Henry Holt and Company, 1901.

VRE: *The Varieties of Relegious Experience*, New York: Penguin Books USA Inc., 1985.

WB: *The Will To Believe and Other Essays in Popular Philosophy*, New York: Dover Publication, Inc., 1956.

WWJ: *The Writings of William James: A Comprehensive Edition*, Edited by John J. McDermott, Chicago: The University of Chicago Press, 1977.

序

张祥龙

詹姆士（又译为“詹姆斯”）的《心理学原理》，我年轻时就接触到了。偶然买到唐钺的选译本，就挑着读了一部分，被它的一些句子打动。特别是读到“心可以分裂成为不相连的部分”、“疯狂的妄想”、“交替的自我”时举的那些例子，让人大开眼界，感到心灵中有我以前从未想到的深邃维度。但总的说来，还是雾里观花。后来学了哲学特别是现象学之后，才开始看出其中的理路来，领会到这雾花之美的真切依据。尤其是詹姆士对“思想流”的阐发，实例生动，语言精微，对我的启发既直接又深远，每读一次都有新体会。以此为根据，再看胡塞尔的内时间意识现象学，才能切身地理解其生机奥妙，而不被那些晦涩用语、旁枝别杈和不透彻的观点障塞住。我因此而觉得，要对当代西方哲学的变革前沿有领悟，读《心理学原理》、特别是其“思想流”或“意识流”部分，相当于禅宗和尚做“参话头”之类的功夫，一旦参透，就一通百通，或起码可以进到一个能欣赏柏格森、狄尔泰、海德格尔、梅洛–庞蒂、维特根斯坦（后期）、萨特、伽达默尔、怀特海等哲学家的学说底蕴的境界。之所以会这样，是因为詹姆士的借例阐述既切近明了，可以直感而通，又由于它从思想上“显影”出了“趋势之觉”、“意识边缘”、“思想泛音”这些以往哲学看不到的联系，使这感通具有了强大的旁通启发力，会从根源处改变我们对世界和人生的看法，从而与那些突破了传统窠臼的当代哲学家们产生共鸣。

因此，当黄启祥当年要做关于詹姆士的博士论文时，我就很受鼓舞，并建议他力争打通思想流与詹姆士的其他学说。说实话，我读詹氏的《实用主义》等著作，感觉已经大不如《原理》了，但也怀疑是我没有仔细研究所致。后来他的论文做出来了，也就在相当程度上纠正了我的这个印象。

最近，他又将这论文做了较大范围的修改，使它得到深度改进，成为一本颇有分量的研究专著。我读后感到，此书立论——詹氏的思想流学说与他为人熟悉的哲学学说是内在贯通的——虽然新颖，但经过他的层层论证和开显，已然很有哲理上的依据和说服力。今后对詹姆士的全面研究，很难再绕开这个问题或联系了。黄启祥的研究表明，如果能够从道理上看到这个联系，那么对詹氏的彻底经验主义、实用主义、多元宇宙观等学说就会有更透彻和连贯得多的理解，许多以前的争论，或詹氏一些看似自相矛盾的观点，就自然被化解了。实际上，这样一来，对整个实用主义哲理的理解也就大大深化，罗森塔尔的“实用主义最接近现象学”[①]的主张也才得到了有力辩护。

读者可以发现，为了让主旨挺立，此书的论证相当细密，比如辨析艾耶尔、罗素等如何误解了詹姆士，几种经验主义——传统经验主义、有关系意识的经验主义和带有边缘自觉的经验主义——如何不同，等等，皆是层层递进，出语有据，不管是原著的依据，还是论著的和论辩中的依据。所用文献相当丰富，观察的视野也开阔，要害处反复交叉地印证。尽管如此，阅读起来却基本上是流畅而不晦涩的。因为各章都是在围绕主线发力，从准备、助跑、起跳，到腾跃、伸展和落地，皆在意识流的穿引和边缘的勾连之中，所以既有明示，又有暗通，越是细密，就越是能逼出夹缝中的湍急思想流，让人获得阅读和领会的快感。当然，如作者自己意识到的，此书也还有改进的余地，比如多元宇宙观与思想流的关系，似乎还可深究。

实用主义是美国的“国学”，既代表又参与塑造美国人的思想方式。但它绝不像当年胡适介绍的那么浅薄，也不像分析哲学化了以后的那么僵板。它的哲理真身或高峰就在詹姆士的思想流学说和彻底经验论中，其精神在现象学运动中也得到了蓬勃展示。而这本书既辨认出这个真身，又为它可能有的现象学迁移建造了桥梁，当然是一座靠边缘感牵挂出的近乎隐形的桥梁。

在詹姆士这里，心理学（或这个意义上的科学）和哲学是不分的，就像在布伦塔诺、胡塞尔、梅洛-庞蒂等人那里一样。但他们都看到了彻底经验本身的自足性或源头性，它既不可被形而上学统率，也不可被统统还原到物质科学对象上去。通过研究大脑的神经元网络结构来更精准地理解思想流，是必要的，也很值得我们重视，但要将思想流和人类意识完全还原为神经生理过程，从哲学上主张生理对象化的自然主义，否认思想流或意识流的根本真实性，就是鸠占鹊巢、买椟还珠之举了。这种自然主义已经被物理主义还原论绑架，所以一点也不自然，

① 桑·罗森塔尔：《从现代背景看美国古典实用主义》，陈维纲译，北京：开明出版社，1992年，第11页。

与当年伟大的实用主义者们谈到的自然主义——以我们实际生活对意义和真理的构成为根——完全不是一回事。仔细阅读眼下这本书，会帮助读者看清活的自然主义与死的自然主义的区别，乃至哲学汲取科学与哲学被科学完全实证对象化的区别。

目　录

CONTENTS

引　言

威廉·詹姆士（William James，1842-1910）是美国第一位闻名世界的心理学家和第一位享有国际声誉的哲学家，机能主义心理学的创始人和美国实用主义哲学的创立者之一。詹姆士的思想不仅启发和推动了20世纪的心理学和西方主要哲学流派，而且对当代西方的社会学、政治学、神学、文学和艺术理论也有不可忽视的影响。詹姆士的大部分著作已被翻译成多种语言，在过去一百多年间西方研究其学说的著作和论文不胜枚举，“关于詹姆士的著述可能比美国其他任何一个哲学家的都要多”[①]。

在詹姆士的各种学说中，《心理学原理》中的思想流（又称意识流）学说是心理学的重要成就，也是对哲学的独特贡献。它不仅开创了真正意义上的美国哲学，而且对20世纪的西方哲学产生了深远的影响。杜威把詹姆士的《心理学原理》看作美国实用主义运动的先驱。[②]20世纪西方哲学的两大显学即现象学和分析哲学的创始人也都受这个学说的启发。胡塞尔承认他特别受益于詹姆士的《心理学原理》。詹姆士的心理学帮助他克服了心理主义。胡塞尔的内时间意识现象学与詹姆士的思想流学说有着诸多类似。[③]B. W. 威尔塞（B. W. Wilshire）甚至认为詹姆士的《心理学原理》就是现象学的开拓之作。[④]至于《心理学原理》对维

① B. W. Wilshire, *William James and Phenomenology: A Study of the Principles of Psychology*, Bloomington: Indiana University Press, 1968, p.3.本书所引詹姆士的著作及其他外文著作，除注明引自汉译本的以外，皆为本书作者所译，同时参考了有关汉译本。

② R. B. Perry, *The Thought and Character of William James*, Vol. II, Boston: Little, Brown and Company, 1935, p.516, p.521.

③ 关于詹姆士哲学与胡塞尔现象学的比较研究，可参见Richard Stevens, *James and Husserl: The Foundations of Meaning*, The Hague: Martinus Nijhoff, 1974.

④ B. W. Wilshire, *William James and Phenomenology: A Study of the Principles of Psychology*, pp.3–4.

特根斯坦的影响，罗素·古德曼（Russell B. Goodman）说："从[20世纪]三十年代早期至维特根斯坦去世，《心理学原理》一直是他的思想指南……是他的工作用书、查阅的资料，是他一直尊重而又批评的著作。"[①]理查德·盖尔（Richard M. Gale）说："我们有这种感觉，维特根斯坦在写作《哲学研究》的时候，面前摆放着一本打开的《心理学原理》，特别是'思想流'那一章。"[②]即便是分析哲学在美国占主导地位的时代，源于思想流学说的詹姆士哲学也像涌动在深层的暗流，从未停止其在哲学中的推动。我们从蒯因、库恩、费耶阿本德、罗蒂、普特南、戴维森等人的著作中都能感受到来自詹姆士哲学思想的启发魅力。可以这样说，如果不了解詹姆士的思想流学说，我们不仅难以领会詹姆士的哲学体系，而且对现代西方哲学中的许多重要著作的理解也会产生学理上的困难。

此书不具体探讨詹姆士的思想流学说与其身后的美国哲学以及西方哲学的关系，而是在读解詹姆士著作的基础上，尝试讨论詹姆士的思想流学说及其与詹姆士哲学的关系。希望通过这个讨论，揭示一条领会哲学问题的思路，以及它如何贯穿于詹姆士的主要哲学著作，以呈现一个与以往不尽相同但我相信能够持之有据而又前后一致的詹姆士哲学体系。

在过去一个多世纪对于詹姆士哲学的研究中，关于其哲学思想的系统表述问题一直聚讼纷纭，难有定论。沙琳·塞格弗里德（Charlene H. Seigfried）将持不同立场的学者概括为两大阵营：一个阵营认为詹姆士的著作是一个精彩思想的系列，它们的不连贯性是他反体系、反理性主义与反基础主义立场的证明；另一个阵营认为他的著作是一个统一的整体，尽管通常需要透过矛盾的表面才能发现其连贯性。[③]詹姆士·帕威尔斯基（James O. Pawelski）在这个划分的基础上将每一个阵营进行细分，把前者进一步分为两种观点（即詹姆士文本中的不一致是偶然的或有意的），将后者也进一步分为两种观点（即詹姆士的文本从根本上是统一

---

① Russell B. Goodman, *Wittgenstein and William James*, Cambridge: Cambridge University Press, 2002, p.61.这方面的论述又见 Christopher Coope, et al., *A Wittgenstein Workbook*, Oxford: Basil Blackwell, 1967, Appendix 2; Garth Hallett, *A Companion to Wittgenstein's "Philosophical Investigations"*, Ithaca: Cornell University Press, 1977, passim; Russell B. Goodman, "What Wittgenstein Learned From William James," *History of Philosophy Quarterly* 11: 2 (1994), pp.339－54.

② Richard Gale, *The Divided Self of William James*, Cambridge: Cambridge University Press, 1999, p.165.

③ Charlene H. Seigfried, *William James's Radical Reconstruction of Philosophy*, Albany: State University of New York Press, 1990, p.10.

的或具有深层的二元性）。[1]这两个阵营中每一方的观点都可在詹姆士的著作中找到一定的根据，但是又都失之偏颇。詹姆士的哲学既非零散思想的表达，也不是一个硬性的完整统一体。

詹姆士的著作在许多地方给读者一种观点不连贯的印象，这是一个事实。例如：《心理学原理》一方面拒斥形而上学，一方面又到处渗透着“形而上学之水”；《心理学原理》中的“心物二元论”立场与《彻底的经验主义》中的“中性一元论”似乎明显不一致；《实用主义》声明实用主义与彻底经验主义没有任何逻辑关联，《真理的意义》则宣称实用主义的真理学说之确立是彻底经验主义取得成功的首要步骤；等等。简单地认为詹姆士反基础主义、反理性主义和反体系，并不能对它们做出充分的解释。詹姆士著作中的这些“不连贯”是由多种原因造成的。首先，如盖尔所言，詹姆士想创立一种最丰厚和最具启发力的哲学，每个人都能在这个哲学中看到自己，都可以从中获得自己想要的东西。但是，如果一个哲学家志在创立一种最丰厚和最有启发力的哲学，他的文本中必然具有许多表面的张力。詹姆士的著作呈现给读者的似乎是琳琅满目而又彼此不太相容的观点。这使研究者们在解释其著作时具有很大的自由发挥空间，因为他们必须通过各自的思考来理解它们。[2]其次，詹姆士不像一些哲学家那样有一个师承的谱系，例如亚里士多德之于柏拉图或者海德格尔之于胡塞尔，人们可以从其导师那里追溯其思想和方法的来源，以理顺其整个哲学体系。无论詹姆士的心理学还是哲学都与其他心理学家或哲学家没有直接的师承关系，他从未接受过正规的心理学教育和哲学训练。他说：“我最初学习医学是为了成为一名生理学家，但却由于天命而从事心理学和哲学。我从未受到任何哲学教育；我听到的第一堂心理学课是我自己第一次讲授的心理学。”[3]詹姆士哲学的思想来源非常丰富，他从不同时代的不同作家那里广采博取心理学食粮和哲学营养，这只需读一下他的《心理学原理》便可知道他的渊博学识。再者，詹姆士的著作大多由发表的论文或演讲稿集结而成，虽然读起来赏心悦目，但也显得松散，缺少形式上的统一性。此外，詹姆士拒斥哲学的体系化和过分专业化，厌恶充斥着德国哲学的“隐晦玄

---

① James O. Pawelski, *The Dynamic Individualism of William James*, Albany: State University of New York Press, 2007, p.96.

② Richard M. Gale, *The Philosophy of William James: An Introduction*, Cambridge: Cambridge University Press, 2005, p.ix.

③ R. B. Perry, *The Thought and Character of William James: Briefer Version*, Cambridge: Harvard University Press, 1948, p.78.

秘”和“装腔作势”的表述风格，[①]而尽量以朴实无华甚至有些近乎文学语言的通俗表达形式来书写自己的著作。所有这一切使他的著作中存在着许多看似观点模糊、变化和不一致之处，常常使人认为他的学说不成体系。也许正是由于这些原因，“将詹姆士哲学作为一个整体来研究的论著并不常见”[②]。

从著作形式上看，詹姆士不是一个体系化的哲学家，他的著作不是一个完整的统一体，但是这并不意味着他著作中的哲学思想缺少系统性，更不意味着他的各个学说之间缺少内在联系。一些学者努力在其看上去松散的不同著作中寻找思想的连续性，把他的不同哲学观点解释成有着内在有机结构的统一连贯的学说。但问题在于：这是一种怎样的统一性？在这方面不同学者解释的路径和方式互有差异：有的以詹姆士的彻底经验主义来统领其哲学的各个部分；有的则以实用主义来概括詹姆士的哲学思想。艾耶尔（A. J. Ayer）在《实用主义的起源》中认为彻底经验主义是詹姆士“在哲学理论上最具原创性和最有成效的贡献”[③]，并将他的彻底经验主义与《心理学原理》中的思想联系起来考察。虽然他是以彻底经验主义为框架来阐释《心理学原理》中的一些内容，但是这同时也表明了《心理学原理》在彻底经验主义产生和发展中的作用。艾耶尔有时也通过《心理学原理》中的观点来辅助解释詹姆士的实用主义真理观和他的信仰意志学说。这些解释显示出詹姆士早期思想与后期哲学的内在关联。艾耶尔的论述颇有独到之处，但他的逻辑实证主义立场使他误解了詹姆士的时间观，并进而导致他对詹姆士的思想流学说和彻底经验主义的误读。受艾耶尔的启发，格雷厄姆·博德（Graham Bird）在其著作《威廉·詹姆士》中“想对詹姆士的哲学观念进行通盘审视……并指出它们的发展线索”[④]，但他以实用主义作为詹姆士哲学的通称。在他看来，虽然詹姆士的《实用主义》一书直到1907年才出版，但是在这之前的《心理学原理》和《信仰的意志》都清晰地显示了哲学问题上和心理学问题上的实用主义观点。尽管“实用主义”一词未曾在《心理学原理》中出现，但是我们在这部著作中不难看到类似实用主义方法的论证。博德看到詹姆士的著作具有很强的连续性，这种连续性从他的早期著作贯通到晚期著作：《信仰的意志》的中心论

---

① *PU*, pp.18-19.

② Graham Bird, “preface” to *William James*, London:Routledge & Kegan Paul, 1986.

③ A.J. Ayer, *The Origins of Pragmatism: Studies in the Philosophy of Charles Peirce and William James*, San Francisco: Freeman, Cooper and Co., 1968, p.183.

④ Graham Bird, , “preface” to *William James*.

题在《心理学原理》出版之前已经出现，这些论题又出现在后来的《实用主义》和《宗教经验种种》里；尽管《彻底的经验主义》一书问世很晚，但詹姆士在《信仰的意志》的序言中已经谈到了他的“彻底经验主义”学说；他的那些晚期论文所论及的主题也已经在《实用主义》、《真理的意义》甚至《心理学原理》中提到了。[①]博德发现了詹姆士著作中内容上的连续和前后交叉，但是他似乎并未对《心理学原理》中的思想方法与其后期学说之间的内在构成关系给予足够的重视。E. K. 苏克尔（E. K. Suckiel）在《威廉·詹姆士的实用主义哲学》中试图揭示詹姆士哲学的一贯原则和方法。她说：“我们一旦认识到他最深思熟虑的意图，对于詹姆士的实用主义著作进行仔细而彻底的解读，就能获得一个连贯的视野……这个视野来自他前后一致的哲学方法。”[②]苏克尔认为，在詹姆士的哲学思想发展中有两个不变的基本前提：经验原则即哲学问题只有通过它们可能的或实际的经验效果才能得到适当的理解；人性原则即个人趋向于各种目的和兴趣的实现。它们将詹姆士的哲学思想统一起来，使之表现为一个复杂而又连贯的体系。苏克尔虽然运用了詹姆士《心理学原理》中的一些内容来论证她所说的两个基本前提和若干具体观点，但是她的论述主要围绕詹姆士的实用主义学说展开，对詹姆士的思想流学说和彻底经验主义涉及不多，对于詹姆士的多元宇宙观更是着墨甚少，还不能算是对詹姆士主要哲学思想的系统阐释。尚新建教授的《美国世俗化的宗教与威廉·詹姆斯的彻底经验主义》一书认为詹姆士的哲学气质是宗教性的，他的整个学术生涯始终渗透着深切的宗教关怀，他的心理学和哲学体系隐含着深刻的宗教动机。因此，要想正确地把握詹姆士的哲学思想，必须从他的宗教关怀入手，必须在美国独特的世俗化宗教的氛围里加以审视。通过这个视角，我们能够看到詹姆士哲学的核心是彻底经验主义，詹姆士的思想自始至终贯彻着彻底经验主义，实用主义只是彻底经验主义的一部分，甚至《心理学原理》也是以彻底经验主义的思想为基础的。这些学者都将《心理学原理》视为詹姆士哲学的一个部分，并试图把詹姆士哲学的各个学说解释成一个整体或统一的思想体系。这给人以很大的启发。当然，这不意味着我完全赞同他们阐释和重构詹姆士哲学的路径和方式。本书更愿意把詹姆士的哲学看成一个既有观点变化又有内在连续的思想之流。

---

① Graham Bird, *William James*, pp.8–9.

② E. K. Suckiel, “preface” to *The Pragmatic Philosophy of William James*, Noter Dame : University of Noter Dame Press, 1984, p.x.

据我所知，尚未有著作把《心理学原理》中的思想流学说作为詹姆士哲学的思想起点和方法论基础，并以此考察詹姆士的实用主义、多元宇宙观、彻底经验主义、道德哲学和宗教哲学以及他的整个哲学体系。汉语哲学界迄今为止几乎没有对这个学说的哲学含义，特别是它对于理解詹姆士的实用主义、多元宇宙观、道德哲学的意义做出系统的研究。理解詹姆士哲学，最好的途径莫过于从根本处着手，而《心理学原理》则是詹姆士最重要的著作，贯通于它的思想流学说既是对心理学也是对哲学的重大贡献。思想流学说既是詹姆士哲学的起点，又对詹姆士哲学的其他部分产生了深刻影响。思想流的方法和思路渗透于詹姆士后来阐发的各主要学说之中，不论他的实用主义、多元宇宙观、彻底经验主义、道德哲学和宗教哲学都是其基本思想方法和思维方式的体现，揭示这个根本的方法和思路，才能对他的著作和学说有一个系统一贯的理解。故此，我将首先考察詹姆士的思想流学说，探讨它的思想方式的产生、形成和特点，在对它有了清晰的了解之后，讨论它如何贯穿于詹姆士的主要哲学著作，即它与实用主义、多元宇宙观和彻底经验主义的关系。本书的范围就限于此。

因此，这里阐发的詹姆士哲学，具体地说，詹姆士的思想流学说及其与实用主义、多元宇宙观和彻底经验主义的关系，没有涵盖詹姆士哲学的所有方面。詹姆士的思想流学说也是他的道德哲学和宗教哲学的基础。他的《宗教经验种种》实际上是一部宗教心理学，他对宗教的解释是以思想流学说为根据的。有的学者甚至认为："《宗教经验种种》最好理解为詹姆士的《心理学原理》的第三卷，它是对于边缘意识流及其对一般意识之自我（the self of ordinary consciousness）的定义与描述的持续研究。"[①]尽管詹姆士直接论述伦理问题的著述很少，只有1891年发表的论文《道德哲学家与道德生活》[②]集中明确地论述了伦理问题，但是他的伦理思想潜在地分布于他的主要哲学著作中，或者说他的主要哲学著作都与伦理思想相关，而且"越来越多的学者认为他的著作的一个（如果不是唯一的）主题是伦理"[③]。反复阅读詹姆士的著作，我们会得到一个清晰的印象，即他的道德哲学思想建立于他的思想流学说之上。但是本书不专门讨论他的宗教哲学和道德哲学。

---

① Bennett Ramsey, *Submitting to Freedom: the Religious Vision of William James*, New York: Oxford University Press, 1993, p.87.

② 这篇文章被收入William James, *The Will To Believe and Other Essays in Popular Philosophy*, New York: Longmans, Green and Co.,1897.

③ Sami Pihlström and Henrik Rydenfelt, "introduction" to *William James on Religion*, ed. Henrik Rydenfelt and Sami Pihlström, New York: Palgrave Macmillan, 2013, p.3.

本书在对《心理学原理》的论述中，常常以较前面的部分来提示和引导较后面的部分，以后面的部分印证和说明前面的部分；在整部书中，也常常以詹姆士较前的著作引出其较后的著作，而以其较后的著作验证其较前的观点，并通过它们之间的相互呼应和彼此贯通，来显示詹姆士诸学说的连贯，方法的回旋，并呈现其思想在境域中连续构成的特点。这里容易引起争议的一点是，有的地方运用詹姆士后期著作中的有关表述来解释或佐证其早期的思想流学说的来源。采取这种解释方式的理由是詹姆士的一些论述虽然出现在其后期著作中，但是它们表达的看法在其思想流学说形成时期就已经出现或萌发。当然这并不是说詹姆士后期的所有思想在其早期著作的酝酿阶段都已产生。

思想流学说表现出的基本精神是面向经验和事实本身，在出发点上摒弃抽象的构造，不把次生的东西看作原初的。这是詹姆士一再着重强调的。经验和事实是其哲学思想的出发点，是其验证观念和理论的标准，也是其反驳对手的根据。他说："首先要注意的是，我们能够随意用来构成整个世界图景的唯一材料是由我们已经经验到的那个世界的各个部分提供的。"[①]在詹姆士看来，哲学家无论提出什么假设，无论是先验意识还是超验存在，都是基于他的经验世界的。他的经验才是最根本的东西。"一切哲学家都是从特别引起他们注意的世界的某一特点类推出他们所想象到的整个世界。"[②]在詹姆士看来，经验和思想本身具有时间性，它们不是现成的、封闭的、可以固化的、静止不动的，而是总在向前之中的。时间本身是一个带有边缘的结构，经验在这个结构中并通过这个结构而构成。不断变化的思想通过自身的边缘彼此相连，形成一个连续的思想流或经验流。在这流之内，不存在永远同一的感觉或思想原子，在这流之外也没有超验的自我、绝对或上帝，这流之中就具有构成我们知识的一切条件。我们的概念和真理都来自于生活和实践的需要，其意义都由经验流构成。人们的宗教信仰也源于他们的经验，驻于他们的经验，而超不出他们的经验。这样一条面向经验和事实的动态构成思路贯穿詹姆士思想发展的始终。

本书从以下几个方面讨论詹姆士的思想流学说及其在詹姆士哲学中的地位。

第一章描述詹姆士的人生经验，也就是他的人生之旅和生活之流。这种描述的必要性源于詹姆士的一个见解：哲学是对于生命的整个冲动的一些感觉方式和对于生命流动的一些理解方式，它来自一个人的全部性格和经验。詹姆士的思

---

① *PU*, p.8.

② *PU*, p.8.

想流学说与其哲学在相当程度上来自于他对生活本身的体验、观察与思考。他的人生经验之流赋予他一种面向具体经验和事实的禀性，一种不固持于现成性的气质，一种总在向未来的可能性敞开的心态，并进而形成詹姆士那注重经验之活生生的原初构成的思想方式，使他看到一个由中心和边缘构成的、总在变易而光影如画的连续世界。这成为思想流学说的现实起源，也是詹姆士理解经验主义及其他哲学的一个不可还原的视域。

詹姆士的思想流学说集中体现在他的《心理学原理》之中。这一学说也是这部著作中极其重要的内容。第二章介绍《心理学原理》的科学性质与哲学意蕴。詹姆士志在建立一门科学的新心理学。他的思想流学说立足于自然科学立场，吸取了实验心理学和达尔文进化论的重要思想，基于当时最新的生理学和心理学的事实，具有明确的科学追求和科学性质，不是形而上学的虚构或玄想。这是詹姆士的思想流学说和心理学不同于旧心理学的重要表现。思想流学说虽然建立在自然科学知识之上，但是它绝不仅仅是一种自然科学知识，同时也是詹姆士内省、比较和哲学思考的结果，是一种意蕴深刻的哲学学说。它蕴涵着詹姆士后来的主要哲学方法和哲学方向。这也是它对后来的西方哲学主要流派产生启发的一个重要原因。

第三章择要讨论思想流学说的哲学思想来源。英国经验主义是詹姆士思想流学说的一个重要的直接哲学来源。经验主义给予詹姆士的最大启发，或者它与詹姆士的心灵之最为相契之处是以经验和事实来解释概念的意义，不把概念看作一成不变的实体或本质。但是经验主义把次生的或者理智在反思中所把握的东西当作感觉经验自身，漏掉了经验中的连接性关系。它的观念是原子式的、不变的、无时间性的，由此导致经验主义在一系列重要问题上的失误。詹姆士对唯心主义著作的研究为他批判经验主义提供了一个视角。唯心主义对关系和整体性的重视让他看到经验主义的疏漏和缺陷。与他同时代的查尔斯·勒努维耶（Charles Renouvier）和沙德沃思·霍奇森（Shadworth H. Hodgson）对经验的重新阐释帮助他察觉到经验主义和唯心主义共有的不足之处。这为他走出经验主义的困境和走向"彻底的"经验主义提供了帮助。詹姆士既坚持关系的必要性，又确信感觉承载着它们。他强调在经验的"原初含义中"看待它们，"把它们看成活生生的经验流"。[1]

---

① *ERE*, p.236.

第四章和第五章阐述詹姆士的思想流学说。第四章解释詹姆士所界定的心理学的基本事实，廓清“思想”这一重要概念的蕴涵，并回应艾耶尔对詹姆士的时间观的批评。第五章具体描述詹姆士的思想流学说。詹姆士在《心理学原理》中用“思想”表示意识的一切形态。思想是时间中的现象，时间是一种原初的内在构成，是思想的存在方式和普遍特征。每一个思想都是一个由焦点和边缘构成的结构，都既有其当下耀眼的核心，也包含着已经减弱、渐渐逝去的过去思想的持存，和比较微弱、正在增强的将来趋势；在这周围还有更黯淡和更模糊的部分。正是在这边缘中构成了思想或感觉之间的关系。正因为思想带有边缘，而不是孤立的思想原子，所以思想永远不会重复，永远不会现成地再现，总处在变化之中；也正是通过思想的边缘，思想之间得以过渡和连续。思想是变化的，又是连续的，无论变化还是连续都植根于思想的时间性，都源于边缘中的内在构成。思想的这种变化与连续的统一造就了思想“流”。思想流学说是詹姆士后来哲学学说的源泉。正是在思想流的“自由之水”①中，这些学说获得了方法上的浮力与生机。

第六章考察詹姆士的实用主义。从思想流学说到实用主义是一个连续的过渡。实用主义首先是一种考察思想、解释概念、由此而解决形而上学争论的方法。考察思想必须面向思想本身，这是实用主义的前提要求。由于思想是时间中的现象，考察思想必须在时间中进行。每一个思想都通过其边缘与别的思想构成一连续的思想流，它的意义只有在这流之中才能得到理解。同样，“一切经验[也]都是个别的，没有一项经验重复出现过两次”②。我们所遇到的一切事物都被一“更多”的边缘模糊地环绕着，并一直延伸到将要到来的下一个事物中去，从而形成一个事物流或经验流。③这个连续的经验流是实用主义方法得以可能的条件，也是它的一般真理观念能够成立的关键。在这经验流之中每一个思想或事物正在引发或将要引发的思想或行动都对它的意义具有塑成作用。所以实用主义主张通过考察概念在经验流中产生的实际效果来解释概念，通过经验的引导来证实真理。这样理解的实用主义不是完全任意的、只为我所用的，而是有着自然的或存在论意义上的内在依据。

第七章描述詹姆士的多元宇宙观。多元宇宙观和彻底经验主义是从不同角度

① *PP*, Vol. I, pp.254-255.

② *P*, p.119.

③ *P*, p.118.

和侧重点对詹姆士的宇宙观进行的表述，它们都源于思想流学说。多元宇宙观着重论述经验世界中的分离性关系，即世界的“多”；彻底经验主义着重论述经验世界中的连接性关系，即世界的“一”。詹姆士从思想流学说出发，分析了经验主义的多元论和理性主义的一元论的产生。通常经验主义者和理性主义者都以抽象方式谈论世界的统一。他则以实用主义方法来探讨世界的“一”与“多”，既拒绝绝对一元论也拒绝绝对多元论。在他看来，就我们经验到的许多确定的连接而言，世界是“一”；就我们所见到的许多确定的非连接而言，它又不是“一”。因此，世界在许多方面是“一”，在另外方面是“多”，我们可以根据不同情况而说它是“一”或“多”。“一”与“多”同等重要，一个不比另一个更基本、更实在或更优越。多元论与一元论是完全同等的假设。詹姆士的哲学气质使他主张实用主义的多元论，这种多元论认为事物以个体形式存在，宇宙中事物的联系并非来自世界之外，而是我们经验到的事物的具体联系。它承认一个分散的、未完成的、向着不可控制的可能性敞开的、没有完全结合为整体的宇宙。

第八章探讨詹姆士的彻底经验主义，并对聚讼纷纭的实用主义与彻底经验主义的关系问题做出分析。《彻底的经验主义》是《心理学原理》的自然延伸。《心理学原理》中的“思想”指向可经验的心理现象，《彻底的经验主义》中的“经验”即观念或“思想”。[①]思想是一不断的连续流，经验在其直接性中也是完全流动的。[②]詹姆士把直接的生活之流叫作“纯粹经验”，这种纯粹经验就是思想流学说中原初感觉的别名。[③]正像变化与连续是思想中的对等现象一样，连接性与分离性也同样是经验事实的原始成分。[④]在《彻底的经验主义》中，詹姆士把源于思想流学说的过渡和预期置于纯粹经验的最高位置，[⑤]由此论证连接性关系和过渡性经验的实在性，对“经验”做出新的解释，进而消解物质实体和意识实体，把知者和被知者、主体和客体从而整个认识关系都放在经验中加以考察，将经验主义贯彻到底。

本书是在研读詹姆士的著作以及相关研究文献的基础上，对于思想流学说及

---

① *ERE*, p.76.

② *ERE*, p.92.

③ *ERE*, pp.93–94.

④ *ERE*, pp.94–95. 有学者认为在詹姆士的彻底经验主义学说中，连接性关系比分离性关系更重要。请见Robert J. Roth, *British Empiricism and American Pragmatism: New Directions and Neglected Arguments*, New York: Fordham University Press, 1993, p.182.

⑤ *ERE*, p.76.

其在詹姆士哲学中的地位做出的一种思考和解释，希望它能为詹姆士哲学的研究园地增添些许不同的色调。在詹姆士哲学的研究中存在着并呼唤着各种不同的有着学理根据的解释，但不存在唯一正确的解释。诚如盖尔在《詹姆士哲学导论》中所言，“任何自称对于詹姆士唯一正确的解释，这种说法就证明它自身并非如此”[1]。

① Richard M. Gale, *The Philosophy of William James: An Introduction*, p.ix.

第一章　詹姆士的人生经验

詹姆士在其职业生涯的早期就认为："哲学不过是哲学家的个人传记。"[①]在其后期著作中他仍然认为："哲学是我们各人观察和感知宇宙整个推动力的方式"[②]，"是一个人的内心性格的表达"[③]，哲学见解"只是对于生命的整个冲动的一些感觉方式和对于生命的整体流动的一些理解方式。这些见解是一个人的全部性格和经验……所施于他的"[④]。他说："虽然通常每个人都宣称他的结论是唯一合乎逻辑的结论，宣称这些结论是一般推理的必然产物，但是归根到底，它们或多或少总是个人见解的偶然显现。"[⑤]在詹姆士看来，理性本身是具有情感性的。詹姆士的这种观点正像他的实用主义一样受到众多人的质疑，但是詹姆士认为事实就是这样，任何人在选择主张时总免不了带有气质的差别。个人的气质是哲学思想的一个要素，甚至是研讨哲学时"所有前提中最有影响力的前提"[⑥]。他说一个哲学家的气质给他造成的偏见，比他那所谓的严格的客观前提所起的作用要强烈得多。"他信赖他的气质，他需要一个能适合他的气质的宇宙，他相信任何一种适合他的气质的对宇宙的解释。"[⑦]因此一切哲学都像人一样有其个性，"所有伟大哲学家写的书都文如其人"[⑧]。也就是说，任何哲学都具有独白的性质，都带有哲学家自语的特征，就像一个人不能超出自己的身体去

---

① G. W. Allen, "preface" to *William James:A Biography*, New York: The Viking Press, 1967, p.ix.

② *P*, p.18.

③ *PU*, p.20.

④ *PU*, pp.20-21.

⑤ *PU*, p.10.

⑥ *P*, p.20.

⑦ *P*, p.19.

⑧ *P*, p.35.

运动一样，他也不能完全超越自己的性格和经历去思想。詹姆士在《实用主义》和《多元的宇宙》中曾专门论述了哲学气质的类型及其特点。无论我们是否一般地同意詹姆士的这种观点，它都使詹姆士的生活、经验、性格、气质和哲学态度对于我们理解和研究他的哲学具有特殊的意义。

威廉·詹姆士于1842年1月11日生于纽约市，是家中五个孩子中的长子。他的祖父也叫威廉·詹姆士[因其初到美国时在奥尔巴尼（Albany）生活，习惯上称其为“奥尔巴尼的威廉·詹姆士”]，是爱尔兰人，其家族为拓殖爱尔兰北部的新教徒。“奥尔巴尼的威廉”的父亲希望他成为一名牧师，但他以自己未感受到这一事业的召唤为理由拒绝了这个要求。[①]1789年，也就是乔治·华盛顿就任美国总统那一年，18岁的“奥尔巴尼的威廉”从爱尔兰来到美国。他先是在奥尔巴尼的商店做店员，两年之后成为一名商人，干起了烟草贸易。此后，他开办了多家商店与合伙公司，并购置了地产和盐场，还投资了伊利运河。19世纪早期，他已是纽约州的第二大富翁，并成为该州民事、宗教和教育方面的杰出领袖。[②]他积聚的家产使他的儿子、威廉·詹姆士的父亲亨利·詹姆士（Henry James）能够终生过一种闲适的生活，一种研究哲学和神学、与同时代英美思想家谈玄论道的生活，也使他的家庭能够根据个人兴趣和孩子教育的需要而自由地迁居旅行。这对于成长中的威廉·詹姆士影响至深。

“奥尔巴尼的威廉”结过三次婚，前两个妻子都先他而去。亨利·詹姆士是他第三个妻子的第四个儿子。“奥尔巴尼的威廉”家中的气氛比较自由，他和妻子很少以自己的意见来裁决家中的争论。亨利精力旺盛、活泼好动而又具反叛性格。13岁那年，他在一场火灾中下肢受伤，被迫做了截肢手术，落下终身残疾。这对他的思想产生了终身影响，一直使他思考其不幸命运中所包含的意义。“奥尔巴尼的威廉”虽然不愿做一名牧师，但他是一个虔诚的加尔文教徒。这对他的儿子产生了很深的影响。詹姆士一家对宗教的虔诚一脉相承，所不同的是对宗教内容和形式的理解。亨利对宗教的理解就与他的父亲不同。虽然家庭中充满加尔文教的氛围，但是亨利认为家中完全没有自发的宗教信仰，即那种源自生命活动本身的宗教体验和情感。[③]

1835年，亨利进入普林斯顿神学院。他虽然对神学问题感兴趣，但却于1838

① *LWJ*, p.2.

② G. W. Allen, *William James:A Biography*, p.4.

③ G. W. Allen, *William James:A Biography*, p.5.

年退出了神学院，并且不再进教堂。他说："我本人不再通过传统，当然更不通过感官来认识上帝——在科学横扫一切和到处普及的今天，它们两者的权力都显得荒谬；我要通过自然的意识或者完全在我自己与其他所有人生活的共同领域中来认识上帝。"从此他"不仅从性情上，而且从教育上疏远了关于宗教仪式或宗教礼仪的观点"①。

亨利·詹姆士是一个宗教研究家，他在那个时代也被称为哲学家。他的思想深受斯维登堡（E. Swedenborg）和傅立叶的影响。1843年，亨利经历了由怀疑和抑郁以及身心疲惫造成的个人危机，对斯维登堡的皈依使他得以解脱。他说："正在我的精神命运遭受这一危机的时候，我遇到了斯维登堡……并在他的人性学说中找到了完整的解脱，它解除了我的烦恼。"②斯维登堡是18世纪瑞典哲学家和神学家，其思想带有浓厚的神秘主义色彩。1843年亨利带着全家到欧洲旅行，在去欧洲前他已经知道斯维登堡的学说，此时他完全皈依了斯维登堡主义或者他自己理解的斯维登堡学说。后来当亨利最终确立自己的职业时，他"成了独一无二的斯维登堡神学评论家"③。

亨利追随斯维登堡，相信上帝是非人格的存在，是无限的神圣之爱和智慧，但他不认为上帝高高在上，与人毫无关联，而认为上帝与人的灵魂合为一体。在他看来，天堂和地狱并非空间位置，而是指心灵的状态。亨利寄希望于斯维登堡把他从宗教教义的字面意义中完全解脱出来，甚至从斯维登堡主义的字面意义中解脱出来。④他拒绝一切麻木冷淡、抽象晦涩的思想，明确否认个人经验之外的神学源泉。他说："老派神学家会告诉你，他们有关神圣人物、命运的观念，都来自天启，这是真的；但同样真实的是，每个人对天启的领悟都是以他的人生经验为模型的。"⑤也就是说，任何经典、教义和传说都要基于个人的生活和体验而得到理解。对亨利而言，真正说来，"宗教即是体验和洞见，而非教义和历史启示"⑥。这并不是亨利·詹姆士一人独有的感受，也是那个时代的特征。拉尔夫·瓦尔多·爱默生（Ralph Waldo Emerson）曾这样描述他那个时代："在世界

① R. B. Perry, *The Thought and Character of William James*, Vol. I, p.11.

② [美] 范斯坦：《就这样，他成了威廉·詹姆斯》，季广茂译，东方出版社，2001年，第85页。

③ [美] 范斯坦：《就这样，他成了威廉·詹姆斯》，第61页。

④ R. B. Perry, *The Thought and Character of William James: Briefer Version*, p.8.

⑤ 引自[美] 范斯坦：《就这样，他成了威廉·詹姆斯》，第103页。

⑥ R. B. Perry, *The Thought and Character of William James: Briefer Version*, p.8.

历史上，改革学说从未像现在这样扩及如此广的范围……我们要修正我们社会的整个结构：政府、学校、宗教、婚姻、贸易、科学，并从我们自己的本性中寻找它们的根据。”①

就亨利毫无保留地接受“人被上帝疏远”这一观点而言，他似乎仍然是一个加尔文主义者，但是他对这一观点的理解与加尔文主义似乎南辕北辙。他认为人的堕落并非像加尔文主义者所说的那样是由于本性和生物遗传。在他看来，生物意义上的人是无罪的，只有当一个人宣称自己的优越性（无论是他的天赋优势还是他的后天虔诚）时，他才彻底远离了上帝，他必须要忏悔的是他的骄傲。对于他来说，真正的拯救是将他自己的希望与人类的希望彻底联系起来。②也就是说，亨利认为人的堕落不是命定的、与生俱来的，而是由自己的思想和言行造成的，人的得救源自生活和生命活动本身的投入。所以在亨利看来，宗教不是一个制度，而是原初的个人启示。③人的善恶并非决定于其天生的本性，相反，是人的善或恶的思想或言行造成了人的本性。他认为人性的进步和真正的宗教是一回事，它们都为自然的人辩护，并把人从制度的权威下解救出来。④在亨利看来，真理是揭示给人心的，它不能“由推理而进入”一个人心中。⑤他在一次谈到自己宣称的神学真理时说，他所表达的神学真理是“人的生活本身的真理”⑥。他的儿子威廉·詹姆士说：“他的真理就是他的生活。”⑦

如果说斯维登堡坚定了亨利·詹姆士的非人格性的上帝思想，那么傅立叶的学说则加强了他坚持的人类无罪的观念。傅立叶把滥用职权和制度的困窘看作人的本性与生活环境的失调。他的方案是精心设计和组织社会，使个人在社会中能够拥有充分的自发性，并自由地行善。亨利·詹姆士强调人性，他所说的人性不是抽象的人性，而是活生生的人的自发性，人的生命活动本身的自发性，是对生活本身的感受。

亨利与许多艺术家和作家交谊甚厚。他在纽约的家成了许多超验主义和社团主义著名人物聚会的场所。爱默生、亨利·梭罗（Henry Thoreau）、阿瑟·布里

---

① R. B. Perry, *The Thought and Character of William James: Briefer Version*, p.8.
② R. B. Perry, *The Thought and Character of William James: Briefer Version*, p.7.
③ R. B. Perry, *The Thought and Character of William James: Briefer Version*, p.6.
④ R. B. Perry, *The Thought and Character of William James: Briefer Version*, p.9.
⑤ R. B. Perry, *The Thought and Character of William James: Vol. I*, p.149.
⑥ R. B. Perry, *The Thought and Character of William James: Briefer Version*, p.28.
⑦ R. B. Perry, *The Thought and Character of William James: Briefer Version*, p.28.

斯班(Arthur Brisbane)、帕克·戈德温（Parke Godwin）、查尔斯·达纳（Charles Dana）和乔治·里普利（George Ripley）都是他的座上客。他的家庭气氛中充满了学术趣味和思想魅力。

这里之所以叙述亨利·詹姆士的人生经历，是因为这对他的儿子，也就是我们要讨论的哲学家威廉·詹姆士的性格和思想产生了多方面的长久的影响。贺瑞斯·卡伦（Horace M. Kallen）曾说："毫无疑问，在詹姆士的哲学形成过程中，在他的童年和青年时期，任何东西都不如他父亲的思想方式和情感对他的影响大。"[①]威廉·詹姆士的习惯和态度都像他父亲，温和亲切，活泼乐观，充满热情；他们都具有生动的表述天赋，都以近乎文学的形式表述哲学；他们都对艺术怀有独特的热爱；他们都厌恶正统的信仰和以权威形式固定下来的制度化观念。亨利·詹姆士关于宗教即体验和洞见的观点，人性的非现成性观点，以人生经验作为理解宗教基础的观点，以及他的宗教关怀所弥漫的哲学氛围，都对威廉·詹姆士的思想产生了深刻影响。这可以解释威廉·詹姆士在宗教问题上的"悖论"：他深受宗教影响和富有宗教情怀，同时又"蔑视建制性的宗教和传统的有神论"。[②]威廉·詹姆士认为，上帝是在经验中的，因而是不能脱离人的，上帝和人之间的关系是一种经验中的连续，并不是现成的创造与被创造，崇拜与被崇拜的关系。父亲对威廉·詹姆士最深远的影响乃是那种不拘于现成，不固执于成见，面向事实，注重人生经验的态度。正因为人的经验是活生生的、不可能僵化和固化的、总在构成之中的，威廉·詹姆士终其一生都主张面向经验和事实，追求"思想的自发性，概念的新颖性"[③]。他在给晚年的父亲的信中深情地说："我所有的理智生活都来源于您……您的恩情是无法估量的，它们是那么强烈而又持久地影响着我。"[④]

在威廉·詹姆士成长过程中，不仅他的父亲而且他的整个家庭对他的影响和熏陶都非同寻常。正像R. B. 佩里（R. B. Perry）所说，对于他的个人生活和教育而言，"家庭环境绝非边缘，而是中心"[⑤]。威廉是家中长子。次子是亨利

---

① Horace M. Kallen, "introduction" to *The Philosophy of William James: Drawn from His Own Works*, ed. Horace M. Kallen, New York: The Modern Library, Inc., 1925, p.17.

② David W. Marcell, *Progress and Pragmatism: James, Dewey, Beard, and the American Idea of Progress*, Westport: Greenwood Press, 1974, p.146.

③ *PU*, p.16

④ *SLWJ*, p.117

⑤ R. B. Perry, *The Thought and Character of William James*, Vol. I, p.3.

（Henry，我们称之为“小亨利”），后来成为著名的小说家，威廉一直与他保持着密切的联系。他们有一个妹妹艾丽斯（Alice），另外还有两个弟弟维尔肯森（Garth Wilkinson）和罗伯逊（Robertson）。范斯坦笔下的亨利·詹姆士是一个专横、武断、颐指气使、不为别人着想的父亲。这显然是为了附和他的精神分析理论而人为地夸大了亨利父子之间的矛盾和紧张关系。实际上詹姆士一家充满了父母之爱和家庭温情。亨利夫妇与孩子们对家庭具有强烈的认同感，都非常看重甚至依恋他们的家。即使在孩子们长大成人离家之后，家庭成员之间的温暖和亲密也使得他们的家成为他们的兴趣中心和一直关注的地方。我们从他们的著作中，尤其是从他们之间往来的众多信件中可以明显地感受到这种亲情。家中的这种温暖和亲密必定给威廉·詹姆士以深切的体会，并对他的心理学和哲学有着非同寻常的影响。他正是通过温暖和亲密这种情感来论述思想的连续和自我的同一性的。①

威廉·詹姆士成长时期的阅历非常丰富，这一方面是基于他父亲从他祖父那里继承来的丰厚家产，另一方面也是由于他父亲的不安分性格。这两个方面的因素使这个家庭具有一个典型的特征即流动性。他们不仅在美国国内不断搬家，而且在大西洋之间来回穿梭，在欧洲大陆辗转迁徙。不断变化和流动的生活伴随着威廉·詹姆士的成长。

1843年10月，一岁多的威廉和弟弟小亨利就随父母去往遥远的欧洲。这是他人生旅途中第一次漂洋过海。轮船载着幼小的威廉航行在浩渺的大西洋上，他那敏感好奇的眼睛和心灵一定对波澜壮阔而又浑然一体的海洋与漂浮其上的轮船以及港口与连接港口的航程有一个最初的模糊的感觉。而这最初的感觉（根据他后来的思想流学说）必定产生了一个经验发端，影响着连接着他以后的感受和思想，从而一起构成一个连续的思想流或经验流。此后在威廉的一生中，旅行便成为一种重要经历，不仅是他接受教育的一种方式，也是他身体和心灵治疗康复的手段。对于他来说旅行不是偶尔为之的生活点缀，而是生活的主要形式之一。一旦有了适当的条件，他便开始一次又一次说走就走的旅行。他就像一只鸟，生活在飞翔与栖息的交替之中，从一个栖息地过渡到另一个栖息地。不断地接触各种自然景色，领略不同的人类文化，成为他生活中的经常性内容。欧洲各种文化之间的差异，特别是欧洲与美国之间的反差使他着迷。他很早就能熟练地运用数种

① 请见*PP*, Vol. I, Chap.IX, X；*ERE*, p.49.

欧洲语言。这种文化与语言的多样性使他感受深刻，对他的整个成长和以后的生活与学术都助益匪浅。

这流转的人生旅程，从一站到另一站，从一个港口到另一个港口，从城市到乡村，从美国到欧洲，虽然变换不停，但是他的人生体验并无断裂。恰是这不停的迁徙、流动和变化构成了一个连续的威廉的青少年时期。不仅纽约、费城、伦敦、巴黎、日内瓦等这一个个目的地是其人生旅程的构成部分，马车上的行程和大西洋上的漂泊——这些流动的过渡，也是其人生实实在在不可或缺的构成部分。

像19世纪四五十年代美国的许多改革者一样，亨利极其重视孩子的教育。他养育孩子的基本信条是：自由、自发性和爱。[①]相比于欧洲，那个时代的美国在教育上还存在很大局限。亨利想让孩子受到适当的教育，于是便带着全家到欧洲。威廉18岁的时候，已经在美国、英国、法国、瑞士和德国的多个学校接受过教育，他的前18年中有6年是在欧洲度过的。不过，他的父亲似乎缺少耐心，很少让他在任何一个学校度过一个完整的学年。无论他求学的国家、学校、老师还是学习课程都在不断变换，他的学业因此常常中断。他所学的拉丁语、希腊语、法语、德语、数学、自然科学、绘画、体操等等都没有系统连续地学下来。就常规的学校教育而言，他的学习是断断续续的，不系统的。甚至他后来在哈佛大学的8年间也变换了3个专业，数次因旅行和疾病治疗而中断学习。但这种外在的变化和中断并没有在其心中造成思想和知识的截然断裂。思想和知识仍是内在连续的，它们前后相继，交叠融合，在他心中构成了一个连续的知识流，成为他的个性发育和成长所需要的营养。他对欧洲语言和文化的了解与熟悉使他后来能够轻易地周旋于欧洲各国哲学家和心理学家之间，无障碍地进行学术和感情交流。威廉的老师、哈佛大学校长艾略特（Charles William Eliot）曾这样评说他："关于他的教育，有两点特别引人注意：一是它的非常规性——不同于……传统方法；二是……他所受的系统教育并未预示他将投身于哲学研究，而他的非系统的游学却使他成为一名哲学家。"[②]威廉本人虽然对这种不断变化的非常规教育抱有怨言，但这也使他的天分免遭僵化的教育体制的磨损，未受到学科框架的限制，而且他自己也承认正是他的业余学习和思考这些边缘性的功夫，使他在心理学和哲学上取得划时代的成就。

1855年，詹姆士一家再次来到欧洲。这是威廉教育经历中的一个重要阶段。

---

① G. W. Allen, *William James:A Biography*, p.21.

② *LWJ*, I, p31-32.

对欧洲大型博物馆的参观，激发了他的审美想象。他被艺术的神秘深深吸引，尤其是对德拉克洛瓦画派的风格如痴如醉。艺术家对生活、对世界的知觉和体验较少被现实的利害左右，他们更能面向知觉本身，把蛰伏在边缘中的东西带到焦点上来，让人们看到那些隐而不显或者显而不明的生活世界。他说："相比于机械的和逻辑的抽象，艺术揭示了世界生活的更深层部分。"[①]这期间他对绘画越来越感兴趣，并在绘画方面表现出了天赋。他对具体事物具有特别清晰而敏锐的感受，能够抓住他遇到的事物的个性和特征。他在欧洲先后拜两个著名画家为师，跟从他们学习绘画，并被认为在绘画方面很有前途。他曾在信中对父亲说："'艺术'是我命定的职业……如果远离了艺术，我的生命会充满苦涩。"[②]1858年夏詹姆士一家回到美国罗得岛的纽波特定居。在纽波特，威廉和弟弟小亨利一起师从当时美国著名的巴比桑派画家威廉·莫里斯·亨特（William Morris Hunt）学画。然而，1861年威廉中断了绘画学习。具体什么原因，我们不得而知。对此人们有多种猜测：一种说法是他的健康状况不佳，另一个说法是他父亲的思想影响，还有一种说法是他自认没有绘画的天赋，感到不可能以此为业。[③]不管怎样，他离开了画室。不过，他的一些绘画习作至今仍被收藏在哈佛大学哲学系图书馆里。詹姆士的学画经历尤其是他非常关注的艺术对于边缘性存在的揭示，对他后来的心理学和哲学研究产生了深刻影响。这种影响无论在《心理学原理》中还是在《彻底的经验主义》中都能见到。正是通过边缘，他看到了思想与经验的连续性，也看到了经验主义和理性主义的疏漏与缺陷。

1861年，美国内战爆发，威廉的两个弟弟维尔肯森和罗伯逊加入联邦政府军队。威廉因身体虚弱不适宜在部队服役，而免于从军。这年秋天他进入哈佛大学劳伦斯科学学院学习。1861年的坎布里奇还是一个乡村气息浓厚的社区，哈佛大学的广场还很简陋。哈佛大学的许多方面似乎还都不尽规范。学校不设入学考试，也不要求学生预先接受训练。只要一个男孩长到了18岁，有兴趣跟着某个老师学习，这个老师又接收他，他就可以成为学校的一名学生。所有的学生都没有公共课，因为他们只跟着某一个教授学习。变换专业意味着变换教授。威廉一开始选择的是化学专业，师从化学家艾略特，但他很快发现自己并不喜欢化学。1863年他的兴趣点转向了生物学，他想学习比较解剖学，于是转到了博物学家和

---

① R. B. Perry, *The Thought and Character of William James: Briefer Version*, p.125.

② *SLWJ*, p.9.

③ Graham Bird, *William James*, p.2.

实验学家杰弗里斯·怀曼（Jeffries Wyman）门下，把“自然史”作为主课。正是怀曼传授给了他以科学的良知和对真理的忠诚。在怀曼的鼓励下，他于1864年1月进入了哈佛大学医学院。

1865年，威廉·詹姆士（以下所称的“詹姆士”皆为我们要讨论的哲学家威廉·詹姆士）跟随他的老师路易斯·阿格塞兹（Louis Agassiz）率领的科考探险队到巴西考察。阿格塞兹是著名的瑞士博物学家，也是对詹姆士影响最深的老师之一。后来他在回忆中说，阿格塞兹是一个热爱事实的人。“我与阿格塞兹共处的时光教我认识到所有可能的抽象主义者与遵循世界的具体丰富性的生活者之间的差异，这是我永远难忘的。”[①]在巴西，詹姆士大病一场。他发现自己对野地生物学并不感兴趣。他感到就才能而论自己比较适合从事理论研究而不是实际探索。他向自己保证：一回到美国，就全身心地投入到哲学研究之中。然而1866年3月从巴西返回美国后，他又进入了医学院。

1867年4月詹姆士因病再度中断医学学习，远渡重洋到欧洲治疗。他身体上的病痛和精神上的沮丧已经持续了五年。在欧洲，詹姆士对哲学问题非常关注，还在柏林参加了生理学讲座，并开始从这一角度考虑达到心理学的途径。他在一封信中说，他的健康状况使他不可能期望将来教授生理学。不过他认为他研究的核心——生理学和心理学的边缘领域、两门学科的交叉地带，将会是最富有成果的领域，他正为此努力。他还曾想去海德堡，跟随威廉·冯特（Wilhelm Wundt）和赫尔曼·冯·赫尔姆霍茨（Hermann von Helmholtz）学习感觉生理学，但因健康原因而受阻。此时的詹姆士正向心理学领域迈进。[②]在这段时间，詹姆士带着严肃的目的和灵敏的悟性阅读了大量的文学和哲学著作（多数是德文版）。18个月后，当他回到哈佛大学时他已在学术研究的道路上大步迈进了。

1869年6月詹姆士获得哈佛大学医学博士学位。他打算诚实地利用自己的自由时间进行刻苦的研究，尽己所能阅读一切心理学方面的书。[③]这使他后来能够讲授不同于传统心理学的新心理学。当时的詹姆士非常倾心于科学。他曾说：“我唯一的生活理想是科学生活。我似乎感到，如果我被判定为在科学上绝对无能为力，我的生活将毫无价值。”但是他确实为自己缺乏充沛的体力而感到沮丧，“事实是我在本性上一点也不像别人那样，能够适合于任何一种科学工

① *MS*, p.14.

② R. B. Perry, *The Thought and Character of William James: Briefer Version*, pp.84-85.

③ R. B. Perry, *The Thought and Character of William James: Briefer Version*, p.115.

作”[1]。詹姆士之所以从研究生理学转向心理学，一个关键原因是他的身体状况使他“不适于实验室工作”[2]。

1869年至1870年詹姆士的健康状况持续下滑，并发展为严重的忧郁症。与他父亲在40年代经历的那场个人危机相似，他也遭受了一场身心危机。他在1869年3月给友人的信中说，当时流行的决定论和唯物主义倾向使他陷入了经验哲学的泥沼而无力自拔。“我觉得我们是彻头彻尾的自然现象，我们完全受制于人，我们摇摆不定的意志一点也没有作为自然选择的结果保存下来。”[3]法国哲学家勒努维耶的哲学使他走向新生。勒努维耶对多元主义的高超辩护给詹姆士留下了深刻印象，使他从赖以成长的一元论的迷信中解放出来。[4]詹姆士感到，自由意志并不含有一个超自然的力量，而是新鲜活动情境中的新颖性质，每一个个体、每一个意识都是独一无二的，新颖的事物总在不断地进入世界之中。这就是说，他能够通过意志的作用改变病态的现状，恢复健康。他在日记中写道：“无论如何，我将假定目前——直到明年——它[自由意志]不是幻觉，我的自由意志的第一个行动就是相信自由意志。”[5]对自由的信念以及1872年开始的工作使他的身心逐渐康复。1872年11月2日詹姆士在给勒努维耶的信中写道：“多亏了您，使我第一次拥有了清晰、合理的自由概念。我几乎完全接受了它。由于您哲学中的其他观点，我正体验着一种道德的新生。先生，我向您保证，这绝非小可！”[6]1879年詹姆士开设的第一门哲学课即“论勒努维耶”，他还把最后一部著作《若干哲学问题》献给这位法国哲学家。

詹姆士经历的这场危机对他的生活和思想产生了持久影响，也为他的哲学转向提供了可能是最好的证据。许多年来他沉思冥想于世界的本性和人的命运，尽管这些问题激发了他的好奇，强烈地吸引着他的心智，但这同时对他又是致命的负担。他要寻求一种解决这些问题的方法，这方法不仅以科学的标准来看是合理的，而且足以适合于人的生活。在詹姆士看来，哲学对于真理的探求，从来不是超然的、不涉感情的，更不是一种消遣的形式。它是一种追求，如同一个正在遭

---

① R. B. Perry, *The Thought and Character of William James: Briefer Version*, p.111.

② *SLWJ*, p.57.

③ *LWJ*, p.152.

④ *SPP*, “Dedication” and p.165, note.

⑤ R. B. Perry, *The Thought and Character of William James: Briefer Version*, p.121.

⑥ *SLWJ*, p.89.

受审讯，等待判决的心灵，怀着希望和恐惧，忐忑不安地期待着它的结果。这种把哲学看作生活和实践需要的态度决定了他的哲学生涯的整个基调和方向。他的哲学绝不仅仅是理论，而是一套使他能够应对生活挑战的信念。他表达这些信念就像一个人宣讲一种拯救的方法。[①]也就是说正像他父亲的哲学一样，詹姆士需要的是一种能拯救他的哲学。这种哲学的特殊性质在于，它是为他的特殊心灵所需要的，他寻求到这种哲学或创立了这种哲学。在这种意义上，我们可以说詹姆士的哲学是他个人气质和性格的体现。

詹姆士是个内心情感非常丰富而又细腻的人。他对这些情感具有敏锐的感受和独特的理解。他虽然没有学过心理学课程，但他天生就是一个心理学家。他的个性令人着迷，给人两种不同的印象：一方面他因为体弱多病而神经衰弱，性情易变，时常陷于忧郁甚至病态的想象；另一方面在健康状况好转时，他就成了另一个詹姆士——容光焕发，热情奔放，君子雅量，机敏可爱。但无论什么时候，他都让人感到和蔼可亲，谦逊宽厚。因此罗素说他“温和热情，拥有一副给人好感的气质，几乎普遍为人爱戴”[②]。或许正是这种气质使他的哲学充满了调和色彩。但是也许这一切都是“表面”现象。让我们看一下詹姆士的“自我分析”：“我常想，界定一个人的性格的最好方式应该是看他的心理的或道德的态度，当他具有这种态度时，他最深刻和最强烈地感觉到他自己是活跃的和活生生的。在这些时刻，有一个内部的声音在说：‘这是真我’……当我能够描述它时，我内部的这种特有的态度总是包含着一个活跃的张力因素，把握我自己的因素，就像这种态度那样；我还相信外部的事物也发挥它们的作用，以使它完全和谐，但是它们不能提供任何保证。一旦使它有了保证，这个态度对我的意识来说立刻就变得呆滞和乏味了。去掉这个保证，我就感到（如果我通常处在精力旺盛的情况下）激情飞扬，欣喜若狂，激励和促使我积极投入去做和经受任何事情，这种欣喜和投入通过我的胸骨（不要笑话它——对我而言，它是整个事情的关键因素！）里面的一种刺痛在身体上转化自身；尽管它只是一种其形式不能言表的情绪和情感，但对我来说，它证明它自身确实是我所有的行动的和理论的决断中最深刻的原则。”[③]

生活赋予詹姆士的这样一种面向人生体验的态度，这样一种不固持于现成性

① R. B. Perry, *The Thought and Character of William James: Briefer Version*, pp.121-122.

② [英] 罗素：《西方哲学史》，下卷，马元德译，商务印书馆，1996年，第74页。

③ *SLWJ*, p.109.

的气质，这样一种总在向未来的可能性敞开的心态，以及注重经验之活生生的原初构成的思想方式，成为詹姆士理解经验主义及其他哲学的一个基础，成为思想流学说的现实起点。

19世纪70年代早期，詹姆士和一些思想敏锐的年轻人在波士顿组织了一个“形而上学俱乐部”，他们在一起讨论科学和哲学问题。其核心成员除了詹姆士，还有后来成为哲学家和实用主义创始者之一的查尔斯·皮尔士（Charles Sanders Peirce）、后来成为科学家的昌西·赖特（Chauncey Wright）、后来成为历史学家的约翰·菲斯克（John Fiske）以及后来成为法学家的奥利弗·温德尔·霍姆斯（Oliver Wendell Holmes）等人。1872年8月哈佛大学校长艾略特向詹姆士提供了一个教学职位。詹姆士讲授的第一门课是“比较解剖学和生理学”。他发现工作对他的健康和精神具有特殊疗效。他说：“对一个人来说，去做些要承担责任的工作，是很高贵的事情。我通过阅读生物学著作获得极大享乐。在过去的四五个星期中我的身体也比以前好多了。”[①]他对身心关系的好奇使他开始研究神经、脑细胞、条件反射和人的其他心灵现象——这些都是他后来研究心理学的重要准备，甚至是其心理学的一部分。我们从《心理学原理》中可以清楚地看到这一点。

1874—1875年詹姆士讲授“比较解剖学和脊椎动物生理学”。1975年秋季学期，詹姆士为研究生开设了第一门心理学课“生理学与心理学的关系”——这也是美国开设的第一门新心理学课程。1875年詹姆士在哈佛大学建立了一个用于教学的心理学实验室——这也是美国建立的第一个心理学实验室。此时詹姆士已经开始研究新的实验心理学。詹姆士为研究生开设的课程非常成功，哈佛大学的学生也第一次对实验心理学的实验程序有了切身感受。1876年秋季学期，詹姆士为本科生开设了第一门心理学课程“新斯宾塞选读”。1876—1877年，詹姆士为本科生开设了“生理学的心理学”，用斯宾塞的《心理学原理》作教材。詹姆士讲授斯宾塞的著作是很自然的事情。一方面，斯宾塞对詹姆士的早期思想影响很大。他在60年代开始阅读哲学著作时，最吸引他的就是斯宾塞的著作。当皮尔士在詹姆士面前攻击斯宾塞时，詹姆士甚至感到精神上受到了伤害，就像一个圣像遭到了损毁。[②]另一方面，正像约翰·P. 墨菲（John P. Murphy）所言，“斯宾塞

① *SLWJ*, p.93.

② 詹姆士后来对斯宾塞著作的评价发生了变化，他把斯宾塞的《第一原理》中的学说“看作错误论证的博物馆”（MS, P.128）。

对十九世纪下半叶的美国思想具有特别强烈的影响”。[①]1876年詹姆士成为心理学助理教授。1879年詹姆士第一次开设专门的哲学课“论勒努维耶”。这时他已经完全摆脱了生理学的教学，他的教职也在1880年正式改为哲学助理教授，但他仍然教授心理学课程。1885年詹姆士成为哲学教授。詹姆士在哈佛大学教过生理学、心理学和哲学，这三门课相互渗透。“比较解剖学和生物学的进化观念通向自然哲学，关于人的生理学又通向心理学；在詹姆士看来，心理学又向生理学寻找其因果解释，并向知识论和形而上学寻找其更深层的含义。”[②]

1878年7月，詹姆士与艾丽斯·H. 吉本斯（Alice H. Gibbens）结婚。婚姻不仅使詹姆士的身体状况进一步改善（尽管他的身体从未真正达到令人满意的健康），给他带来了幸福生活，也使他的事业硕果累累。佩里认为如果没有艾丽斯，也许就没有《心理学原理》问世。[③]1878年不仅在詹姆士的生活上而且在他的学术上都是一个转折。对比一下詹姆士于1878年前后发表的文章可以看出，尽管此前他也在一些重要刊物上发表了一些论文，但鲜有闪光之处。此后发表的论文则显得迥然不同。1878发表的《论斯宾塞的作为符合的心灵定义》[④]可以说是詹姆士的第一篇原创性的哲学论文。此后他的创作才华便喷涌而出，一直持续到他去世。在这一年6月詹姆士签订了一分合同，为亨利·霍尔特（Henry Holt）的“美国科学系列”写作《心理学》。出版商希望他一年交稿，他没有答应这个要求，但他认为两年也许可以写好。然而这部书即《心理学原理》整整用了12年才完成！

1882年夏詹姆士再次到欧洲，开始七个月的旅行。就其哲学发展而言，这是他最重要的一次欧洲之行。与之前不同，他这次到欧洲的主要目的不再是休息和康复，而是躲避在美国的干扰，以便有时间写作。他在欧洲并未逃过干扰，写作进展也很小。但是这种干扰是富有成果的，他与其他学者的交往既激发了他的思想，又增加了他的自信。这个阶段的詹姆士不仅全身心投入哲学和心理学之中，而且因其发表的文章而在欧洲为人所知。“在美国他是广为人知的哲学家，在欧洲他是广为人知的美国人。”[⑤]詹姆士在德国拜会了物理学家和哲学家恩斯特·马赫（Ernst Mach），还见到了心理学家卡尔·施通普夫（Carl Stumpf），

① John P. Murphy, *Pragmatism: From Peirce To Davidson*, Boulder: Westview Press,1990,p.17..

② R. B. Perry, *The Thought and Character of William James: Briefer Version*, p.123.

③ R. B. Perry, *The Thought and Character of William James, Briefer Version*, p.145.

④ William James, “Remarks on Spencer's Definition of Mind as Correspondence” in *Journal of Speculative Philosophy*, Vol. 12, No. 1 (January, 1878), pp. 1–18.

⑤ R. B. Perry, *The Thought and Character of William James: Briefer Version*, p.150.

为他们之间的长久友谊奠定了基础。这个时期的詹姆士充满自信。他在信中说："我当然对自己的所知有一种十分清楚的了解，就近代哲学知识而言，我比我所认识的任何人都要广博。"[①]

1883年3月詹姆士从欧洲回到美国后，便安下心来研究心理学，"挣扎在认识论的泥沼中"[②]。次年他发表了著名的关于情感的《詹姆士－兰格理论》（James-Lange theory）和《论内省心理学的疏漏》。这后一篇文章不仅包含着他对感觉原子论的批评，而且也是他的思想流学说的开端。《心理学原理》中"思想流"一章的很大部分来自于这篇文章。1885年他写了一篇重要文章《必然真理与经验效果》，后来成为《心理学原理》的最后一章。1890年，历经20余年研究、12年写作、1400多页的《心理学原理》终于出版。詹姆士有一种大功告成的愉快感，他也由此在哈佛大学登上了学术阶梯的顶端。

19世纪后半期是心理学发展的关键时期。詹姆士投身于这门学科，历时多年完成这部杰出的心理学著作，成为现代心理学的创立者之一，也成为美国心理学之父。关于詹姆士在美国心理学历史上的首创地位，尤金·泰勒（Eugene Taylor）曾有简要的概括：他第一个通过研究心理功能将心理学从哲学家的抽象方法转向生理学方法；他第一个在新的进化生物学的背景下研究意识；他于1875年第一个在美国教授新的科学心理学，并于这一年建立了第一个教学用的心理实验室；他第一个在这一新的学科授予学生博士学位；他第一个从实证主义的观点写出世界闻名的教科书《心理学原理》。[③]杜威说："他是公认的美国最伟大的心理学家——詹姆士是第一，不是第二。如果不是人们对于德国的人与事的非理性赞美，我认为毫无疑问他是这个时代所有国家中最伟大的心理学家——也许是所有时代最伟大的心理学家。"[④]事实上，就连德国心理学家施通普夫也认为，詹姆士写出了所有心理学中最好的心理学，这将令德国人嫉妒。[⑤]

《心理学原理》鸿篇巨制，引证丰富，博大精深，"近乎一部百科全书"[⑥]。"其视野之广阔和内容之博大是前所未有的。"[⑦]"我们在《原理》中看

---

① R. B. Perry, *The Thought and Character of William James, Briefer Version*, p.151.

② *SLWJ*, p.119.

③ Eugene Taylor, *William James on Consciousness beyond the Margin*, Princeton: Princeton University Press, 1996, p.4.

④ John Dewey, "William James", *The Journal of Philosophy, Psychology and Scientific Methods*, Vol. 7, No. 19 (Sep.15, 1910), p. 506.

⑤ R. B. Perry, *The Thought and Character of William James*, Vol. II, p.101.

⑥ Paul K. Conkin, *Puritans and Pragmatists*, Bloomington: Indiana University Press, 1976, p.281.

⑦ Bruce Kuklick, *The Rise of American Philosophy*, New Haven: Yale University Press, 1977, p.181.

到了那个时代的智慧的集成。”[①]1990年美国心理学会为纪念《心理学原理》出版一百周年，编辑了《〈心理学原理〉反思：百年后的威廉·詹姆士》。书中说：“《原理》是真正的心理学杰作，也可能是美国人书写的最重要的心理学著作。”[②]虽然《心理学原理》广受欢迎，影响巨大，但是它却不是一部人人都可以轻易读完的著作，[③]也不是一部让人容易理解的著作。胡塞尔在讲授心理学课程的早期也“只能阅读和读懂很少几页”[④]，这使“引用《心理学原理》的心理学家要比从头到尾读完它的心理学家多得多”[⑤]。

《心理学原理》的出版也是詹姆士的职业生涯由心理学转向哲学的转折点。1890年以后的詹姆士仍然是一个心理学家，仍然关注心理学和心灵研究的最新进展，并于1894年和1904年先后两度当选美国心理学会主席。但是这个时期他把绝大部分时间和精力用在了哲学上。1897年和1902年詹姆士分别出版了《信仰的意志》和《宗教经验种种》。1907年他在哈佛大学退休，他的《实用主义》一书面世。1909年詹姆士出版了《多元的宇宙》和《真理的意义》。1910年8月26日詹姆士在新罕布什尔州（New Hampshire）的乔克鲁(Chocorua)去世，终年68岁。他的遗著《若干哲学问题》和《彻底经验主义》分别于1911年和1912年出版。

在詹姆士的一生中，无论是生活、教育、专业还是职业皆非按部就班，循规蹈矩，而是具有非同寻常的自发性和非现成性。他那充满变化而又连续的人生经验总是弥漫着一个更广的生活境域。这境域不断地随着他的兴趣的变化将他的生活和思想引向新的可能。这造成了詹姆士独特的个人气质和哲学气质。他极其重视经验和事实，将生活、思想和经验看成一个不断变化而又连续的流，其中每一个思想或经验都延续着过去，又指向未来，每一个思想或经验还都伴随着一个随着关注的焦点而移动的具有生成性的边缘域。这使得詹姆士能够通过一个思想的效果阐释它的意义，反对绝对真理，使他能够通过多层次的意识结构和世界结构解释宗教经验，使他反对静止不变的绝对实体而提倡多元的世界观，使他反对超验的世界联系而主张彻底经验主义。

---

① George Mandler, *A History of Modern Experimental Psychology: From James and Wundt to Cognitive Science*, Cambridge: The MIT Press, 2007,p.70.

② Michael G. Johnson and Tracy B. Henley, ed. *Reflections on ´The Principles of Psychology´: William James after a century*, Hove: Lawrence Erlbaum Associates, 1990, p.xv.

③ 詹姆士已经料到他不可能奢望有许多读者看完这部著作，参见PP, Vol. I, p.v.

⑤ [美] 赫伯特·施皮格伯格：《现象学运动》，王炳文 张金言译，商务印书馆，1995年，第162页。

⑥ George A. Miller, “Introduction” to *The Principles of Psychology* by William James, Cambridge: Harvard University Press, 1983, p.xviii.

第二章　《心理学原理》的科学性质与哲学意蕴

詹姆士和冯特是现代心理学的两个创立者。有人认为詹姆士是“1900年之前唯一可以和冯特在地位上相比的美国心理学家”①。从他们两人的著作形式上看，冯特是典型的自成体系的心理学家，詹姆士则是典型的非体系的心理学家。詹姆士对建立抽象的演绎体系或者封闭的理论结构缺少兴趣。在他看来那是一种思想“单薄”而非“厚实”的表现。②他希望给读者提供大量有价值的材料，因此《心理学原理》“主要是大量的细节描述”③，而不是一个封闭的体系。詹姆士认为：“一门科学所显示出的最健康的标志就是这种似乎未完成的样子。”④虽然詹姆士不刻意构造体系，《心理学原理》也主要由许多分散发表的论文集结而成，每一章都可以独自成篇，但是它的各章顺序并不是随意安排的。认真的读者会发现它的立场、方法和内容是系统连贯的。

一、《心理学原理》的自然科学立场

詹姆士志在建立一门科学的心理学。《心理学原理》开篇第一句话就表明了它的科学立场：“**心理学**是关于**心理生活**——它的现象及其条件——的**科学**。”⑤他后来一再强调：“心理学是一门自然科学”⑥，它“严格坚持自然科学

---

① [美]爱德华·S.里德：《从灵魂到心理》，北京：三联书店，2001年，第198页。

② 关于“单薄”和“厚实”的含义，请见 *PU*, “Lecture IV: Concerning Fechner”, “Lecture VI: Bergson and His Critique of Intellectualism”, “Lecture VIII, Conclusions”.

③ *PP*, Vol. I, p.vii.

④ *PP*, Vol. I, p.vii.

⑤ *PP*, Vol. I, p.1.

⑥ *PP*, Vol. I, p.367.

的观点”[①]。他在《心理学简编》中同样“把心理学看作一门自然科学”[②]。詹姆士之所以把心理学看作一门自然科学是为了与当时美国的心理学和传统的心理学划清界限，也与传统的形而上学划清界限，创立一门新心理学。

传统的心理学是哲学心理学。现代心理学是一门从哲学分离出来的学科。[③]最早一批的心理学系都是从哲学系分出来的。美国大学自18世纪初引进、学习和研究以笛卡尔的理性主义哲学和洛克的经验主义哲学为代表的欧洲近代哲学或者近代心理学。此后近两个世纪，美国的哲学心理学研究的对象主要是笛卡尔的心身二元论、英国经验主义、苏格兰常识学派和康德哲学。19世纪70年代现代心理学在欧洲兴起的时候，美国基本上仍然沉浸在旧的哲学心理学的传统之中，心理学在美国仍然只是哲学的一个分支。对当时的美国心理学来说，“科学的解释甚至不是一个追求，更不要说是一个标准了”[④]。例如，1886年普林斯顿大学校长詹姆士·麦克斯（James McCosh）还在其《心理学：认识力》一书的篇首写道：“心理学是关于灵魂的科学……灵魂指每一个人都意识到的自我……心理学应该把意识自我的活动作为自己的领地，而把机体结构留给生理学。”[⑤]当时美国大学讲授的心理学与关于灵魂的哲学是混合在一起的，大致是对心理过程的自我意识或者内省研究，基本上没有真正意义上的关于心理活动的功能研究。当时的美国除詹姆士之外几乎没有哪个心理学教师掌握神经生理学的第一手资料。

杜威在他的《心理学》序言中简要地描述了19世纪90年代之前美国心理学界的状况。他说当时的心理学主要是逻辑学、伦理学和形而上学的混合。美国的大学习惯上把心理学看成通向哲学领域的一个门径。另一方面，心理学也开始显示出独立性，逐渐向新心理学过渡。一些心理学著作试图抛弃纯粹的哲学内容，将心理学限定于科学的心理学。杜威于1886年出版的《心理学》就具有明显的过渡性质。杜威认为美国的传统心理学具有一种显著的优点，即它使心理学成为学习后续哲学课程的入门书；另一方面，新心理学抛弃不属于心理学的大量哲学材料，这无疑也是一种优点。但是杜威质疑心理学是否可能放弃哲学原理，因为有

---

① *PP*, Vol. I, “preface”, p.v.

② *PBC*, p.1.

③ 也有人持不同的观点，例如爱德华·S.里德认为哲学是从心理学中产生出来的。参见[美] 爱德华·S.里德：《从灵魂到心理》，第197-214页。

④ George A. Miller, “Introduction” to *The Principles of Psychology* by William James, 1983, p.ix.

⑤ Kenneth S. Pope and Jerome L. Singer, ed. *The Stream of Consciousness*, New York, Plenum Press, 1978, pp.10-11.

些哲学内容已经嵌入心理学的核心，心理学家可以忽视它们，但不能根除它们。许多哲学观点，例如关于心灵的本性及其与实在的关系的一些观点，被无意识地引入心理学，使作者和读者都感到困惑。所以当时的任何一本心理学教科书都会遇到这样一个问题：它对哲学原理的态度是什么？作者可以不提这个问题，但是不可能回避这个问题。杜威认为新心理学应是将这两种优点结合在一起的心理学，一方面尽力反映心理学这个专门领域的科学研究成果，另一方面尽量这样布局材料，即：将读者自然地引向在进一步学习中会遇到的哲学问题以及解决这些问题的哲学原理，尤其是指出哲学精神。[①]杜威的这些观点明显地表现出当时美国心理学由传统向现代的过渡性质。他关于心理学的定义也反映出他的心理学的过渡特征，他将心理学定义为“关于自我的事实或现象的科学”[②]。

19世纪下半叶产生于欧洲的新心理学逐渐把对自我或灵魂的研究置于心理学的领域之外。詹姆士深受欧洲新心理学的方法和成果的影响。从他的《心理学原理》来看，他关于新心理学的论述，内容非常丰富，其中引用和参考最多的是斯宾塞、赫尔姆霍茨、冯特和贝恩（Alexander Bain）的著述。就像佩里所说的，詹姆士对斯宾塞和冯特的态度是既利用又拒绝：将他们的著述作为事实资料和讨论的文本，但又拒绝他们的基本观点。[③]在他的同代人中，他受詹姆士·沃德（James Ward）和施通普夫的影响最大。在欧洲新心理学的影响下，詹姆士决心摒弃美国心理学中的形而上学传统，从心理的角度而不是从形而上学的角度来解释心理活动，对心理过程做心理分析而不是形而上学的分析。[④]当然，如爱德华·S.里德所说，詹姆士对当时出现的新心理学并非全盘接纳，而是持严肃的批判态度，“他对19世纪心理学中几乎所有的重要主题提出了质疑”[⑤]。詹姆士不相信新心理学家提出的无意识心理过程，也不赞同他们提出的一些类似形而上学的新假定。例如，他认为冯特提出的作为心理学基本事实的心理元素（感觉、意象和感情）是人为的虚构，对于科学的心理学来说，它们不仅无益而且是一种障碍。

詹姆士宣称心理学是一门自然科学。什么才是作为自然科学的心理学？布鲁

① John Dewey, “Preface” to *Psychology*, New York: American book company, 1891, pp.iii-v.

② John Dewey, *Psychology*, p.1.

③ R. B. Perry, *The Thought and Character of William James: Briefer Version*, p.193.

④ *PP*, Vol. I, pp.459.

⑤ [美] 爱德华·S.里德：《从灵魂到心理》，第216页。

斯·库克里克（Bruce Kuklick）在《美国哲学的兴起》一书中说："我们很难理解19世纪的思想家写作'心理学科学'时，他们意指什么。"[①]不过，詹姆士在《心理学原理》的序言中还是清楚地做出了自己的界定。他说每一门自然科学都不加批判地设定某些材料作为根据，并由此出发进行研究和推理，心理学亦是如此。"心理学作为关于有限的个别的心灵的科学，它设定的材料是：第一，思想和感觉（*thoughts and feelings*[②]）；第二，它们与之共存的时空中的物质世界；第三，它们认知这个物质世界。"[③]詹姆士承认这不是终极的观点，心理学设定的这些材料本身是可以讨论的，而且也像其他自然科学所设定的材料一样，必须受到彻底检查。但是詹姆士认为，对于它们的讨论，完全清楚地对它们进行检查的努力属于形而上学，不在他的心理学研究范围之内。他说："所有试图把以现象的方式被给予的思想解释为深层实体的产物的做法，都是形而上学。"[④]"作为一名心理学家，我们完全不需要形而上学。"[⑤]

但是正像大卫·兰伯思（David G. Lamberth）所说："形而上学问题与自然科学的经验问题之间的界限并非可以轻易地清晰地划分出来。詹姆士在《原理》中的论述尽管通常限制于它的任务（即探求大脑与心理状态之间的经验关系）之内，但是其中也不乏形而上学的沉思。"[⑥]詹姆士在《心理学原理》最后一章坦承，"形而上学的批评之水渗入了"科学心理学的每一个环节。这似乎与他所宣称的作为科学的心理学不相一致。如何理解形而上学对于心理学的这种渗透呢？一方面，虽然詹姆士力求坚持严格的自然科学立场，他的心理学与后来的实验心理学相比仍有很大不同。他认为当时的人们对心理发生学的许

---

① Bruce Kuklick, *The Rise of American Philosophy*, p.180.

② 在《心理学原理》中，詹姆士根据语境的需要交替使用"thought"和"feeling"来不加分别地表示意识状态（见本书第四章第一部分），但他也在feeling一词的特殊意义上使用它。通常人们把"feeling"译为"感觉"，但这有时容易与"sensation"（通常也翻译成"感觉"）相混淆。唐钺先生把詹姆士在广义上使用的"feeling"译为"觉态"，把比较狭义的"feeling"（指感觉和感情）译作"感态"，最狭义的用法就是指"触觉"，直接译为"触觉"。我仍用"感觉"来翻译广义的"feeling"，在需要区分"feeling"与"sensation"的地方，在括号内标注相应的英文。

③ *PP*, Vol. I, p.vi.

④ *PP*, Vol. I, p.vi.

⑤ *PP*, Vol. I, p.367.

⑥ David G. Lamberth, *William James and the Metaphysics of Experience*, Cambridge: Cambridge University Press,1999, p.65.

多领域非常无知，[①]对于与心理活动密切相关的大脑活动更是一无所知，人们远未清楚地了解大脑功能所依赖的神经组织的基本性质，这些课题只能留待将来的生理学解决。[②]在未来很长的时间里，我们可能都不得不通过我们的感觉或我们所观察的运动神经的结果来推断大脑中发生的事情。对我们来说这器官就像一个瓮，其中感觉和运动以某种方式“炖煮”在一起，其中发生的无数事情我们只能看到它们的统计结果。[③]也正因为如此，詹姆士的心理学并非纯粹的观察心理学和实验心理学。他将心理学与科学和哲学结合起来，综合观察、实验、反省、比较和思辨的方法来研究心理现象。这固然显示出那个时期的心理学由传统心理学向实验心理学过渡的特征。但是在我看来，詹姆士心理学中的思辨非但没有减弱反而增强了他的心理学的原创性。所以即便在当时的新心理学中詹姆士的心理学也独具特色。例如，就像爱德华·S.里德所说，“所有新心理学家理论的核心特征是认为感觉是短暂的、片段的和准确的，而詹姆士却在强调即便是简单的感觉也是复杂的、交错的、流动的和动态的”。[④]另一方面，詹姆士对于形而上学有着自己的看法。他说：“形而上学不是别的，只是异常顽强地进行清晰思想的努力。”[⑤]在詹姆士看来，各门具体科学研究的材料都充满模糊和矛盾，但是从它们各自有限的目的来看，这些缺点可以忽略。一个心理学家不必追问他自身以及他研究的心灵如何能够认识同一个外部世界。但是，某个东西从一个立场看无关紧要，从另一个立场看可能极为重要。一旦我们的目的是获得关于世界整体的最大可能的见解，形而上学之谜就成为最为紧迫的问题了。心理学对于一般哲学的贡献就在于它自己范围内的形而上学之谜。[⑥]

所以詹姆士并非拒斥一切形而上学，而只是拒绝半截子形而上学，或者只是“悬置尚未构建成功的形而上学”[⑦]。当我们说詹姆士拒斥形而上学时，我们应该在这个意义上来理解。詹姆士说他的《心理学原理》主要是大量描述性的细节，这些细节可能会引起人们的质疑，只有意识到自身重任的形而上学才有希望

---

① *PP*, Vol. I, p.77 note.

② *PP*, Vol. I, pp.81-82.

③ *PP*, Vol. I, pp.137-138.

④ [美] 爱德华·S.里德：《从灵魂到心理》，第22页。

⑤ *PBC*, p.461.

⑥ *PBC*, pp.461-462.

⑦ *PP*, Vol. I, p.144.

成功地解决这些疑问，但那可能是此后几百年的事情了。[①]也就是说，能够作为心理学之基础的形而上学尚未出现。在他看来，只有当形而上学清楚地意识到它的主要范围时，它才能完成好自己的任务。不完全、不可靠、半清醒并且没有意识到自己是形而上学的形而上学加入一门自然科学，会毁掉两样好东西。他认为心理学中的精神动因理论和观念联想理论就属于后一类形而上学。[②]因此他明确拒绝联想主义和唯灵论的观点。这种拒斥形而上学的态度不仅表现在詹姆士的心理学中，而且一直伴随着他的哲学思考，走向实用主义、多元宇宙观和彻底经验主义。

詹姆士说他的科学心理学的新颖之处在于“严格的实证主义观点”。[③]也许因为这一点，许多人把詹姆士划为实证主义者。这个看法需要做一些澄清。爱德华·S.里德指出，1860年至1890年间几乎所有自认为“新”心理学家的人都忠诚于科学中的某种实证主义方法，[④]“在十九世纪末，实证主义思想在整个欧洲非常盛行。每个人都是实证主义者，至少他们是这样称呼自己的。即便是像弗洛伊德和胡塞尔那样的不大可能是实证主义者的人们偶尔也自称为实证主义者。”[⑤]詹姆士不同于19世纪的实证主义者孔德和斯宾塞，他所说的实证主义也不同于其他新心理学家的实证主义。新心理学的代表之一冯特是典型的实证主义者，他认为实验心理学研究必须进行心理测量，但詹姆士认为心理测量在心理学中并不重要。詹姆士还强烈批评心理学中实证主义运动的一个重要理论即自动机理论（the Automaton- Theory）。此外，詹姆士看到虽然大多数新心理学家将自己的心理学称为实证主义心理学，嘲笑形而上学，但他们为反对形而上学所假设的实证主义所主张的心理原子论实际上仍然坚持一种传统的形而上学。詹姆士所说的实证主义是将心理学的内容规定在可经验的范围之内，把思想或意识状态自身，而不是“灵魂”、“超验的自我”或所谓的“基本意识单位”等超验的无时间性的东西，看作心理学的基本事实和出发点。在《心理学原理》中，詹姆士一般悬置超验的实体，集中描述心理现象及其条件，在必要时也解构一些超验的实体概念，像观念原子、先验自我、永恒灵魂等等，在其后期的著作中这种解构特征更

---

① *PP*, Vol. I, p.vii.

② *PP*, Vol. I, p.vi.

③ *PP*, Vol. I, p.vi.

④［美］爱德华·S.里德：《从灵魂到心理》，第21页。

⑤［美］爱德华·S.里德：《从灵魂到心理》，第166页。

加明显，他运用思想流（经验流）学说将遇到的超验实体一一还原为经验概念，把整个认识都放到经验中来考察。

所以当詹姆士说心理学是一门自然科学时，他的意思是，“心理学家研究的心灵是存在于具体的真实空间和真实时间中的不同个人的心灵”①。詹姆士把心理学“限制于现时生活，其中每一个心灵都与身体结合在一起，并通过身体表现出来。在现时世界里，心灵彼此先于、后于和同时存在于共有的时间之中”②。也就是说，詹姆士认为心理学研究的心灵是个别的，具体的，它们占据一定的真实空间和时间，任何其他种类的心灵、绝对的理智、与个别身体无关的心灵或者身体出生之前或死亡之后的心灵、不在时间过程中的心灵或者不属于任何人的纯粹思想都不是心理学研究的对象，因为我们没有关于它们的经验。“我们合乎情理地研究的只能是个人意识、各个心灵、各个自我、各个具体的特殊的我和你里可以发现的意识状态。”③《心理学原理》中的自然科学立场就是面向经验和事实的立场。

虽然詹姆士“想尽可能使心理学摆脱与任何形而上学基本问题的联姻”，④将心理学限制在经验的可证实的范围内，虽然有人认为他的《心理学原理》的主要贡献是通过生理学定义思想和感觉，“将心理学牢固地确立为自然科学领域的合法学科”⑤，但是詹姆士在给出版商的信中却这样写道：“没有谁比我看到这本书时更感到厌恶了，一大堆令人讨厌的、臃肿的、虚浮的、夸张的、充满水分的材料，只是证明了两个事实：首先，根本没有心理学科学这回事；其次，威廉·詹姆士是一个无能的人。”⑥初看之下，詹姆士的这段话只是一种自谦或者他一时心情的表达，但是两年后他在《心理学简编》中的类似表述使我们不得不认真对待他的这种说法。他说：“我们听到人们得意扬扬地谈论‘新心理学’，并且书写‘心理学史’，这确实很奇怪，因为我们对于这个词所涵盖的真正成分和真正的力（real elements and forces），尚没有一丝的洞察。一串串原始事实，一些闲言碎语和观点争论，一些纯粹描述水平的分类和概括，一个强烈的偏见（即我们具有心灵状态），我们的大脑影响它们……这不是什么科学，它只

① *PP*, Vol. I, p.183.

② *PP*, Vol. I, p.199.

③ *PP*, Vol. I, p.226.

④ 引自George A. Miller, “Introduction” to *The Principles of Psychology* by William James, 1983, p.xviii.

⑤ Eugene Taylor, *William James on Consciousness beyond the Margin*, p.25.

⑥ R. B. Perry, *The Thought and Character of William James*, Vol. II. p.48.

是一种科学的希望。”[①]詹姆士认为当时心理学的状况就像伽利略之前的物理学或者拉瓦锡之前的化学，似乎还处在前科学状态。在《心理学原理》出版将近十年之际，他在《与教师谈心理学》一书中仍持类似的看法。在那本书里，詹姆士一方面说心理学是一门关于心灵的科学，另一方面又说这门学科并没有多少新东西。他说：“依我拙见，并不存在名副其实的‘新心理学’。只有始于洛克时代的旧心理学，加上一些有关脑和感官的生理学、进化论以及一些精致的内省细节。”[②]詹姆士随后对于他的这个说法进行了解释。他认为，心理学研究的直接事实或最普遍的事实是我们每个人心中有某种意识或思想流或意识场总在发生，但是必须坦承，我们根本不知道我们的先后相续的意识场来自哪里，或者为什么它们恰好具有它们所拥有的那种内在构成。它们无疑是跟随或伴随着我们的大脑状态而来，并且它们的特定形式肯定依赖于我们过去的经验和教育。但是我们若问大脑如何影响它们，我们连最微小模糊的概念也没有；我们若问教育如何塑造大脑，我们也只能用最抽象、最一般、完全臆测的词语来回答。简言之，詹姆士认为我们对心理学的研究对象即意识状态的原因和条件并没有多少了解。他说：“这种情况就是刚才我说不存在名副其实的‘新心理学’时心中的想法。”[③]也正因为如此，“当我们谈起‘作为自然科学的心理学’时，我们一定不要以为它意指最终建立在牢固基础上的心理学。”[④]根据詹姆士对科学心理学的这些要求，我们今天的心理学也难以称为科学的心理学。

概而言之，詹姆士建立了新心理学，这是众所公认的，但他的心理学仍然带有当时心理学承前启后的过渡特征。诚如伊斯雷尔·谢佛勒（Israel Scheffler）所言，“詹姆士的《心理学原理》是一部经典，它在19世纪的哲学心理学与20世纪的科学心理学之间架起了一座桥梁”。[⑤]这可以说是那个时期的新心理学共有的特点。那个时期的心理学家也都具有类似的过渡特征，例如，冯特被认为是现代心理学的创立者，他也自封为新心理学的领袖，但他是一位哲学教授，他的大量时间都用于研究形而上学、伦理学和逻辑学。因此有人称他为“由实验科学产生的第一个哲学心理学家”[⑥]。

---

① *PBC*, p.468.

② *TT*, p.7.

③ *TT*, p.17.

④ *PBC*, p.467.

⑤ Israel Scheffler, *Four pragmatists: A critical introduction to Peirce, James, Mead, and Dewey*, London: routledge & kegan Paul, 1974, p.98.

⑥ Daniel N. Robinson, *Toward a Science of Human Nature: Essays on the Psychologies of Mill, Hegel, Wundt, and James*, New York: Columbia University Press,1982, p127.

二、达尔文进化论的影响

詹姆士坚持自然科学立场的一个重要表现是他对达尔文进化论的重视与吸收。达尔文的《物种起源》的出版标志着自然科学尤其是生物学发展的一个新纪元。进化的观念在19世纪后期的欧洲和美国成了一个流行观念，对欧洲和美国的哲学与心理学产生了重要而深远的影响。例如，杜威认为达尔文的进化论引生出一种新的思想气质，达尔文的思想方式的两大影响之一是让人们改变传统的哲学概念以适应它的要求。[①]罗素认为进化论哲学是20世纪初三种主要哲学之一，并把尼采、实用主义和柏格森看作进化论哲学发展的几个形态。[②]美国哲学家查尔斯·莫里斯（Charles W. Morris）曾说："实用主义无疑是达尔文主义之后的哲学，它的经验主义是朝着生物学方向演变的经验主义。"[③]至于达尔文进化论对于心理学的影响，G. 墨菲和J. 柯瓦奇在《近代心理学历史导引》中说："达尔文主义在19世纪最后的二十五年对心理学的影响，……大大促进了这门科学塑造成今天的形态。心理学必然变得越来越生物学化了；甚至对于心理过程的描述也愈益成为需要根据潜在大脑机制的概念来说明的那些在顺应环境过程中运用机能和完成任务的问题。"[④] G. 墨菲和J. 柯瓦奇认为，对于詹姆士来说，在19世纪的所有思潮中从根本上最合其心意和最重要的就是进化论。[⑤]

谈到进化论对詹姆士的哲学与心理学的影响，我们不能不提斯宾塞。斯宾塞虽然受到达尔文进化论的影响，并且被称为社会达尔文主义之父，但是他的进化学说并非完全来自达尔文。事实上，早在接触达尔文的进化论之前，他就在酝酿自己的进化论了。1857年斯宾塞发表了阐述其进化思想的论文《论进步：其规律与原因》，此时达尔文的《物种起源》尚未出版。1862年斯宾塞发表了系统阐述其进化学说的著作《第一哲学》。斯宾塞认为进化不只是生物界的现象，他把进化观念扩及人类知识的各个领域，使之成为一种普遍的解释方法。詹姆士青少

---

① John Dewey, *The Influence of Darwin on Philosophy*, New York: Henry Holt and Company, 1910, p.18.

② [英] 罗素：《我们关于外间世界的知识》，陈启伟译，上海译文出版社，2006年，第1-8页。

③ Charles W. Morris, *The Pragmatic Movement in American Philosophy*, New York: George Braziller, 1970, p.5.

④ [美] G. 墨菲，[美] J. 柯瓦奇：《近代心理学历史导引》，林方，王景和译，商务印书馆，1982年，第186页。

⑤ [美] G. 墨菲，[美] J. 柯瓦奇:《近代心理学历史导引》，第266页。

年时期正是斯宾塞的学说盛行的时期。青年时期的詹姆士深受斯宾塞著作吸引。1879年至1880年，詹姆士开设的“进化哲学”课就以斯宾塞的《第一原理》作为教科书。在其后近20年的时间里，詹姆士多次讲授这门课，并且一直以斯宾塞的著作作为教科书。由此可见他对斯宾塞的重视以及斯宾塞对他的影响。斯宾塞对于起源和演化的强调潜在地符合詹姆士早年接受的注重发生和体验的非现成思想，因而格外引起他的注意。尽管后来他对斯宾塞的许多论证和观点进行批评，把斯宾塞的《第一原理》中的学说“看作错误论证的博物馆”，但从未否认而是一直称赞他的进化观念。詹姆士认为对于发展、进步和起源的重视是欧洲思想的创新，研究进化是理解时代精神的需要。

当然在进化论方面，达尔文的学说对詹姆士的影响更为深刻。詹姆士在其学术生涯早期就受到达尔文的影响。1865年詹姆士就在《北美评论》上发表了两篇评论达尔文的自然选择理论的文章。[①]在19世纪70年代早期波士顿的“形而上学俱乐部”，詹姆士“深为达尔文的自然选择理论所激发，并为之陶醉”[②]。后来詹姆士在其著作中多次谈到达尔文及其进化论，引用达尔文的学说佐证自己的观点，还在《彻底经验主义》一书中嘲讽了一些天主教作家对达尔文主义的反驳。[③]詹姆士不仅把进化论看成一种时代的思想潮流，而且把它看成一种世界观的转变。他认为进化论的产生使人们从原来以静止的方式看待世界转向以动态的发展的方式看待世界，“科学的进化论所打开的辽阔眼界……已经改变了我们想象的方式”[④]。詹姆士认为达尔文的一个重要成就在于，确定了研究可见环境对动物的影响时必须解决的问题。这个问题即“如果一个动物天生具有这个或那个特性，环境是否更适合保存或毁灭他”[⑤]。他认为达尔文的另一个辉煌成就是区分开了动物特性的产生原因与保存原因，“分离出他称之为‘自发变异倾

---

① William James, “review of T. H. Huxley’ s *Lectures on the Elements of Comparative Anatomy: On the Classification of Animals, and on the Vertebrate Skull*, in *North American Review*, 100 (1865), pp. 290 - 98; William James, “review of A. R. Wallace’ s *The Origin of Human Races and the Antiquity of Man Deduced from the Theory of Natural Selection*”, in *North American Review*, 101 (1865), pp. 261 - 63. 这两篇文章并未署名，其作者为詹姆士，参见 Eugene Taylor, *William James on Consciousness beyond the Margin*, p.11.

② Linda Simon, *Genuine reality: a life of William James*, New York: Harcourt Brace & Company,1998, p.147.

③ *ERE*, p.246.

④ *PU*, p.30.

⑤ *WB*, p.223.

向’的产生原因，并把它们立即归入他完全不予考虑的生理系统，他将注意力限定于保存原因，称之为自然选择和性选择，将它们完全作为环境系统的作用来研究”①。

达尔文的进化论和生物心理学影响詹姆士心理学的一个重要证据是，詹姆士明确地说他的新心理学之“新”的一个重要表现就在于它的进化论成分。②大卫·迪普（David Depew）认为：“詹姆士的心理学建基于最新的生物学的作为自然选择结果的心灵概念之上。”③这个说法是不错的。达尔文的生物心理学把人看作有机体，把人的心灵视为人适应环境的一种工具。“从纯粹自然主义的观点看，”詹姆士说，“这样解释是合理的，即除非意识对某个目的有用，它不会被加入到生命中来。”④在他看来，“心灵中新的思想样式和概念发明的出现是自发的心理变异，它们只有不断地经受住生存的考验，我们才会认为它们是对环境的表述”⑤。

詹姆士还根据进化论解释人的所有生理构造和心理活动，同时他认为进化论具有生理学和心理学的根据。他说：“我们今天见到的人类的所有系统都是依照人类的需要而进化的。”⑥根据詹姆士在《心理学原理》中的表述，人的神经系统和整个身体就是一个趋利避害的有机体。他说动物的神经系统的功能就是让每个部分同其他部分和谐地相互合作。当传入神经受到某个物体刺激时，它会将该刺激传人神经中枢，由此在神经中枢产生的变化并不会止于那里，如果它确实很强的话，会通过传出神经进入肌肉和腺体来释放自己，激起四肢和内脏的运动或者分泌活动。这会因动物不同而变化，也会因刺激物的不同而变化。这些反应的行动通常具有共同特征，即躲开有害的刺激而支持有益的刺激。⑦人的神经系统和身体亦是如此。他说所有的神经中枢首先都具有一种基本功能，即“智能”行动。它们倾向于感觉某一个而不是另一个东西，并且这种倾向是有“目的”的。

---

① *WB*, pp.221 - 222.

② *TT*, p.7.

③ Robert Hollinger & David Depew ed. *Pragmatism: From Progressivism to Postmodernism*, Westport: Praeger publishers, 1995, “introduction”, p.6.

④ 引自Robert J. Richards, *Darwin and the Emergence of Evolutionary Theories of Mind and Behavior*, Chicago: University of Chicago Press, 1988, p.433.

⑤ 引自Robert J. Richards, *Darwin and the Emergence of Evolutionary Theories of Mind and Behavior*, p.427.

⑥ *P*, p.106.

⑦ *PP*, Vol. I, p.12.

和其他所有器官一样，它们由祖先向后代进化。这种进化有两个方向，低级中枢向下演化为更加敏捷的自动行为，而高级中枢向上演化为水平更高的智能。因此，那些稳妥地逐渐变得始终如一且难以改变的功能就几乎没有心灵相伴，它们的器官和脊髓就变成了一个越来越没有灵魂的机器；与此相反，那些有益于动物适应微妙环境变化的功能则越来越传到脑半球，随着动物进化的演进，脑半球的解剖结构和相伴随的意识变得越来越精致。[①]受达尔文进化论影响的詹姆士的机能主义心理学与构造心理学形成鲜明对比，詹姆士的机能主义心理学主张心理学的任务不是把心理或意识分解为一些基本元素，而是研究心理适应环境的机能作用。在他看来，意识的意义在于其适应环境的效果，人的意识是一个不断变化而又连续的适应环境的过程。

詹姆士在《心理学简编》的导言中说，旧的理性心理学的一个重大错误在于设定了一个作为绝对的精神存在的灵魂。这个灵魂自身具有一些能力，记忆、想象、推理、意愿等等都通过它来加以解释，这些活动几乎与它们所作用的世界的特性没有任何关系。但是现代人具有的更全面的知识使我们看到，我们的内心能力适应于我们的生活世界的特性，以便我们能够生存和发展。如果一个现象对我们的福利非常重要，它第一次出现在我们面前时就会引起我们的关注，激发我们的兴趣。危险的东西则使我们不由自主地充满恐惧，有毒的东西使我们不由自主地充满厌恶，不可或缺的东西使我们不由自主地充满欲望。"简言之，心灵与世界是一起进化的，结果可以说是相互适应。"[②]詹姆士在《心理学原理》的最后一章"必然真理和经验效果"中坚持认为经验可能通过两种方式为我们提供知识。其一，有些知识是环境强加于我们的，或者说是我们通过学习获得的。例如，水可能在100摄氏度时烧开，也可能在90摄氏度时烧开，具体情况因地区差异而不同，这是强制性的事实，我们只能逐步学习这种知识。其二，有些知识是在进化过程中赋予我们的心理结构的必然知识，几何知识和逻辑知识属于这一种。它们之所以在我们看来是必然真理，只是因为我们的心理不能超越它自身的生物构成，它们并非绝对必然的知识。也就是说，心理是适应环境的产物，心理是生物的武器，我们之所以具有这样的心理结构是因为在过去无数年代里我们的祖先对于宇宙的某些反应方式被选择下来。

在詹姆士看来，达尔文的进化论给我们提供了这样一幅生物和人的画卷。生

---

① *PP*, Vol. I, p.79.

② *PBC*, p.4.

物的演化是一个既有遗传又有变异的过程，就像一个既连续又变化的河流。生物在与环境的相互作用中生长和演化，它们有一种趋利避害的目的性，尽管有时是无意识的目的。就人来说，人是有目的、有欲望、有兴趣、努力生存的有机体，人处在周遭的环境中，不断与环境调整关系，这种调整也是有目的性的。人的理性能力和认知能力也服务于人的目的，“分类和概念纯粹是心灵的目的的武器”[①]。詹姆士说：“心灵本质上是有目的的机械结构。我这里的意思是认知能力或创建理论的能力……是完全服务于目的的，这些目的是我们的情感主体和实践主体设定的。它把我们的印象世界转变为完全不同的世界——我们的概念世界；这种转变是根据我们的意志的本性产生的，没有任何其他目的。”[②]人的目的、欲望和兴趣决定人与世界的交往中哪些东西成为人注意的焦点，哪些隐匿在人的意识的边缘，环境的作用在于唤醒或激发认识者的兴趣。人绝不是像洛克、巴克莱和休谟所认为的那样被动地获得感觉。

达尔文的进化论不仅对于詹姆士心理学和思想流学说具有重要影响，而且通过他的心理学和思想流学说进一步影响到他后来的哲学思想。詹姆士在《伟人及其环境》一文中说，达尔文的方法即通过已知来解释未知。[③]“如果达尔文遇到一个阻碍其理论的事实，他通常的习惯……是以更小的多个事实来替代它，就像一个车夫在路上以泥土来覆盖一块大石头，让马车通过而不受阻一样。”[④]这与詹姆士的实用主义思想非常吻合。达尔文进化论的一个基本特征是强调生物与环境的相互影响。詹姆士说：“多元论的经验主义知道，每一事物都处在一个环境之中，都处在由其他事物环绕的世界之中。”[⑤]人亦是如此，不断与环境相互影响，在受到环境作用的同时也改变环境。他由此进而认为在宗教中，人与神的关系亦是如此，人与神的关系不是单向的而是双向的。他还在《宗教经验种种》一书中分别从存在的结构和意识的结构论述了宗教对象可能具有的实在性以及它可能对人产生的实际影响。

詹姆士在哈佛大学的老师，同时也是对他有着重要影响的阿格塞兹是美国批评达尔文主义的主要人物之一。詹姆士也并非赞同一切形式的进化论，他也并非

---

① *PP*, Vol. II, p.335.

② *WB*, p.117.

③ *WB*, pp.227.

④ *WB*, pp.320.

⑤ *PU*, p.90.

同意达尔文的所有观点。他对达尔文学说中的缺点和不足同样持批评态度，甚至对达尔文的一些具体观点进行反驳。例如：他在《心理学原理》“论记忆”一章中说，达尔文和斯宾塞在他们的著作中揭示的人对事实的良好记忆与他们所说的只具有中等程度的生理记忆力的人脑是不相容的；[①]在“论情绪”一章中他说，达尔文对于“类似情感的刺激会有相似的反应”这一原理没有给以充分的探讨；[②]他还认为达尔文解释情绪表现的“对立原理”很不成功。[③]

詹姆士在《心理学原理》中批评了原子主义进化心理学。这种进化论认为，世界上首先出现的是无机物，而后是最低级的动植物，然后是拥有精神的生命形式，最后是像我们这样拥有更高精神的生命形式。这种连续的进化涉及的始终是物质及其聚合与分离，所有新的存在形式，都只是原初的不变的要素重新分布与组合的结果。原来散乱分布的组成星云的自我同一的原子，现在被挤压在一起，处于某个具体的位置，形成或进化成了我们的大脑。在这种学说中，没有任何新的本质（natures），没有任何开始时未曾存在的要素在以后的任何阶段产生出来。[④]这种进化心理学无法解释意识的出现。詹姆士说，如果一种哲学认为无论多么微小的意识最初都不存在，而后却声称通过连续的进化解释了意识出现的事实，这是不合理的。[⑤]

詹姆士更不赞同当时的进化论科学所预测的世界末日的景象：整个宇宙衰退；太阳变得昏暗；地球没有潮汐，静止不动；人类将堕入深渊，人类的思想将消亡。不灭的纪念碑和不朽的功绩，死亡本身和超越死亡的爱，都像未曾存在过一样。人类的勤劳、天资、忠诚和艰辛所成就的一切也都归于虚无。这是一种令人沮丧的悲惨凄凉的世界终极图景。詹姆士说这种最终的毁灭和悲剧是现在所理解的科学唯物主义或科学进化论的实质。[⑥]

三、心理学与生理学

詹姆士坚持自然科学立场的一个直接表现是他对生理现象与心理现象之间关

① *PP*, Vol. I, p.662.

② *PP*, Vol. II, p.481.

③ *PP*, Vol. II, p.484.

④ *PP*, Vol. I, p.146.

⑤ *PP*, Vol. I, p.149.

⑥ *P*, p.76.

系的重视，将生理现象视为心理现象的条件。这也是他肯定赫胥黎用“心理系统”（与神经系统有关）一词来表示一切意识状态的原因。①历史上唯灵论把人的心理活动归结为它们背后的共因即灵魂的一种绝对性质，联想主义者则把它们归结为构成这些心理活动的共同元素，无论是灵魂还是共同元素都具有一种先验的、绝对的、不变的、使心理活动成为可能的能力。詹姆士认为，不仅心理活动不是超验的，心理活动的条件也不是超验的，对于这种条件的探讨是心理学家最重要的工作。

詹姆士说：“生物学充实心理学的唯一革新的基础性概念、‘新心理学’超过旧心理学的唯一实质之处，乃是一个很一般的、也很为大家熟悉的观念，即我们的活动从根本上属于反射行为。我们所有的意识都伴随着一串事件：首先是一个感官神经的输入流，最后它们将被释放到某些肌肉、血脉或腺体中……从这个角度看，我们生活中的思想和感觉部分似乎只是通向行为的中间站。因此，最新的心理学好像越来越倾向于把意识视为，其存在只是为了引出行为，并试图通过它们的实际用途来解释其特殊性（就其能被解释而言）。”②

詹姆士要对心理事件，心理次序以及心理活动的发生做出不同于旧心理学的解释，他认为关于神经系统的生理学为此提供了可能，其中人脑与心理现象的关系问题尤为重要。他说：“人脑是心理活动的一个直接的身体条件”③，每个感觉都有个大脑作用与它相应，因此，“身体体验尤其是人脑体验必定在心理学要考虑的心灵生活的条件中占有一席之地”④，“一定程度的脑生理学必须作为心理学的前提或者包含在心理学之中”⑤。这就要求心理学家必须在一定程度上是一个神经生理学家。⑥詹姆士把“流逝着的思想作为统一体，只把思想与脑状态的共存法则看作我们科学的终极法则”⑦。他试图为每一个心理状态或心理功能找到其生理上的原因或关联，使他的心理学保持在生理学允许的可能性之内。《心理学原理》中一个非常引人注目的特征就是詹姆士一贯坚持这个原则。他每描述一个心理现象，都会尽可能地阐述其生理条件尤其是脑生理条件，并且往往

① *PP*, Vol. I, p.186.

② R. B. Perry, *The Thought and Character of William James: Briefer Version*, p.195.

③ *PP*, Vol. I, p.4.

④ *PP*, Vol. I, p.4.

⑤ *PP*, Vol. I, p.5.

⑥ *PP*, Vol. I, p.5.

⑦ *PP*, Vol. I, “preface”, p.vi–vii.

把对经验的描述和推想看作他要说明的观点的间接根据，而把脑生理学作为直接证据。他在讨论知觉、情绪、联想、意志、习惯以及其他论题时莫不如此。他还用生理学假设扩展、补充和解释意识过程。

例如，在论证“在每个人的意识之内，思想总是在变化的”这一观点时，他说：“在这些间接的根据——我们的感觉，随着我们感受能力的变化，总在进行着重要的变化——之上，必须再加上另外一个根据——脑中必定发生的事情。”①在论述思想的连续性时，詹姆士以脑的任何状态不会立刻消失来说明心理内容的渐进性和连续性。他说脑的任何状态都不会立刻消失，如果有个新状态出现，旧状态的惯性总会还在那里，并相应地改变这个结果。“整个神经作用一变化，整个心理作用也就同时变化。但是神经作用的变化永远不是绝对不连续的，所以尽管先后相继的心理作用有时变化速度快，有时变化速度慢，但它们一定也是彼此间渐次推移，前后相承，互相融会。”②他说，每一个已经过去和正在经历的经验都有可能影响未来的新观念，“经验每时每刻都在重塑我们，我们对每一事物的心理反应，实际上是到那一刻止，对于整个世界经验的结果。要证明这个见解，一定又得用脑生理的比喻”③。

实际上，整部《心理学原理》就是建立在脑生理学的基础之上的。《心理学原理》第一章介绍了心理学的范围之后，紧接着在第二章和第三章论述了心理状态的大脑条件，即大脑的结构和功能以及大脑活动的一般条件。《心理学原理》关于生理学的部分可以看作心理学的准备和前奏，而且詹姆士对心理活动的最终解释也都是诉之于生理结构和生理活动，从不诉诸非经验的实体或能力。

虽然詹姆士肯定生理现象是心理现象的条件，但是他不赞同把意识视为身体活动的附带现象（epiphenomenon）的副现象论或自动机理论。自动机理论是17和18世纪自然科学中盛行的机械唯物论的一种形式。笛卡尔首次提出了一种能够执行复杂理智行为的完全自足的神经机械装置，他认为在动物那里神经机械装置就是一切，但是他认为人类的高级行为是理性灵魂作用的结果。拉·梅特里认为，笛卡尔“把动物的性质认识清楚了；他第一个完满地证明了动物是纯粹的机器”④。不仅如此，拉·梅特里进一步认为人也是机器，人的身体是一个钟

① *PP*, Vol. I, pp.232–233.

② *PP*, Vol. I, p.243.

③ *PP*, Vol. I, p.234.

④［法］拉·梅特里：《人是机器》，顾寿观译，北京三联书店，1996年，第66页。

表——一个巨大的、极其精细、极其巧妙的钟表。[①]思想和有机物质绝不是不可调和的。思想和电、运动的能力、不可入性、广袤等等一样，是有机物质的一种特性。[②]这种理论在19世纪的心理学中表现为把意识看成身体的一个附带现象，认为意识对物质没有影响，甚至不同意识状态之间也没有因果作用。例如，赫胥黎把动物的意识与身体的关系比喻成钟表的铃声与钟表之间的伴随关系，他说："在我们之中的所有意识状态与在动物之中的所有意识状态一样，都是由大脑物质的分子变化直接引起的。在我看来，在人和在动物那里一样，没有证据表明任何意识状态是引起有机体物质运动发生变化的原因。如果这些观点都能够成立，我们可以由此推知，我们的心理状态只是有机体自动产生的变化在意识中的符号。用一个极端的示例来说，我们称之为意志的感觉不是主动行为的原因，而是作为那个行为的直接原因的大脑状态的符号。我们是有意识的自动机。"[③]詹姆士说，根据这种自动机理论，每一个感觉完全是一些神经-运动的相关物，而这些神经运动的原因完全存在于前一个神经-运动中。第一个神经-运动引起了第二个神经-运动，不管附加在第二个神经-运动之上的是什么感觉，这感觉都跟随着附加在第一个神经-运动之上的感觉。例如，如果好消息是和第一个运动相关的意识，那么欢乐就是第二个运动的关联物。神经序列中的东西是唯一具有因果连续性的东西，意识序列中的东西不论其结果如何具有内在的合理性，都只是伴随现象。[④]詹姆士认为这种基于纯粹先天的和准形而上学的设定而提出的自动机理论在"目前状况下的心理学中是不合理的和不适宜的"[⑤]。在詹姆士看来，心理现象不仅以身体运动为条件，而且会引起身体运动，"没有哪个心理变化不伴随着或者不引起身体的变化"[⑥]。

詹姆士将心理学建立在生理学尤其是脑生理学之上，这是他建立新心理学的标志之一，但是这种做法也面临着一个巨大挑战。詹姆士坦承人们尚未清楚地了解大脑与心理现象的关系。他在《心理学原理》的最后一章说，当我们把心理学视为自然科学时，"心理状态"被理所当然地看作经验中直接给予的材料，我们假设整个大脑状态在任何时候都对应于一个独特的心理状态。这个假设作用

---

① [法] 拉·梅特里：《人是机器》，第65页。

② [法] 拉·梅特里：《人是机器》，第67页。

③ T. H. Huxley, *Method and Results: Collected Essays*, Vol. I, London: Macmillan, 1898, p.240.

④ *PP*, Vol. I, p.133.

⑤ *PP*, Vol. I, p.138.

⑥ *PP*, Vol. I, p.5.

良好，但是一旦我们追问“对应”这个词是什么意思的时候，我们发现这个词是极其晦暗不明的，它只是表示两个平行的变量。有人把心理状态和大脑称为同一个实在的内面和外面；有人认为心理状态是单一的灵魂对于大脑中众多活动的反应；有人认为每个脑细胞都是一个单独的意识，我们经验到的心理状态是所有小的意识融合在一起的现象，就像大脑自身是所有脑细胞结合在一起的现象一样。詹姆士认为这三种形而上学的假设都存在很大困难。他说我们在能够知道思想与大脑对应时会发生什么情况之前，必须知道直接并存的是哪种心理事实和哪种大脑事实，换言之，必须知道与大脑事实直接对应的最小的心理事实是什么，也必须知道与心理事实直接对应的大脑事实是什么。詹姆士把整个思想看作最小单位，而把整个大脑看作与其对应的最小物理单位。但是詹姆士承认：“‘整个大脑’根本不是一个物理事实。”①它只是以一定的方式排列的数以亿计的分子影响我们感官的方式，它们聚合成“大脑”，这种说法只是大众俗语中的一种虚构。这种虚构的事物不可能成为任何心灵状态所对应的客观实在，因为从物质粒子学的角度看，大脑中最小的实在是分子，或者至多是细胞。但是如果我们采取心理原子理论，以分子作为大脑的基本要素以对应于思想的要素，那么大脑中的事实就不是对应于真正实在的心灵事实，反过来亦是如此。这是一个极难解决的问题。詹姆士说：“心灵与其自己的大脑的关系独特而又十分神秘。”②在詹姆士看来，人们对于大脑活动本身一无所知，远未清楚地了解大脑功能所依赖的神经组织的基本性质。这些课题只能留待未来的生理学解决。③

从哲学的角度看，詹姆士用生理学来解释心理现象是否削弱了《心理学原理》的哲学意义？从一个方面看似乎是这样的，因为它没有把灵魂、先验自我、意识自身等作为心理现象的最终设定或根据。但是詹姆士这样做的目的正是以现象的方式取消形而上学的灵魂实体或意识实体在心理学中的终极地位，以表明心理现象与身体和经验世界之间不可分割的联系，从根本上显示“心理素材本身被看作一种经验”④。他说：“一旦心理学确立了思想或感觉与人脑的一定状态之间的经验联系，就不能走得太远。”⑤他的意思是不能成为形而上学：把所有以

① *PBC*, p.464.

② *PP*, Vol. I, p.216.

③ *PP*, Vol. I, pp.81-82.

④ *ERE*, p.200.

⑤ *PP*, Vol. I, p.vi.

现象的方式被给予我们的思想解释为深层实体（不管这些实体是灵魂、先验自我、理念、还是意识的基本单元）的产物。但是，这是否意味着思想或感觉的意义也决定于生理条件？詹姆士认为并非如此。正如他后来在《宗教经验种种》中所强调的，一切心理状态都以神经系统为条件，但这并不是说它们的意义必定取决于它们的这些来源或条件。相反，它们的意义来自于其经验结果的价值。[①]同样重要的是，对这种经验联系的强调也并不妨碍詹姆士把经验理解为非现成的和动态构成的。所以我们可以说詹姆士强调心理学与生理学之间的联系，意在把《心理学原理》的内容，尤其是心理现象的条件完全确定在经验的范围内，从而显示出经验或思想的动态生成性、整体性和开放性。这不仅是他的心理学的新颖之处，也是西方心理学史上的一个突破，同时也具有重要而深远的哲学意义。

四、《心理学原理》的哲学意蕴

罗素曾受詹姆士哲学的启发，[②]但是他认为詹姆士基本上是个心理学家，而且他认为詹姆士的《心理学原理》只是“科学上的贡献而不是哲学上的贡献”[③]。罗素的这个看法忽视了《心理学原理》与詹姆士哲学的关系，以及它与后来西方哲学的联系。这就如同说胡塞尔的《逻辑研究》只是逻辑上的贡献而不是哲学上的贡献一样。詹姆士的《心理学原理》无疑是一部历久不衰的心理学经典。但是正像胡塞尔的《逻辑研究》虽然没有冠名“哲学”一词，但它是一部哲学著作一样，詹姆士的《心理学原理》虽然没有冠名“哲学”，它也是哲学上的重大贡献。不错，詹姆士在这部著作中一直强调他的心理学是自然科学，而且正是他的这部著作标志着美国科学的心理学的诞生。但是就像胡塞尔强调他的著作是严格的科学而无损于它的哲学价值一样，詹姆士说他的《心理学原理》是科学也并不削弱它的哲学分量。如前所述，詹姆士之所以申明他的《心理学原理》是科学，一方面是要与传统的心理学和形而上学划清界限，另一方面也是要表明他的一贯立场和态度：对经验和事实本身的尊重。

现代心理学的创始人无论是詹姆士还是冯特都承认，科学的心理学对任何心理事实的解释，都包含着预先设定的哲学前提。不仅如此，他们在心理学方面的

① *VRE*, pp.14-17.

② Bertrand Russell, *The Analysis of Mind*, London: Routledge, 1997, lecture I.

③［英］罗素：《西方哲学史》，下卷，第368-369页。

兴趣也被看作哲学上的兴趣。正如乔治·米勒（George A. Miller）在为哈佛版的《心理学原理》所写的介绍中所说，科学的心理学的壁橱里从一开始就有哲学的骨架。[①]杜威也明确地说，哲学含意已镶嵌在心理学的核心里，即使它们不在我们的视野内，我们也不能摆脱它们。[②]当詹姆士说“心理学是一门自然科学”的时候，“我们必须清楚，这不是说心理学已建立在牢固的基础之上；相反，它是说心理学还非常脆弱，形而上学之水渗透在它的每一个接合处，心理学与它的基本假定和材料必须在更广阔的联系中重新考虑”[③]。正像詹姆士在《心理学原理》中所说的，世上并没有纯粹的无偏私的认知，任何认知都包含着或伴随着个人的偏好。同一个事实，在不同的人看来会显得不同，在同一个人的不同时刻看来也会显得不同。将哪一个作为实在，由个人的兴趣和实践需要来决定，由他的思维方法来决定。也就是说，同一个事实，可以有不同的解释。詹姆士的心理学就是他根据自己的哲学假设对事实所做的选择、描述和解释。詹姆士后来在1900年也说：“在这部著作出版后的这些年中，我越来越感到，如果没有某些真正的适当的哲学原理，探讨心理学是多么困难。”[④]这就是说，心理学绝非纯粹的实验科学，而是包含或者离不开哲学解释的科学。换言之，纯粹的观察和实验并不就是心理学。在《心理学原理》中，詹姆士对心理现象进行描述之前，正是通过哲学的讨论来澄清心理学的基本概念和假设的（见《心理学原理》第五至七章）。

我们说《心理学原理》是一部具有哲学意蕴的经典著作，并不是在上述意义上，即任何心理学都包含哲学前提来说的，而是像佩里所说，詹姆士的“心理学是与他的哲学不可分离的——无论是它的来源、它的结论、还是它的非完成性”[⑤]。如果我们把詹姆士的《心理学原理》与其后或其同时代的心理学著作相比可以看到，詹姆士对哲学文献的运用更加广泛而自由，其中“包含许多公认的哲学内容”[⑥]，大量的细节描述都伸向形而上学问题，[⑦]“有些章更‘形而上

---

① George A. Miller, “Introduction” to *The Principles of Psychology* by William James, p.xi.

② John Dewey, *Psychology*, p.iv.

③ *PBC*, pp.467–468.

④ “Preface” to Italian translation of Psychology, p.xi, 引自R. B. Perry, *The Thought and Character of William James: Briefer Version*, p.194.

⑤ R. B. Perry, *The Thought and Character of William James*, Vol. II. p.72.

⑥ Graham Bird, *William James*, p.3.

⑦ *PP*, Vol. I, p.vii.

学’”[①]。詹姆士坦承：“自从我认真研究心理学以来，物质和精神这个古老的二元论，众所周知的两种绝对异质的本质，总是给我提出一些难题。”[②]有时他甚至为《心理学原理》中过多的“认识论”的分析和表述而向读者交代，他只能如此。艾耶尔认为：“这本书（《心理学原理》）是以独有的方式将心理学与哲学的方法结合起来，解决传统的心理学问题。”[③]尽管詹姆士在《心理学原理》中明确将心理学与形而上学划分开来，但是《心理学原理》明显包含着许多哲学内容，对哲学问题的思考贯穿全书，这也是一个不争的事实。正因为如此，佩里说“《心理学原理》是半部认识论”[④]，英国哲学家霍奇森说《心理学原理》既是心理学也是哲学，[⑤]而G. 墨菲和J. 柯瓦奇则认为“他[詹姆士]写作《心理学原理》时，他就在写哲学的历史”[⑥]。这么说，詹姆士在《心理学原理》中一方面拒绝形而上学，一方面又大谈哲学，这似乎有些自相矛盾。的确，初看确实显得不一致。这么明显的矛盾詹姆士当然不可能视而不见。詹姆士在《心理学原理》中有一个比较清楚但未言明的区分，即哲学与形而上学的区分，这个区分一直延续在詹姆士的思想中，但是直到晚年他才在《若干哲学问题》中公开澄清这个问题。他说：“在其原初的意义上，哲学意指最完全的关于宇宙的知识，它必定包括一切科学而不与他们相对立……在比较现代的意义上，作为与科学相对立的东西，哲学意指‘形而上学’。原来的含义是更有价值的……我们希望这个术语回复到它的原初意义。”[⑦]根据詹姆士为哲学一词的赋义，他的作为科学的心理学是可以与哲学相容的。由此，他的学说在这个时代就更不可被忽视。

我们说《心理学原理》是哲学上的贡献，还因为根据詹姆士的观点，一个学说的意义在于其效果或可能的效果。《心理学原理》不仅成为心理学史上最重要的著作之一，开启和影响了后来的心理学，而且它蕴涵着詹姆士后来的主要哲学方法和哲学方向，它们由《心理学原理》一直走向他的《信仰意志》、《宗教经验种种》、《实用主义》、《多元的宇宙》和《彻底经验主义》等著作。已经有

---

① *PP*, Vol. I, p.v.

② *ERE*, pp.210-211.

③ A. J. Ayer, *The Origins of Pragmatism: Studies in the Philosophy of Charles Peirce and William James*, p.183.

④ R. B. Perry, *The Thought and Character of William James: Briefer Version*, p.194.

⑤ R. B. Perry, *The Thought and Character of William James*, Vol. II, p.645.

⑥ [美] G. 墨菲，[美] J. 柯瓦奇:《近代心理学历史导引》，第280页。

⑦ *SPP*, p.27.

一些学者注意到了这一点。威廉·巴雷特（William Barrett）认为："尽管《原理》声称它是一部严格的新心理学著作，但是人们有充分理由认为它实际上是詹姆士著作中最富哲学意蕴的。"[①]迪普认为："詹姆士的哲学思维明显是心理学家的哲学思维"[②]，"詹姆士的实用主义建立于他的心理学之上"[③]。萨林·马尔凯蒂（Sarin Marchetti）认为："《心理学原理》中对于我们的心灵生活的各个方面进行了实用主义的描述。"[④]他称《心理学原理》为道德思想宝库。[⑤]保罗·康金（Paul K. Conkin）认为："威廉·詹姆士与众不同的所有哲学思想几乎都以萌芽状态出现在了他那卷帙浩繁的《心理学原理》之中。"[⑥]此外，《心理学原理》对现象学和分析哲学等现代西方哲学产生了重要而深远的影响。因此我们完全可以将《心理学原理》看作哲学上的重大贡献。或者说《心理学原理》是生理学、心理学和哲学的有机统一，它既是科学的也是哲学的。本书的主要内容即尝试通过阐释思想流学说来说明《心理学原理》中的哲学意蕴及其与詹姆士哲学的关系。

我们说《心理学原理》是一部重要的哲学著作，还因为它包含丰富的新颖独到的哲学思想，不同的学者可以从中获得不同的启发。在《心理学原理》所蕴含的各种哲学思想中，思想流学说无疑是詹姆士在理论上的一个极其重要的开创性贡献，它是詹姆士哲学的出发点和前期的主要哲学。佩里认为在《心理学原理》的所有内容之中，"'思想流'必定是第一位的"[⑦]。他还认为詹姆士的彻底经验主义是思想流学说的哲学应用。[⑧]杜威仔细研究了詹姆士的《心理学原理》，对这部著作十分赞赏，他认为詹姆士的《心理学原理》使他摆脱了黑格尔哲学的束缚，将他引入自然主义的奇妙世界。《心理学原理》中的两个观点对杜威等人

① William Barrett, "Foreword" to *William James and Phenomenology: A Study of the Priciples of Psychology*, p.x.

② Robert Hollinger & David Depew, "introduction" to *Pragmatism: From Progressivism to Postmodernism*, p.5.

③ Robert Hollinger & David Depew, "introduction" to *Pragmatism: From Progressivism to Postmodernism*, p.6.

④ Sarin Marchetti, *Ethics and Philosophical Critique in William James*, Basingstoke: Palgrave Macmillan, 2015, p.124.

⑤ Sarin Marchetti, *Ethics and Philosophical Critique in William James*, p.7.

⑥ Paul K.Conkin, *Puritans and Pragmatists*, p.280.

⑦ R. B. Perry, *The Thought and Character of William James: Briefer Version*, p.195.

⑧ R. B. Perry, *The Thought and Character of William James: Briefer Version*, p.195.

组成的“芝加哥学派”影响甚大，其中第一个就是思想流。我国学者庞景仁先生也认为，詹姆士“对心理学的贡献，是著名的‘意识流’理论”。[①]唐钺先生则认为思想流学说“在哲学史及心理学史上极其重要”[②]，他早在1934年就特地选译出《心理学原理》中的“论思想流”一章予以出版。

肯定思想流学说的原创性以及它在《心理学原理》中的首要地位，无疑是一种慧见。但如果只把思想流学说看作《心理学原理》中的一章或内容的“一部分”，那么无论怎么评价它，都是低估了它的地位和价值。实际上，思想流是《心理学原理》一书的主题和中心内容，在《心理学原理》中处于主导地位，像一根主线贯穿于整个《心理学原理》之中。佩里正确地看到了这一点，他说这个原创而又重要的学说渗透在整部《心理学原理》之中。[③]《心理学原理》一书的结构也表明了这一特征。它以一个关于心理学范围的短论起步，接下来的两章描述脑的生理结构和功能，随后阐释建立在生理学基础上的习惯理论，然后讨论自动机理论和心灵要素理论，由心灵外部逐渐过渡到心灵内部，至第七章“论方法及心理学的陷阱”，开始研究心理状态本身，到第九章论“思想流”，开始从内部对心灵进行研究。前八章可以看作詹姆士心理学的前奏，思想流学说才是詹姆士心理学的真正开始。这一点，詹姆士在《心理学原理》意大利文版序言中说得很明白。（见本书第四章第一部分。）

正因为如此，詹姆士在论“意识流”一章中不加定义就直接使用各个名词，“所用的心理学名词只有在该书的后来各章中才能充分地加以界定”[④]。他明确指出：“这一章好像是画家在画帧上所作的最初的木炭画稿，其中并没有工细之笔。”[⑤]他在这一章中还多次谈到，本章只是概略的描述和说明，并具体指出许多问题留待以后的章节讨论。在这一章的最后，詹姆士再次强调：“本章只是初步的概论，后面的部分是更细致的论述。”[⑥]因此詹姆士已经清楚地表明，思想流学说就是他的心理学“原理”。第九章之前的各章是论述思想流的必要准备，而第九章之后的各章则是对思想流进一步的具体阐发。

概而言之，詹姆士的思想流学说立足于自然科学立场，基于生理学和心理学

① 威廉·詹姆士：《彻底的经验主义》，庞景仁译，上海人民出版社，1965年，“中译本说明”。

② 威廉·詹姆士：《论思想流》，唐钺译，商务印书馆，1935年，“译者引言”，第2页。

③ R. B. Perry, *The Thought and Character of William James: Briefer Version*, p.195.

④ *PP*, Vol. I, p.225.

⑤ *PP*, Vol. I, p.225.

⑥ *PP*, Vol. I, p.290.

的事实，它具有科学的性质，不是形而上学的虚构或玄想。科学性在詹姆士和那个时代看来是衡量一个学科的正面的肯定的标准。思想流学说虽然建立在自然科学知识之上，但是它绝不只是一种建立在心理实验之上的自然科学知识：一方面，当时的自然科学对心理现象的生物学基础和生理条件远未给予清楚的揭示；另一方面，思想流学说还有着丰富的哲学思想来源。

第三章　思想流学说的哲学思想来源

詹姆士虽然没有系统地接受常规的学校教育，但是他的成长过程多姿多彩，求学经历格外丰富，而且他博览群书，知识渊博，善于融会贯通，其心理学和哲学的思想来源不一而足。本书不能尽述他的思想流学说的思想渊源，只能撮其大要，做一介绍。如前所述（第一章和第二章），詹姆士的人生经验和生活经历是其思想流学说形成的现实境域。詹姆士所接受的科学训练和科学知识为他的思想流学说提供了科学基础，尤其是达尔文的进化论让他看到具有目的和兴趣的人在与环境的相互作用中通过遗传和变异而演化的过程。这对詹姆士重视心理现象与生理现象及外部环境之间的关系，把意识理解为一个拥有目的和兴趣、在边缘域中变化而又连续的过程，具有重要的启发作用。从哲学方面说，英国经验主义是其思想流学说的一个非常重要的思想源头。他对唯心主义哲学的研究使他从一个角度看到了经验主义的不足之处，两个经验主义改革者勒努维耶和霍奇森则为他批判唯心主义和重建经验主义提供了帮助。本章讨论詹姆士思想流学说的哲学思想来源。在这个问题上，佩里的《詹姆士的思想与性格》一书让我受益匪浅。

一、经验主义的原则和方法

美国哲学与英国哲学有着深厚的渊源，詹姆士的哲学就深受英国经验主义的影响。他多次强调他的哲学态度是经验主义的，他的哲学气质中经验主义占了上风。詹姆士早年就直接从英国哲学中获取营养。1875—1883年他开始全面研究洛克、巴克莱和休谟等人的哲学，1883年他开始开设“英国哲学”课。他在《实用主义》一书的献词中写道：“纪念约翰·斯图尔特·穆勒！我从他那里最早懂得实用主义思想的开放性。如果他现在还在世的话，我极愿把他当作我们的领袖。”[①]1898年当回顾其哲学来源时，詹姆士说：“是英国哲学家第一次把这样一个习惯介绍给我，即通过追问概念对生活造成的差异来解释它们的意义……在考察概念上，伟大的英国方式是立即问问你自己：‘它被认知为什么？它产生什么事实？它在具体经验方面的票面价值是什么？如果它是正确的或错误的，会在世界中产生什么特别的不同？’这就是洛克对待人格统一性概念的方法……巴克莱也以这种方法讨论他的‘物质’……休谟以同样的方法处理因果关系……詹姆士·穆勒、约翰·穆勒和贝恩都或多或少地遵循着这同一个方法。”[②]这样一种注重经验和事实，坚持思想与事实之间有机联系的态度，贯穿于詹姆士的思想流学说，并在詹姆士的后期著作中始终伴随着他的实用主义、多元宇宙观、彻底经验主义、道德哲学和宗教哲学。这一章以英国经验主义为主线来讨论詹姆士思想流学说的哲学思想来源。

英国经验主义拒绝传统形而上学的实体理论和先天论证，主张我们的一切知识最终都来源于经验，贯穿于这个原则的是一种非现成化的思想方法。洛克是英国经验主义的奠基者，他的《人类理解论》“给予欧洲哲学以新的方向并为心理学提供了新的基础”[③]，他对天赋观念理论的批判是他阐述经验主义原则的前提。

自柏拉图以来，经过中世纪的经院哲学，直到笛卡尔，大多数西方哲学家都认为我们有许多重要知识或者基本的知识原理并不借助于感觉和经验，而是与生俱来的或者天赋的。这些观念是现成的、永恒的、不变的、无时间性的。洛克对天赋观念的批判从三个方面展开。首先，他把知识的来源从天赋观念转移到我们的认识能力上。他说既然承认人有眼睛可以从外界获得颜色观念，那么再假定颜色观念是天赋的，是很不适当的。同样，人既然有可靠的获得某些真理的能力，还非要把各种真理归因于天赋观念，也是没有道理的。其次，洛克批判了天赋观念的重要论证即普遍同意，他通过有力的证据表明根本不存在普遍同意的观念。在17至18世纪英国经验主义发展过程中一直起作用的论证方法体现于第三个方面的批判，即对天赋观念“潜在人心说”的批判。天赋观念论认为：人们在运用理性之前心灵就印上了一些天赋观念，只是人们不知道它们；人们开始运用理性时就可以发现它们。对此，洛克进行反驳：一方面说人心印入了天赋观念，另一方

---

① *P*, p.11.

② *CER*, p.434-436; VRE, p.442.

③［英］索利：《英国哲学史》，段德智译，山东人民出版社，1992年，第109页。

面又说人不知道它们，这无疑等于说“人们同时知道而又不知道它们”[①]。这是自相矛盾的。洛克根据人们不知道天赋观念的存在而否定天赋观念，后来巴克莱和休谟如法炮制，巴克莱否定物质实体，休谟则将物质实体、心灵实体和上帝都加以悬置。

洛克在论证经验主义的基本原则时认为我们对于外部物体有两类观念，即第一性质和第二性质。尽管洛克在《人类理智论》中对观念和性质做出了区分，但是他的“观念”一词在许多地方仍然在两种意义上来使用：一方面指心中的观念，另一方面指物体的性质。詹姆士认为洛克用“观念”一词毫无分别地代表事物和思想，开创了一种更具体的理解二元论的方法。[②]巴克莱继承了这一方法。这种方法给詹姆士的思想流学说和彻底经验主义以启发。洛克的“观念”含义是含糊的，其含糊之处并不在于它包含两个相对的含义，而是没有指出观念的“状态”或“阶段”，即没有指出哪个阶段或哪个状态的“观念”具有这两个含义。对于一个已经主客二分以后的经验显然不可能既是观念又是物体，既是心中的思想又是物理的事物。但是对于一个源初的纯粹经验而言，它潜在地包含着这两个含义。詹姆士认为：“洛克和巴克莱都没有把这一真理考虑得十分清楚。”[③]关于纯粹经验的模糊性，詹姆士在《心理学原理》和《彻底的经验主义》中做了精彩的论述。[④]

洛克认为我们只能感知到物体的性质，而感知不到物体本身。由各种简单观念构成的关于物体的复杂观念仅仅是名义本质，它根本不反映物体的实在本质。黄金的复杂观念就是表示一个黄色的有重量的可熔而又坚实的固体。“实在的本质，就是那个物体的不可觉察的各个部分的构成”[⑤]，它“远非我们所能发现，所能把握”[⑥]。既然实在的本质不可觉察，不可发现，不可了解，当然就不会被我们反映和揭示。既然我们只能感知到物体的性质，那么我们如何具有物体本身的观念？

在洛克看来，物体本身的本质即实体。洛克对“实体”一词的使用具有歧义

---

① John Locke, *The Works of John Locke*, Vol. I, London: Routledge/Thoemmes Press, 1997, p.17.

② *ERE*, p.10.

③ *ERE*, p.11.

④ 参见*PP*, Vol. I, Chap.VII; *PP*, Vol. II, pp.219–220; *ERE*, p.146–148.

⑤ John Locke, *The Works of John Locke*, Vol.I, p.474.

⑥ John Locke, *The Works of John Locke*, Vol.I, p.480.

性。他既用它指由“简单观念集合成的”复杂观念，[①]也用它指这些观念的支撑者。黄金实体的观念就是一个被假定的支撑者观念，加上黄色、重量、可熔性、坚实性等观念构成的。这支撑者的观念是怎么来的？洛克说，我们注意到来自感觉和反省的一些简单观念经常结合在一起，于是认为它们属于同一事物；它们结合在一起，我们用一个名字称呼它们。由于这些性质自身不能结合在一起，我们就设想它们存在于一个基质中，由此基质而来，这基质便是实体。洛克在自己的哲学中保留了实体概念，但他对实体的这种界定，把当时在形而上学中占统治地位的实体概念置于假设的领域，否定了它的可知的实在性。对此，詹姆士说，在洛克那里，“实体这观念所表示的，仅仅是结合这件事本身”[②]。也就是说，洛克的实体只是一个功能假设，他实际上已经把实体虚化了。

巴克莱从洛克的基本立场出发，继续推进经验主义路线，但是他对洛克的物质实体提出了严厉批评。洛克认为第一性质的观念是感官感知外部事物的结果，而且这些观念与外部事物中的性质相似。巴克莱则认为人的感官只能感知观念，感知不到外部事物。他说：“我们通过它们只能知道我们的感觉、观念或者那些为感官直接感知到的东西，你随便怎样称呼它们都可以；但是它们并没有告诉我们：事物存在于心外，或者不被感知却又与我们所感知的东西相似。”[③]“认为……一切可感觉的对象都有一种自然的或真实的存在，这种存在与它们被理智所知觉的截然不同。这实际上是一条奇怪地流行于人们之间的意见。”[④]巴克莱认为万事万物均无心外的存在，“它们的存在就在于被知觉或被认识”[⑤]，它们就是我们所感觉到或认识到的东西。巴克莱的这个新原理给詹姆士留下了深刻印象。他认为巴克莱的表述揭示了原初经验的真理。他在《心理学原理》中说：“就存在（existence）一词严格的和最终的意义而言，每一个被思想的事物都是作为某种对象而存在的。”[⑥]他在《彻底的经验主义》中说：“我们的感觉并不是事物内部的一些小小的副本。就事物呈现给我们这个范围来说，这些感觉就

---

① John Locke, *The Works of John Locke*, Vol.II, p.132.

② *P*, p.66, 着重号为引者所加。

③ George Berkeley, *A Treatise Concerning The Principles of Human Knowledge*, Indianapolis: Bobbs-Merrill Educational Publishing, 1985, p.31.

④ George Berkeley, *A Treatise Concerning The Principles of Human Knowledge*, p.24.

⑤ George Berkeley, *A Treatise Concerning The Principles of Human Knowledge*, pp.25-26.

⑥ *PP*, Vol. II, p.294.

是事物本身。”[①]不过，詹姆士对“知觉”或“感知”做了重新解释。他与巴克莱、休谟的不同在于我们如何感知，究竟是点对点的原子式感知还是边缘中的连续构成。这是英国经验主义与詹姆士学说之间的重要区别。

就像洛克诉诸人的认知能力论证天赋观念不存在一样，巴克莱以同样的方式论证洛克的物质实体不存在，以其之矛攻其之盾。他说由于我们的感官只能感知观念，我们不能通过感官认知外界事物，而理性也不能使我们知道外界事物，如果由感官直接感知的观念进一步推断外物的存在，那就必须承认它们之间存在必然联系。可是没有谁发现在外物与我们的观念之间存在任何必然联系。既然我们对外物不能有任何认识，如果说它存在，这显然自相矛盾。“所谓不思想的事物完全与它的被感知无关而有绝对存在，那在我是完全不能了解的。它们的存在就是被感知。”[②]

另一方面，巴克莱说，既然第二性质存在于我们心内，不存在于物体自身中，而第二性质与第一性质又是不可分的，那么第一性质必定也存在于心内。既然一切性质都存在于心内，如果作为一切性质的支撑者的物质实体还存在于心外，那就无法设想了。巴克莱以此勾销了物质实体，但他并没有“否认我们凭感官或思考所能了解的任何事物的存在”[③]，即洛克所说的作为复杂观念的实体。他“不承认其存在的唯一东西，只是哲学家所说的物质或有形的实体”。[④]对此，詹姆士写道：“物质是作为我们对于颜色、形态、硬度等等的感觉而被认识的……这些感觉就是物质的唯一意义。因此巴克莱并没有否认物质；他只是告诉我们物质是由什么组成的。物质就是能够感觉到的东西的真实名称。”[⑤]它的票面价值就是我们对物质的感觉，它们就是“‘物质’这个词的全部意义”。[⑥]在巴克莱那里，经验观念构成事物的思路已经非常明确，物质的超验性已经荡然无存，物质变成了一个纯粹的名称。

洛克的感觉观念既指外在物体的性质，又指人心中的观念。巴克莱取消了外界物体，也就取消了感觉观念的第一层含义。他进而认为事物就是观念的集合。

---

① *ERE*, p.212.

② George Berkeley, *A Treatise Concerning The Principles of Human Knowledge*, p.24.

③ George Berkeley, *A Treatise Concerning The Principles of Human Knowledge*, p.39.

④ George Berkeley, *A Treatise Concerning The Principles of Human Knowledge*, p.39.

⑤ *P*, p.68, 着重号为引者所加。

⑥ *VRE*, P.443.

由于一些观念“是一同出现的，我们就用一个名称来标记它们，并因此认为它们是一个东西”[①]。例如某些颜色、滋味、气味、形状和硬度，如果常在一块儿出现，我们便会把这些观念当作一个单独的事物来看待，并用“苹果”这一名称来表示它。在他看来，不是实体性的基质而是我们用名称来把感觉观念结合起来，构成一个个复杂的事物观念。不过，巴克莱仍然为超验实体保留了一块地盘。在他看来，除了观念之外，还必须有“某种东西”感知它们，对它们施以各种活动。他把“这样一个能感知的主动实体”称作“心灵、精神、灵魂或自我”。[②]一个观念的存在就在于被它感知。由于自我或精神是一个纯粹主动而不可分的实体，而观念又都是被动的，所以我们不能对它形成任何观念。但我们可以借它所产生的结果来知觉它，因此我们对它也有几分意念。巴克莱说在所有观念中，有一部分观念（想象的观念）是由个体心灵构成的，而感觉观念或可感事物的观念，虽然存在于心中，但并不是由我的心灵或任何别的有限的心灵造成的，因此必定有一个全在的永恒的心灵认识和包容万物。这个心灵即上帝。就像洛克保留物质实体一样，巴克莱以同样的方式保留了精神实体和上帝。

洛克和巴克莱对实体的解释，实际上已经把实体的内容和功能分开了。这为解释概念开辟了一条新的道路。洛克保留了物质实体概念，他认为物质实体的存在就在于它的“结合”作用，它实际上只是一个名称。巴克莱干脆取消了物质实体概念，而代之以一个个具体事物的名称。他认为是这些名称将感觉观念结合在了一起。也就是说，并非有一个独立的名字，就一定有一个与它相应的独立事物。一个概念或名称的内容可以无关紧要，重要的是它的功能。这给詹姆士的思想流学说以很大启发。他在《心理学原理》中说，英国经验主义“正确地取消了一大堆抽象的实体、原则和力的存在，它们除有个名字以外毫无其他根据”[③]。思想流学说把概念或词的意象看作实体部分，而把它的意指趋向看作边缘状态。有些词，如“上帝”或“灵魂”，我们不能对之产生任何确定的图像，但它们有一意指的边缘趋势。这趋势是一种确定的意向，具有确定的功能。詹姆士以此为出发点来探讨一般概念问题。他说当我们在一般的意义上使用一个普通名词，例如“人”，去代表一切可能的人的时候，从我们这方面讲，我们完全知道这个意向，并把它与我们指示一群人或某个人的意向仔细区分开。这个意向影响这句话

① George Berkeley, *A Treatise Concerning The Principles of Human Knowledge*, p.23.

② George Berkeley, *A Treatise Concerning The Principles of Human Knowledge*, p.24.

③ *PP*, Vol. I, p.256.

的全部，无论是在用这个“人”字那个地方之前还是之后。“我们意指的含义（*the sense of our meaning*）是一个完全具体的思想成分。它是心中短暂的‘过渡性’事实”。[①]

休谟承袭洛克的经验主义基本原则和巴克莱的“存在即被感知”与“物是感觉的集合”的观点，但他比他们走得更远。在感觉印象的来源上，休谟不再像洛克那样设定一个物质实体，也不像巴克莱那样设定一个精神实体，而是说它们来源于我们所不知的原因。休谟像巴克莱一样认为心灵中只存在观念，由观念的存在决推不出外部事物的存在。但他进一步认为，我们不仅不能肯定洛克的物质实体存在，也不能肯定巴克莱的心灵实体和上帝存在，因为我们对它们没有任何感知。“我们没有与个别性质的观念不同的、外部实体的观念，这必定为类似的关于心灵的原则铺平了道路，即我们没有与个别知觉不同的心灵概念。”[②]巴克莱一方面说心灵实体存在，一方面又说我们不能对它形成任何观念，这就违反了他的经验主义前提。在休谟看来当我们反省自我时，我们永远不能离开某一个或某些知觉而单独知觉到自我，因为除了知觉以外，我们永远不能知觉到任何东西，“形成自我的就是这些知觉的组合”[③]，我们并没有独立于各个具体知觉的心灵概念。他说：“就我而论，当我以最切近的方式考察我所谓的我自己时，我总是无意中发现这个或那个具体的知觉，像冷或热的知觉、明或暗的知觉、爱或恨的知觉、痛苦或快乐的知觉等等。如果没有知觉，我在任何时候都不能抓住我自己；除了这些知觉，我也观察不到任何其他的东西。当我的知觉在一段时间内，例如在沉睡中，失去的时候，在这段时间内我便觉察不到我自己，因而可以真正地说它不存在。”[④]休谟取消了心灵实体，也就取消了巴克莱的上帝，因为巴克莱的上帝即无限的心灵。休谟对于“感觉印象从何而来？”这一认识论的根本问题持存疑态度。他说：“起于感官的那些印象……它们的最终原因是人类理性所完全不能解释的。我们永远不可能确切地断定，那些印象是直接起于对象，还是为心灵的创造能力所产生，还是源于我们的造物主。”[⑤]

詹姆士认为英国经验主义对于实体的解构是一种实用主义方法的运用。他

---

① *PP*, Vol. I, p.472.

② David Hume, *A Treatise of Human Nature*, London: Penguin Books Ltd., 1969, p.677.

③ David Hume, *A Treatise of Human Nature*, p.676.

④ David Hume, *A Treatise of Human Nature*, p.300.

⑤ David Hume, *A Treatise of Human Nature*, p.132.

说："由于英国学派对实体的实用主义的批评，它已经破产了。它现在只是这样一个事实的别名。这个事实即现象出现的时候实际上是组合在一起的，是以联合的形式出现的。这种形式是我们这些有限的认识者共同经验和思想的形式。"[①]休谟对于实体的否定或悬置，詹姆士给予高度赞同。他说："我的经验主义本质上……和休谟及其后继者的哲学一样。他们既不把这些事实拉到**实体**上去，为它所固有，也不把它们拉到**绝对精神**上去，以为它所创造，作为它的条件。"[②]当然，詹姆士的经验主义与休谟的经验主义并不相同，因此他后来把自己的经验主义加上"彻底的"一词，以示区别。

我在这里勾画英国经验主义的发展进程，并非为了介绍大家都已了解的哲学知识，而是通过这种叙述对它们做出自己的解释，由此显示英国经验主义与詹姆士的思想流学说的思想关联。英国经验主义的发展进程是一个越来越肯定知觉和经验的过程，越来越需要构成化思路的过程，同时也是一步步解构实体的过程，是认识中的先验因素和现成因素一步步被消解的过程。从这方面说，这是经验主义原则越来越得到揭示，经验主义越来越得到发展的过程。另一方面，英国经验主义的这个进程又是越来越片面地排除经验之间的关系，不可知论和怀疑论色彩越来越浓的过程，也就是经验主义原则不断被遮蔽的过程。詹姆士从经验主义进程的正反两个方面受到启发：让一切回归到经验，以经验构成知识，这是经验主义给詹姆士哲学的最大启示。但是提出这个原则的经验主义者却未能完全贯彻自己的原则，这让詹姆士为之惋惜、为之警醒，也由此走向自己的经验主义探索之路。

二、考察经验主义的几个视角

虽然詹姆士深受英国经验主义哲学的影响，认可经验主义的基本原则，并自称是洛克、巴克莱、休谟和穆勒的后继者，但是他也看到英国经验主义所导致的各种怀疑主义、联想主义和唯物主义，他对这些观点展开批评，并在克服它们的过程中创立自己的学说。詹姆士之所以能够发现和克服英国经验主义的缺陷，如前所述，他自身的人生经验是一个不可缺少的维度，他亲身感受到的生活之流或经验之流是他思考经验主义的一个基本立足点。我们从詹姆士的著作中清楚地看

---

① *P*, p.100.

② *ERE*, p.42.

到，他对唯心主义著作的研究为他批判经验主义提供了另一个视角，唯心主义对关系和整体性的重视让他看到经验主义的疏漏。勒努维耶和霍奇森对经验的重新阐释为他同时审视唯心主义和经验主义提供了帮助，使他察觉到经验主义和唯心主义共有的不足之处。

源于德国哲学的英国唯心主义是19世纪后半叶在英国思想界最有影响的思潮之一，其主要代表人物有T. H. 格林（T. H. Green）、F. H. 布拉德雷（F. H. Bradley）、伯纳德·博赞克特（Bernard Bosanquet）和J. H. 斯特林（J. H. Stirling）等人。詹姆士一直关注英国哲学，英国唯心主义自然引起他的注意。詹姆士认为："作为对传统英国经验主义的反动，黑格尔哲学的影响代表着一种发展和自由，并正在做出引人注目的贡献。"[①]对英国唯心主义的兴趣使他进一步涉猎和钻研康德和黑格尔的哲学。詹姆士发现，与英国经验主义漠视和否认经验中的关系不同，唯心主义哲学家对于关系和整体性格外强调，他们认为经验需要关系，我们的认识预先假定了存在着一个有联系的整体世界为我们去认识。詹姆士说："布拉德雷先生承认，直接的感觉具有天然的整体性，概念可以将它们分析成多个事物，但是却不可能将它们结合起来。"[②]格林重点攻击当时占统治地位的英国感觉主义的分离性，认为建立联系的关键存在于康德的统觉的同一性里。詹姆士说："格林一直认为，自然完全是由关系构成的。这些关系意味着一个永恒精神的活动，一个自我区分的意识，它自己却不在它借以决定其他事物的关系之中。它出现在任何连续的事物面前，但它自身却不在连续的序列中。"[③]"在他看来，建立联系是伟大的理智活动。"[④]唯心主义对关系和整体性的重视使詹姆士在一定程度上看到了经验主义的失足之处。他认为在这方面，"总起来看，唯心主义哲学家更准确地报道了意识的基本事实"[⑤]。对唯心主义的研究是詹姆士跳出传统经验主义的一个重要环节，但是他也看到在唯心主义那里整体性和统一性只存在于理性之中，经验本身并没有整体性和统一性，各事物之间的连接性关系也不可能来自经验。黑格尔哲学中的经验是"偶然的、异质的、不稳定的、非连续的"[⑥]粗陋事实。布拉德雷认为"绝对"实在以某种不可

① *WB*, p.263.
② *SPP*, p.34.
③ *PU*, p.137.
④ *PU*, p.7.
⑤ *PP*, Vol. II. p.46.
⑥ *WB*, P.264.

名状的方式将感觉结合在一起。“格林比任何人都更清楚地认识到关于事物的知识是对事物的诸多关系的认知，但是他决不相信我们的感觉生活能够具有任何关系要素。他遵循严格的理智主义方法来对待感觉。”[①]总之，他们认为需要一个经验之外的精神来建立经验之间的关系。“理性主义一向认为只有在某种高高在上的方式中才有连接性的关系，就好像事物的统一性和事物的多样性是属于完全不同领域的真理和生命力似的。”[②]詹姆士欣赏理性主义对于事物之间的关系以及事物的整体性的肯定，但是他不同意关系只存在于经验之外的看法。

如果说唯心主义使詹姆士看到了英国经验主义的失误，那么两个经验主义的改革者勒努维耶和霍奇森对于经验主义的贡献则有助于他进一步批判传统的经验主义和克服唯心主义的缺陷。詹姆士称勒努维耶和霍奇森为那个时代“最杰出的两个哲学家”[③]。他在《心理学原理》的序言中说，这本书要感谢的人太多，如果仅指出几个人的名字是不合理的，但是他还是禁不住列出十个人，以示特别感谢从他们那里受到的启发，其中就包括勒努维耶和霍奇森。詹姆士称勒努维耶是“肇始于休谟这一路线的杰出完美的代表”[④]。佩里认为在詹姆士的思想发展中，勒努维耶的个人影响是最重要的。勒努维耶的现象主义、多元论、道德主义以及他的有神论无不与詹姆士的心灵投合相契。詹姆士在勒努维耶的这些学说中找到了支持，进一步确认和加强了自己的思想。勒努维耶的学说，如前所述（第一章），还使詹姆士从1870年的个人危机中走出来，在身心两方面重获新生。1872年詹姆士第一次给勒努维耶写信，就表达了他的这样一个想法，即勒努维耶的哲学能够吸引统治经验主义学派的英国思想家，使其转变当时流行的决定论和唯物主义倾向。[⑤]詹姆士在著作中称勒努维耶“是一个不折不扣的现象论者”[⑥]，称赞他把真实等同于清晰明白，把知识等同于明证的存在。1879年詹姆士在信中对勒努维耶说：“我们都是现象主义者。”[⑦]勒努维耶用表象代替本体或其他隐藏的实体，把表象解释为处于可知觉的彼此关系中的“多种多样的、混合的、

① *PU*, p.278.

② *ERE*, pp.44.

③ *LWJ*, I, p.203.

④ R. B. Perry, *The Thought and Character of William James*, Vol. I, p.656.

⑤ *SLWJ*, p.90.

⑥ *ERE*, p.185.

⑦ *CER*, p.114.

相互连接和彼此交织的东西"[①]。詹姆士说，由于勒努维耶承认事物的明证的关系，他避开了休谟和穆勒的怀疑主义原子论和虚无主义的并置论，"勒努维耶先生对于形而上学的实体概念、无限存在概念和抽象观念的批评比任何英语著作都要有力；他不同于英国同盟者之处在于他像强调被聚集的现象一样强调聚集律。"[②]勒努维耶的学说是詹姆士批判英国经验主义的一个参照。当然，詹姆士对勒努维耶的哲学也持批判态度，他不赞同勒努维耶的理智主义、单子论以及过度的思辨。

霍奇森是位民间学者，年长詹姆士10岁。他的著作被詹姆士称为"最珍贵的哲学宝藏"[③]。霍奇森与勒努维耶一样坚持回归现象，坚持在直接经验中被给予的东西，反对一切非经验的实体。同时他也批评休谟的感觉原子论。他说："当休谟说印象是分离的时候，他完全没有意识到他正在做出一个假设，似乎它们像冰雹一样砸在我们身上。"[④]在霍奇森看来，我们的原初意识现象不是单个的孤立的意识，而是一系列不同的或变化的感觉，是包含着不同感觉的整体。他说："最小的意识也有两个不同的感觉。单独的一个感觉不会被我们感觉到，是第二个感觉将第一个感觉与其自身一起带入我们的意识。"[⑤]霍奇森把经验看作一个过程，认为"我们所有的关于存在（being）或实存(existence)的知识都是在这个过程中产生的……关于存在或实存，我们只能说它存在（*it is*），而不能说它必须存在(*it must be*)。但是它们的存在（the *is*）是现实，是作为事实真实地强加于我们的。"[⑥]詹姆士曾反复引用霍奇森的那句话："实在不过就是'所知的那样'的东西。"[⑦]换言之，并不存在传统形而上学所说的支撑着它们的实体。霍奇森还肯定存在本身的关系性，认为存在这个系词本身就蕴含着与某物或其他意识的关联。他还最先以"概念次序"代替"经验原初发生的知觉次序"。在他看来意识场的每一部分都具有双重特征即"现时的特征（actual character）"和"预期的特征（expectant character）"，"它是现时的，因为它是在自身中并通过自身而被认识的，它是预期的，因为它有待实现它与其他部

⑧ R. B. Perry, *The Thought and Character of William James*, Vol. I, p.656.

① CER, p.29.

② LWJ, I, p.203.

③ Shadworth H. Hodgson, *The Philosophy of Reflection*, Vol. I, London: Longmans, Green and Co., 1878, p.11.

④ Shadworth H. Hodgson, *The Philosophy of Reflection*, Vol. I, pp.249–250.

⑤ R. B. Perry, *The Thought and Character of William James*, Vol. I, p.612.

⑥ *P*, p.45; *VRE*, p.433 ; *MT*, p.33, p.68, etc.

分的关系。就其现时的特征而言，意识链的每一部分都是一个知觉；就其预期的特征而言，它是一个概念。”[8]这些思想都给詹姆士的思想流学说以启发，并受到詹姆士的长期重视。[9]

霍奇森还早于詹姆士强调意识的连续性与流动性，他的时间观念也给詹姆士以深刻印象。他认为：“所有意识都存在于时间形式之中，或者时间是感觉的形式，是感受的形式。”[10]在他看来，我们经验到的最小意识也具有绵延，也与绵延不可分离，尽管在一个孤立的瞬间，我们不能分辨出哪个部分先来哪个部分后到。但是在任何一个孤立的瞬间，都有较早的和较晚的不完全的知觉部分，也就是说在任何一个时间瞬间都有一个变得微弱的次感觉（sub-feeling），一个变得较强的次感觉，和在它们之间变化的感觉。最小的意识也像较长的意识一样，显示出完全的过渡，意识流各部分的静态并置是人为分析的结果。时间本身是一个无休止的推移，而不是间歇停顿的系列。[11]詹姆士在《心理学原理》中详细地引用了霍奇森对于时间知觉的描述。[12]这样一种时间观念对詹姆士产生了重要影响，为他克服英国经验主义的感觉主义原子论提供了帮助。当然，詹姆士没有停留于霍奇森等人的思想中，虽然在詹姆士之前霍奇森和斯宾塞已经认识到感觉中关系的存在，而且霍奇森已经认识到时间具有一个内在的结构，但通过“边缘”描述经验中关系如何存在以及时间的内在构成，这是詹姆士的独到之处。

勒努维耶和霍奇森对传统形而上学的批判有助于詹姆士看到唯心主义的错误。他们对经验主义的修正也给詹姆士以启发，使詹姆士看到观念与其对象以及它们之间的相互关系都来自于经验。由此，唯心主义者用以在经验之间建立联系的非经验因素，例如康德式的先验自我或者黑格尔式的绝对，就成为不必要的或者多余的东西了。

三、经验主义的缺陷

通常人们认为英国经验主义的主要缺陷表现为“被动的心灵”，也就是把心

---

① Shadworth H. Hodgson, *The Philosophy of Roflection*, Vol.I, P.294.

② 参见*PP*, Vol. I, p.482; *SPP*, p.51.

③ Shadworth H. Hodgson, *The Philosophy of Reflection*, Vol.I, p.252.

④ Shadworth H. Hodgson, *The Philosophy of Reflection*, Vol.I, pp.248-254.

⑤ 请见 *PP*, Vol. I, pp.607-608.

灵看作一个被动的观念接收器和储藏室，将知识看作观念的累积。这个笼统的说法容易引起误解。自洛克起，英国经验主义都肯定人的理智能力，或者说都是以肯定人的理智能力为前提的。洛克对天赋观念论的批判，就是为了捍卫人的理智能力。洛克认为我们通过感觉和反省得到的只是简单观念，还不是知识，理智通过组合、比较、分辨、抽象、想象等活动，形成复杂观念和观念之间的关系观念，从而产生出各种知识。知识来自于理智对观念的能动作用，而不仅仅是观念的储存和累积。就此而言，在洛克哲学和英国经验主义那里，人的心灵可以说是主动的、活跃的、积极的，至少不能说它是被动的。人们所批评的经验主义的“被动心灵”显然不是就这些方面而言的，而是就感觉经验的最初来源方面而言的，这尤其表现在洛克的“白板”说和“暗室”喻上。但是，即使这样说也并不十分中肯，其中多少包含着对洛克的误解。“白板”说和“暗室”喻是针对天赋观念论而发的。它们首先是对天赋观念论的否定，显示人的心灵原初没有天赋观念。洛克意在说明，如果没有经验，就没有一个观念或符号写在心灵的“板子”上，如果不通过感觉和反省之“窗”，就不会有观念进入理智的“暗室”。

詹姆士认为，就英国经验主义认为感觉是知识的必要条件而言，它并非不正确，但是它并未把感觉看成一种具有兴趣的活动，不认为感觉能够进行主动的选择，忽略了“选择性注意”的连续存在，就此而言它是被动的。洛克、休谟、穆勒等人的著作中几乎没有提及这些现象。詹姆士认为他们之所以忽视这些现象，是因为“他们一心要表明较高级的心灵能力如何是‘经验’的纯粹产物，而经验被设想为完全被给予的东西”[①]。“注意”本身包含着一定程度的反应自发性，它打破了纯粹接受性的“经验”概念，因此承认它必定影响到经验主义叙述的流畅性。在这个方面我们可以说洛克等人所说的感觉是被动的。詹姆士认为这是英国经验主义的一大失误。但是就整个经验主义的发展进程而言，它的最大困难以及被动心灵观念本身则源于它的不彻底性。它没有面向经验本身，而是以反思中所捕捉到的经验部分作为一切知识的最终来源，将人的感觉经验过分简单化，认为人们感觉到的是孤立的简单观念，没有看到经验的原初构成的复杂性或关系性。

从洛克、巴克莱到休谟，尽管他们在实体问题上的具体观点不断变化，但是他们用以解构实体的观念之特征一直未变。在他们那里，观念是孤立的、分立的、原子式的，每个观念都是十分确定的、界限分明的、非常光洁的，没有一点

① *PP*, Vol. I, p.402.

模棱的毛边，不带一点模糊的边缘，也不存在彼此之间的过渡、连接或交融。也就是说，在英国经验主义看来事物的观念与关系的观念是分离的。

洛克明确地把观念分成两种，一种是心灵对事物本身所形成的，另一种是心灵比较各种事物得来的，这后一种观念就是关系。在洛克看来，关系本身是理智的产物，是不可经验的；关系与关系中的事物不同，它“不是包含在事物的真正存在以内的，只是从外面添加的”[1]；关系不能脱离事物而存在，但事物可以脱离关系而存在，关系的变化不影响事物的存在。显然在洛克看来，观念之间不存在由此及彼的过渡，观念之间没有相互结合的内在联系。这就必然导致一个结果，即我们所知觉的第一性质和第二性质无法结合成一个物体。为此他不得不抬出实体这个经院哲学的残余来承担这个结合功能。所以，洛克哲学之所以保留实体是因为他漠视观念本身的关系，使得事物观念与关系观念截然分离，观念自身不能结合在一起。

巴克莱根据洛克的经验主义原则否定了物质实体，但是与洛克的哲学一样，他的哲学里也没有观念本身的内在构成关系。在巴克莱看来，我们认识和具有事物或观念之间的关系概念，但没有关于它们的观念。关系与观念或相互关联的事物不同，我们知觉到观念或事物，但不能知觉到关系，观念之间的过渡和必然联系是无论如何也发现不了的，因此他反对以必然联系为基础的因果联系。他说：“观念间的联系并不表示因果关系，它只表示一个标记和所表示的事物的关系，我所看见的火并不是我走近它时感到痛苦的原因，它只是以痛苦警告我的一种标记。”[2]巴克莱明确否认了因果关系的经验来源。他在否定了物质实体，将它变成一个纯粹的名称之后，观念之间的状态更加松散了。为了弥补这个缺陷，他只好搬出心灵实体和上帝，通过它们把这些观念结合在一起。

詹姆士认为，巴克莱的新原理“存在就是被感知”取消了不可感知的自在之物，让一切事物都回归经验，这是一个了不起的成就。他本可以沿着这条充满前景的道路走下去，在经验领域中解决认识问题。但是由于他否认事物之间存在着可经验的关系，这使他未能看到认识关系就发生在经验之中，未看到知者与被知者之间的关系就在观念之间，就是经验之间的关系，未看到观念本身的主动性和认识能力，以致最后发展到唯我论，只好借助经验之外的心灵实体和上帝作为补救手段。所以詹姆士说：“在巴克莱学派看来，观念（它和我名之为经验的东西

---

① John Locke, *The Works of John Locke*, Vol.I, p.319.

② George Berkeley, *A Treatise Concerning The Principles of Human Knowledge*, p.54.

在说法上是等值的）是不连续的。每个观念的内容完全都是内在的，不存在那种与它们同质的可以将它们的存在连接起来的过渡。”①这使巴克莱的哲学与我们的直接经验不相符合，显得“冷酷、勉强而又不自然”②。

休谟从两个方面把经验主义推到了极致：其一，他悬置一切超验实体，这些实体在洛克和巴克莱那里被用作连接的“胶泥”或结合的基质。这必然导致其二，感觉观念之间关系的最终丧失。他一方面否定了洛克和巴克莱哲学中残存的外在的超验联系，另一方面又与他们一样，未看到观念本身之间的联系，这使观念成为一盘散沙。根据休谟的观点，自然中没有一个联系是可感知的，“一切事件似乎都是完全松散和分离的。尽管一件事情接着另一件事情发生，但我们从不能在它们之间看到任何关系。它们似乎是‘被联合’（*conjoined*）在一起的，而不是‘被连接’(*connected*)在一起的。由于任何不显现于我们的外部感官或内部感觉的东西，我们都不能对它有任何观念，所以必然的结论似乎就是：我们完全没有连接或力的观念”，这些词“绝对没有任何意义”③。在休谟看来，因果联系不过是一种习惯性的心理联想，即同一物体如果恒常被同一事情所伴随，我们就因此感觉到它们在我们思想或想象中有一种习惯性的联系，这种感觉就是因果联系的来源。“当我们说一个事物与另一个事物相连接时，我们只是说它们在我们的思想中得到一种连接。”④由于休谟坚持这种观念原子论，他在人格同一性问题上感到走投无路。在休谟那里，有两个原则，他既不能使之一致起来，也不能放弃其中任何一个。这两个原则即：“我们所有的各别的知觉都是各别的存在；心灵从未在各别的存在中知觉到任何实在的联系。”⑤他说：“如果我们的知觉生来就是简单的和个体的东西，或者心灵在知觉之间知觉到一些真实的联系，那么就不会有什么困难了。”⑥休谟因此承认了他无法解释意识中那些结合前后接续的各个知觉的原则，“在我这样把我们的一切具体知觉分离开来以后，当我进而解释把许多知觉结合在一起、并使我们认为它们有实在的单纯性和同一

① *ERE*, p.76.

② *ERE*, p.77.

③ David Hume, *An Enquiries Concering Human Understanding and selections from A Treatise Of Human Nature*, Illinois: the Open Court Publishing Company, 1955, p.80.

④ David Hume, *An Enquiries Concering Human Understanding and selections from A Treatise Of Human Nature*, p.82.

⑤ David Hume, *A Treatise of Human Nature*, p.678.

⑥ David Hume, *A Treatise of Human Nature*, p.678.

性的那个连接性原则时，我就感到我的说明缺陷很大”[①]。他说：“在这个问题上，我看不出哪个理论能够使我满意。”[②]

对于休谟的关系理论，詹姆士一方面肯定“休谟对于关系的论述很好地表明了经验主义运用整体性原则的方式”[③]，即休谟否认结果以任何潜在的形式包含在原因之中或者实质上等同于原因，只有当它的结果事实上发生了，我们才能说它的因果关系实际上是什么。“因此，就一个东西作为原因来说，是结果或超出这个东西的某物使得这个东西成为原因。”[④]另一方面詹姆士又指出，休谟和巴克莱的理论的荒谬之处在于，“除了完全确定的事物，我们不能有任何图像”[⑤]。他把休谟称为“原子主义的主要人物”，在休谟那里观念不仅完全是印在感官上的原初印象的副本，而且这些观念“彼此孤立，不具有任何联系。”[⑥]詹姆士认为詹姆士·穆勒和约翰·穆勒父子都在步休谟的后尘，他们对于“关系感觉”也都盲目不清。

总之，在詹姆士看来，从洛克到休谟的英国经验主义所说的感觉观念是孤零零的原子式的观念；关系与事物根本上是分离的，我们不能感觉到关系，不能经验到关系；这就使感觉之间不可能具有连续性，使认识关系无法在经验的范围之内得到解决。詹姆士说：“像这样一幅‘世界图景’，其结果自然促使理性主义去努力加上一些超验的统一者、一些实体、一些理智的范畴和力或者一些自我，来矫正它的各种不连贯性。”[⑦]

四、对经验主义的批判与超越

詹姆士晚年将传统经验主义称为“平庸的经验主义”。他说：“平庸的经验主义不顾这样一个事实，即连接性关系和非连接性关系自身呈现为完全同等的经验部分，而总是倾向于抹杀事物的各种联结，极力强调事物的非连接性。巴克莱的唯名论；休谟的论断——我们认识的任何东西都是‘松散分离的’，

---

① David Hume, *A Treatise of Human Nature*, p.677.

② David Hume, *A Treatise of Human Nature*, pp.677-678.

③ *WB*, p.278.

④ *WB*, p.278.

⑤ *PP*, Vol. I, p.254.

⑥ *PP*, Vol. II. p.46.

⑦ *ERE*, pp.43-44.

就像'毫无联结'一样；詹姆士·穆勒之否认相似的事物具有任何'实在的'共同东西，把因果联系判定为习惯序列；约翰·穆勒之认为物理的东西和自我两者都由非连续的可能性所构成；以及通常把整个经验弄得零零碎碎的联想主义和心尘论，都是这方面的例证。"[①]詹姆士认为，英国经验主义者之所以看不到经验中的关系，在于他们所面向的不是经验事实本身，而只是反思后的产物，是经过理智分析的东西。他们把理智在反思中所抓到的东西当作经验本身，而理智不能通过反思捉住的边缘、过渡和关系都被漏掉了。在他们那里，通过经验获得的观念是孤立的和无边缘的，观念最初产生时不受其它观念的影响和作用，观念之间没有源初的内在构成关系，这些经验观念一经产生便被当作不变的可以被随意组合的观念原子。洛克、巴克莱和休谟在这方面可以说是一脉相承，因此他们总还原不出一个完整的经验事实，无法真正解释作为复杂观念的个体事物观念是如何形成的。另一方面他们又固守着传统的绝对主义观念，总要在感觉经验之外寻找更可靠的根据，设定一些不可感知的存在，像洛克的物质实体和精神实体、巴克莱的心灵和上帝、休谟哲学中由习惯造成的因果关系，等等。他们把这些非经验的东西从可感知的领域中排除出去，又在功能领域以假定的形式把它们请回来。针对休谟的因果观念，詹姆士指出："实在的有效因果关系作为一个终极性质，作为一个实在性的'范畴'恰好就是我们所感觉的那样，恰好就是我们自己的活动系列所显示的那种连接。我们在我们的手中已掌握了它的整个面貌和性质。"[②]但是休谟却还要寻找经验后面"更真实"的因果关系，这就背离了经验主义原则。詹姆士认为，经验主义本来应当面向经验本身，在新鲜活泼的感觉中把握材料，但是由于它的不彻底性，只将理智在反思中抓住的经验部分作为知识的唯一来源，忽视了对于关系的经验，将人的感觉经验简单化，导致经验主义走向穷途末路。

经验主义在休谟哲学中陷入了难以摆脱的困境，许多后继的哲学家不想重蹈休谟的覆辙，但又难以回避或绕开他，所以他们必须对休谟做出回应。苏格兰常识学派、康德哲学以及英国的新黑格尔主义都可以看成对休谟哲学的回应。新黑格尔主义者格林详细地评论了洛克和休谟的著作。他在与T. H. 格罗斯（T. H. Grose）共同编辑的休谟的《人性论》之前加入了一个超长的导言。詹姆士阅读的《人性论》正是格林和格罗斯编辑的版本，他是经由格林的"导言"进入《人

---

① *ERE*, pp.42–43.

② *ERE*, p.185.

性论》的。格林同意休谟的观点即感觉中没有实在的关系，但他认为感觉的这个缺陷应由理智的作用来弥补。[1]詹姆士的经验主义气质使他对英国经验主义失误的认识与矫正不同于唯心主义者。他认为总的说来，相比于唯心主义，“英国哲学的精神是理智的，同时也是实践的和道德的，它是一条更健全、更合理、更正确的道路”[2]。英国经验主义的后继者们不是错在太过而是怯于忠实它的路线。要避开经验主义的困难，不必求助于唯心主义纯粹用以综合的先验自我或者任何其他假说，没有什么先验自我或假设的存在能比被给予我们的经验提供更多的东西，它们不过是我们已经经验到的东西的一个名字而已，因此对于任何一个严格认真的经验主义者来说，它们都是不能接受的累赘。[3]詹姆士认为，“如果经验主义本来就是彻底的，对各种事物都一视同仁，无论是连接还是分离，都按照其票面价值来对待”[4]，那么就根本不需要唯心主义的人为矫正了。换言之，詹姆士认为经验主义自身就有医治那些否定性的怀疑主义、实证主义和联想主义的药方。例如，休谟的哲学中就包含克服经验主义困难的要素，因为他承认我们确实感觉到了我们观念之间的同一性和平缓过渡。他把它们归于“思想”、“想象”或“联想”这些不同于观念自身的活动。詹姆士强调，作为在经验中被给予的观念，它们之间就存在着现实的过渡和连续。休谟心中截然分别、彼此无关的概念来自于心灵活动与其内容的分裂，然而内容本来是与活动融合在一起的，因此詹姆士认为只要我们面向经验本身，“完全运用休谟的原则，不必利用康德的迂回笨拙的人为构造……就可以改正和扩充休谟的哲学，充实他的信念”[5]。可惜的是，英国的休谟哲学继承者未能矫正他的不足，进一步完成他的哲学。詹姆士认为通过更加忠实于经验主义的传统和原则，就可以挽救经验主义。

我们看到英国经验主义的发展进程，一方面表现为经验主义原则的应用越来越扩大，另一方面表现为知识的领域越来越小，不可知领域越来越大。但是经验主义原则运用的扩大并不是导致知识范围缩小的原因，知识范围的缩小源自经验主义的不够彻底。英国经验主义在西方哲学史上的积极作用是不可否认的，它消解了当时形而上学中占统治地位的一些实体概念，试图用经验来构成我们的一切

---

① T. H. Green, “General Introduction” to *A Treatise of Human Nature* by David Hume, ed. T. H. Green and T. H. Grose, pp.1-299.

② *CER*, p.436.

③ *PP*, Vol. I, pp.352-354.

④ *ERE*, pp.43-44.

⑤ *CER*, pp.435-436.

知识。它在一个方面意识到并且出色地完成了自己的使命，这是革命性的成就，但它未完成自己的另一使命，即建构有自身依据的知识体系。它不但未完成这个知识体系，而且导致它的破产，从而得出了它自己也不愿意看到的荒谬结果。正是在英国经验主义看似山穷水尽之处，詹姆士的心理学和哲学开辟出柳暗花明的境界。在詹姆士看来，自洛克开始的英国经验主义并不是真正意义上的经验主义，而是次生的经验主义，他称之为“半截子经验主义”①。他试图以不同于唯心主义的方式来修正经验主义，通过更加彻底地贯彻经验主义原则，消除传统经验主义和唯心主义两方面的错误，完成经验主义大厦。正是在这个意义上，詹姆士的经验主义是“彻底的”经验主义。

我们在阐述詹姆士的思想流学说的哲学思想来源时，引用了詹姆士的后期著作中对于英国经验主义的评论和批评，这些评论和批评是与詹姆士早期的思想一脉相承的。例如，詹姆士在19世纪70年代就认为经验可直接把握空间关系和方向。1883年他详细阐述了这个观点的丰富内涵，并将对于空间关系的看法推向所有关系。1884年詹姆士发表的《论内省心理学的疏漏》一文认为：“传统的经验主义心理学家，无论是英国的、德国的还是法国的，都只是在想象、概念或观念的名义下记录这样一些表象：它们具有的对象能被清楚地带到注意的焦点，并被持久地看到。”②也就是说，他们只是注意到了作为焦点的对象而忽视了边缘域中的东西，甚至忽视了边缘域本身，因而看不到经验本身的联系。詹姆士在后期著作中仍然坚持同样的观点，他说在巴克莱的哲学中，“观念是不连续的，每个观念的内容都完全是内在的，没有那种与它们同质的、以及它们的存在可以由之而连接起来的过渡”③。在詹姆士看来巴克莱犯了双重错误。首先，他把感觉性质分裂为元素；其次他认为仅仅通过把它们聚在一起就能产生新性质。巴克莱的唯我论就是这种观念论的结果，它根源于巴克莱一贯坚持的观念的非连续性。如果我的观念仅仅是我的，你的观念仅仅是你的，两者毫无联系，我们的心灵便永不能相遇在一个共同世界里；然而如果把经验解释为连续的，就提供了由此及彼和从我到你的途径。

综上所述，詹姆士认为英国经验主义的方向是正确的，但是洛克及其后继者

---

① *WB*, P.viii.

② William James, “On Some Omissions of Introspective Psychologypp”, *Mind*, Vol. 9, No. 33 (Jan., 1884), pp.3-4.

③ *ERE*, p.76.

没有在这条道路上坚持到底。通过对英国经验主义的思考与批判，詹姆士在经验主义的发展方向上取得了历史性的突破。我们在后面会看到，对经验的原初构成和心灵主动性的连续存在的论述，是詹姆士思想流学说的突出特征。他认为我们的经验通过边缘和过渡呈现为一个连续的流，观念的意义不仅来源于经验，而且通过其作用和效果总在从经验流获得意义，或者说它们的意义总在构成之中。他强调面向事实本身，面向经验本身，在“它们的原初含义中”看待它们，“把它们看成活生生的经验之流的构成部分”[①]，而不是把它们仅仅看成我们回顾它们时所显现的那样——一个个确定的、静止的、包含在自身之内的对象。他对传统哲学中超验的无时间性的实体概念，像物质、意识、上帝、自我等等都进行解构。这种解构不只是摧毁，也是对每一个概念进行批判性探问，探问它们有哪些经验构成，又产生哪些经验事实。他一方面解构这些概念的超验虚构，另一方面又重构这些概念的经验意义。所有这一切都以对思想概念的重新解释为前提。

① *ERE*, p.236.

第四章　思　想

詹姆士的《心理学原理》所表达的核心学说如果以最简单的词语来概括，我们可以称之为思想流。“Thought”通常译为“思想”，是詹姆士思想流学说的关键词，指涉心理学的基本事实。它体现了詹姆士的心理学与其他心理学在起点处的不同，蕴涵着詹姆士的心理学方法和哲学方法，并预示着詹姆士的心理学和哲学的基本趋向，因而在《心理学原理》中占有非常重要的地位。要真切地理解詹姆士的思想流学说乃至《心理学原理》，就需要对“思想”的含义做一比较全面的把握。但是到目前为止，它似乎并未引起人们应有的注意和足够的重视。

一、思想是心理学的基本事实

（一）心理学的基本事实

詹姆士认为心理学是关于精神生活的现象及其条件的科学。人的精神生活的基本事实是什么？或者心理学的出发点或最初设定是什么？关于这个问题，历史上的哲学家和心理学家有不同的看法。詹姆士把它们归结为两种。第一种是将不同类型的心理现象归属于一个单纯的实体即个人灵魂，这些心理现象被看作个人灵魂的随即显现。例如，灵魂时而显示记忆能力，时而显示推理能力，时而显示意志力，时而显示想象力，时而显示欲望，等等。这是经院哲学和常识的唯灵论。[1]这种唯灵论在近代的表现是把“灵魂”转换成了“自我”或“自我意识”。新康德主义者那托普（Paul Natorp）认为以自我为中心的意识是心理学的

---

① *PP*, Vol. I, p.1.

基本事实。他说："'意识'是无法解释和难以描述的，然而一切意识经验都有这样的共同点：我们称之为意识经验之内容的东西都与一个以'自我'为名的中心相关，由于这种关系，内容才得以在主观上被给予或者显现……这样一来，意识或者对一个自我的关系，就是唯一可以把一个有意识的内容与可能在那里而无人意识到的任何一种存在区别开来的东西，这唯一的区别依据胜过一切进一步的解释。尽管意识的存在是心理学的基本事实，可被认为是确定无疑的，可以被分析出来，但它却既不能被定义，也不能从其自身以外的任何东西推论出来。"①

詹姆士认为唯灵论不足以解释心理现象。例如，它诉诸灵魂的一种特有性质即记忆力来解释任何一种具体回忆，该理论除了指出记住某个已经发生的事实是我们的记忆能力的本质以外，并未解释为什么一个事实发生时我们应该记住这个事实。按唯灵论者的观点，我们可以试图用次级原因来解释我们记忆的错误与误差。但是这种理论除了肯定被记忆的具体事物存在以及肯定人的记忆能力的存在之外，并未提供更多的知识。而且灵魂的能力似乎并非先天的，不论某人如何相信灵魂及其记忆力，他都要承认如果没有某种事物提示，灵魂不可能应用其记忆力，这些事物总是在先的，使我们想起所要回忆的一切。因此詹姆士说："显然，这能力并非绝对地存在着，其作用是有条件的，对于这些条件的探求正是心理学家最感兴趣的工作。"②在詹姆士看来，那托普的自我"本身没有时间，仅仅是时间中的事情的见证者"③，它在心理活动中不扮演任何角色。它是不可经验的，只是一个逻辑上的假设，我们无法用它来解释和说明人的心理现象。

与前一种寻找心理现象背后的共同动因不同，另一种用来统一不同类型的心理现象的方法是在各种心理事实中寻找共同元素。就像通过石头和砖块来解释房屋一样，这种方法通过构成心理事实的不同元素的不同排列形式来解释心理事实。通过这种方式，个人的那个自我不再被看作心理现象的先在根源，而是被看成心理现象的最终和最复杂的结果。④这种理论认为，人心的具体状况虽然彼此大不一样，但它们在结构上都是复合的，都是由某些不变的、可以反复再现的简单意识元素或心理原子以不同方式结合的结果。这种观点在19世纪的心理学领域占据了主要地位，其间英国的绝大部分心理学家都或隐或显地坚持一种原子式的

① 引自*ERE*, pp.7-8.

② *PP*, Vol. I, p.3.

③ *ERE*, p.5.

④ *PP*, Vol. I, p.1.

“观念”。例如，斯宾塞在其《心理学原理》中认为，我们可以将复杂的心理现象分解成简单的心理现象，进而分解成更简单的心理现象，直到最后分解成最简单的心理现象即意识状态中的变化，它们是意识的原材料，意识的发展即它们的组合，它们是最复杂的认识赖以构成的终极心理要素。[①]19世纪后期在德国兴起的构造心理学也持类似的观点。构造心理学主张心理学的任务在于分析意识的内容，弄清楚意识的组成元素与构造原理。这种心理学认为，每一个观念都是一个恒久存在的实体，在意识中的显现只是它们存在的次要属性。当它们先后相继地进入意识舞台时，便把先前在那里的观念挤出去。冯特的心理元素即感觉、表象和感情便是这样的原子或实体。这种心理学因此被称为元素心理学或原子论心理学。[②]在这个学派看来，即使刺激我们的是包含各种性质的复杂对象，它们在我们心中产生的也是一个个单纯的观念。近代原子主义心理学的创立者洛克明确地说：“刺激我们感官的各种性质，在事物本身虽然都是联合的和混合的，它们之间没有分离，没有距离；不过……它们在心中产生的观念进入感官时，却是单纯而非混杂的。”[③]不仅如此，他还认为在我们最初的感觉中，不仅通过不同的感官得来的感觉是一些分立的简单观念，而且通过我们同一感官得来的感觉，例如手感受到的同一蜡块的柔度和热度，也是一些分立的简单观念。

詹姆士认为这种观点也是人为的虚构，对于科学的心理学来说，它不仅无助于解释心理事实，而且是一种负担和障碍。心理原子主义以反思分析的结果为唯一的心理实在，但詹姆士认为我们的经验本身并非如此。从对象方面说，“无论对象可能多么复杂，关于它的思想都是一个不可分开的意识状态”[④]。“在时间世界和空间世界中存在着同样的情形：最初被认知的事物不是元素，而是结合体，不是分立的单位，而是已经构成的整体。整体存在的条件也许是元素；但是我们认知这些元素的条件是我们已经感觉到作为整体的整体。”[⑤]从主体方面说，“无论有多少印象，无论它们有多少感官来源，都融为一个单个的不可分的

① Herbert Spencer, *The Principles of Psychology*, London:Routledge/Thoemmes Press, 1996, p323-324.

② 事实上，正如乔治·曼德勒(George Mandler)所说，19世纪德国的主流心理学从威廉·冯特到爱德华·铁钦纳（Edward Bradford Titchener）到约翰·沃森（John B. Watson）在理论上是联想主义，在实践上是原子主义（George Mandler, *A History of Modern Experimental Psychology: From James and Wundt to Cognitive Science*, p.65）。

③ John Locke, *The Works of John Locke*, Vol.I, p.93.

④ *PP*, Vol. I, p.276.

⑤ *PP*, Vol. I, pp.621-622.

对象，都同时到达还未对它们分别加以经验的心灵，这些印象将融为这个心灵的一个单个的未分的对象”[①]。也就是说，在原初的经验中，一个感觉对象无论多么复杂，总是在一个观念中被思想，它所有的性质总是一起被意识到。当我们同时受到一个对象的许多刺激时，我们得到的仍是一个感觉，而不是像洛克所说的那样，这些刺激各自产生观念，后来这些观念又在心中组成一个复杂观念。

詹姆士认为原子主义心理学的错误之一就在于把心理活动实体化和原子化，认为我们的思想是由自身永恒不变的、不断再现的“简单观念”复合而成。其错误之二在于混淆了两个不同的心灵状态，即最初的感觉和事后的反思，这就是詹姆士所说的“心理学家的谬误”[②]：认为心灵的内在状态必须以某种方式隐含地知道心灵的更高级状态所明确认知的同一个东西。在詹姆士看来，我们对一个蜡块的感觉与后来对这个蜡块的反思，虽然在这两种情况下被思想的事物是同一个（蜡块），但它是在两个完全不同的心灵活动中被思想了两次，一次作为一个不可分的统一体（蜡块），另一次作为被区分开来的两个东西（柔和热）的加和。它们不是一个思想的两个版本，而是完全不同的关于同一个事物的两个思想。其中，每一个思想自身都是一个不可分割的统一体。起初未被注意的东西（柔和热）后来被分辨出来，这并不是原来的思想分裂开了，而是新的思想紧接着它们到来，它对同一个对象做出了新的判断。[③]我们在乔治·赫伯特·米德（George Herbert Mead））的著述中看到类似的观点。他说：“我们绝不可能越过直接经验，去分析出构成这些直接经验之终极实在的那些要素。因为不论这些要素具有何种程度的实在性，它们的这种性质总是由某种未经分析的经验赋予的。”[④]

詹姆士承认存在纯粹的感觉，但他所说的纯粹感觉不是感觉原子，而是一个人最初的感觉。他说：“纯粹感觉只能出现在人生的最初数日中。在具有记忆和丰富联想的成年人那里，它们几乎不可能出现。”[⑤]詹姆士根据对初生婴儿的观察指出，在所有的印象引入感官之前，人脑沉浸于深睡之中，意识实际上是不存在的。即使在出生后的最初数周里，婴儿也几乎是在连续的睡眠中度过。只有来自感官的强有力的信息冲击才能打破这种睡眠。这个信息就在新生婴儿的脑中产

① *PP*, Vol. I., p.488.

② *PP*, Vol. I, pp.196-197.

③ *PP*, Vol. I, pp.488-489.

④ G. H. Mead, “The Definition of the Psychical,” in *Selected Writings of G. H. Mead*, ed. A. J. Reck, New York: Bobbs-Merrill Co., 1964, p.34.

⑤ *PP*, Vol. II, p.7.

生了一个“绝对纯粹的感觉”[①]。这样一个纯粹感觉不是心理原子主义者所谓的简单观念，恰恰相反，“婴儿得到的第一个感觉对他来说就是整个宇宙……婴儿遇到的这个对象（尽管是在纯粹感觉中被给予的）包含着所有的‘知性范畴’，它具有客观性、统一性、实体性和因果性，与后来的任何对象和对象系统所具有的这些东西完全一样”[②]。后来，这个混杂的事实被认知为许多事实，包含许多性质。如果说婴儿的最初感觉尚且如此，成人焉能获得简单的感觉。

因此詹姆士说：“从一开始，经验就是一个综合的而非简单的事实。”[③]也就是说，从一开始经验呈现给我们的就是浑然一体的、与世界的其他部分隐约相连的对象。经验在任何时候呈现给思想的真实单位都是总体性的心理状态，或整个意识波，或诸多对象的场。这个波或场没有一个明确的硬性的边界，只有柔性的模糊边缘。[④]这些对象包含在这个世界的时空中，潜在地可分为内部的元素和成分。我们可以把这些对象分割开，再重新统一起来。因此，“我们所谓的简单感觉其实往往是高度发展的注意力加以区别的结果”[⑤]。詹姆士说以原子论的方式描述心理事实，假定高级的意识状态都由不变的简单观念构成，就像把曲线看成由许多短小的线段合成一样，这样描述可能很方便，但是自然界里实际上并没有与此相符合的东西，“一个永恒存在的‘观念’周期性地出现在我们的意识舞台上，这种事情只有在神话里才会存在”[⑥]。《心理学原理》中对感觉经验的整体性和模糊性的描述和说明，对詹姆士后来的彻底经验主义的形成具有重要意义。《彻底的经验主义》中的“纯粹经验”学说即由之而起。

逻辑实证主义者艾耶尔认为，詹姆士所说的经验与英国经验主义者所说的经验虽然整体上性质不同，但它们包含性质类似的元素。这些元素是重复再现的，它们比洛克的“简单观念”和巴克莱的“简单性质”等原始材料更为复杂，但是它们的作用是一样的，它们为我们的知觉判断提供感觉内容。[⑦]这样一种解释实

---

① *PP*, Vol. II, p.8.

② *PP*, Vol. II, p.8.

③ *PP*, Vol. I, p.610.

④ *VRE*, pp.231–232.

⑤ *PP*, Vol. I, p.224.

⑥ *PP*, Vol. I, p.236.

⑦ A. J. Ayer, *The Origins of Pragmatism: Studies in the Philosophy of Charles Peirce and William James*, p.226. 艾耶尔多次以这种方式来理解詹姆士，他把詹姆士心理学中的各种知觉都看作由这些元素组成的，没有领会詹姆士的时间构成观念，以至后来把詹姆士的彻底经验主义等同于中性一元论。

际上把詹姆士的心理学看成了原子主义心理学，而这正是詹姆士所反对的。一方面，从内容上看，詹姆士认为经验包含着后来所把握的元素，但这不是说这些元素已经现成地存在于经验中，它们是在后来的进一步认知和分析中才明确出现的。一个感觉包含什么样的元素，包含多少元素，取决于我们如何对它进行认知。另一方面，艾耶尔似乎没有理解詹姆士所说的经验的含义，詹姆士所说的经验不仅指感觉的内容，更是指感觉状态本身，它是不断变化而又连续的意识流，其中不可能有重复再现的原子。我们在本章后面会看到，艾耶尔多次以这种方式来理解詹姆士，把詹姆士心理学中的各种知觉都看作由简单元素构建而成，没有领会詹姆士的时间构成观念。

詹姆士对心理原子主义的拒斥和对心理状态整体性的强调从《心理学原理》一书的结构上也体现出来。当时标准的心理学教科书都是从基本的视觉、听觉、味觉、嗅觉和触觉开始，然后把这些感觉组合成复杂观念，再通过联想律组成连续的观念，从较小的心理结构一步步逐渐构造较大的心理结构。詹姆士的心理学则与此不同，他的《心理学原理》的前八章关于生理学的描述和说明可以看作心理学的准备，第九章是心理学的真正开始。在这一章，他不是描述某些基本感觉或心理元素，而是首先以统一的形式给出一个思想流，意在说明人的意识经验从一开始就是一个综合的整体。在他看来传统的心理学教科书的原子主义表述方式破坏了意识经验的统一性。1900年詹姆士在《心理学原理》意大利文版序言中写道：

“我没有从假定的心理元素（它们总是抽象的东西）开始，逐渐地进行构建，我想让读者穿过尽可能多的章节，一下子接触到真实的意识统一体：我们每个人每时都觉到的他自己所是的那样。古典的唯灵论所一直捍卫的就是这个统一体，并用它来反对联想主义理论即心灵仅仅是‘观念’的集合。但是由于我想尽可能使心理学摆脱与任何形而上学基本问题的联姻，我将自己对于统一体的讨论限制在经验的可证实的范围之内，也就是每一个流逝着的思想波的统一体或者意识场之内。”①

此外，詹姆士认为心理现象的一个重要特征是它的目的性和选择性。如前所述（第二章第二部分），他在这一点上深受达尔文进化论的影响。他说：“对未来目的的追求和对于实现它们的方法的选择是心理现象出现的标志或标准。我们

① George A. Miller, “Introduction” to *The Principles of Psychology* by William James, pp.xviii-xix.

完全根据这个标准来区分理智活动与机械活动。”[1]“只有那些为了目的而发生并且显示出对手段的选择的行为，才能被称为不容置疑的心灵表现。”[2]詹姆士对心理活动的目的性的重视为他研究心灵的“注意”能力和主动选择能力提供了基础，也为他批评和克服英国经验主义的被动性提供了支持。

总之，詹姆士认为无论唯灵论还是心理原子论都不足以简化和解释心理现象，作为心理学出发点的心理事实既不是实体化的超验的自我或心灵，也不是一成不变的、可以反复再现的简单观念或心理元素，而是我们经验到的意识状态自身。我们每个人都会同意的事实是我们能在我们心中知觉到这些意识状态，无论批评家们对其他方面如何怀疑，这些意识状态的存在从未被任何批评家怀疑过。笛卡尔通过艰苦卓绝的怀疑，所得到的也正是不可怀疑的意识状态和意识活动。因此詹姆士把这种信念作为“心理学的所有假定的最根本的基础”，而“把一切对于它的确实性的离奇古怪的怀疑都作为过于玄虚的东西加以抛弃”[3]。

虽然詹姆士认为我们每个人都会同意我们能在自己心中经验到意识状态，并且将意识状态设定为心理学的基本事实，但是当他在《心理学原理》的结尾部分对这个问题做出进一步思考时，他承认意识状态自身是不可证实的。虽然无论常识还是直到他那个时代为止的心理学都不曾怀疑科学研究的意识状态是经验的直接材料；虽然外部“事物”一直受到怀疑，思想和感觉从未受到怀疑；虽然每个人都认为我们能够通过直接反省认识到我们的思想活动本身，认识到我们的意识是内部的、与其认识的外部对象不同的东西，但是詹姆士说：“我必须坦承，就我来说，我不能肯定这一结论。每当我试着感知我的思想活动本身的时候，我所把握到的都是身体的事实，某个来自我的前额或头部或喉咙或鼻子的印象。看来作为内部活动的意识只是一个设定而不是通过感觉被给于的事实，即对于一个与所有被知者相关的认知者的设定，用‘识’（sciousness）这个字来描述它似乎更好些。但是‘作为假设的识’实际上大不同于‘通过内感官确定无疑地把握的意识状态’。”[4]这样一来，“谁是真正的认识者”就成了悬而未决的问题了。当然，詹姆士认为这是由心理学的基本设定引发的形而上学问题，心理学可以略而不论。

---

① *PP*, Vol. I, p.8.

② *PP*, Vol. I, p.11.

③ *PP*, Vol. I, p.185.

④ *PBC*, p.467.

（二）思想的含义

用什么来称呼所有的意识状态？詹姆士选择“思想”这个词。他说：“我们有某种思想，这是这个世界中颠扑不破的事实，所有人都毫不迟疑地相信他们知觉到自己在思想，并把作为内部活动或激动的心理状态与它所认识的所有对象区别开。”[①]也就是说，在詹姆士看来心理学在起点上有权设定的只有思想本身这个事实，我们必须首先对它加以探讨和分析。

为什么用思想这个词来“不加分别地表示各种形式的意识”[②]？詹姆士是颇费考虑的。他在《心理学原理》第七章用了一大段的篇幅专门讨论这个“名称问题”。他说：“我们应当有一个通名来称呼所有的意识状态自身，而不包括它们的个别性质和认知功能。”[③]詹姆士所寻找的词要用来意指意识的一切形式，要在最广泛的意义上加以使用，它的出现频率会非常高，因此它必须简洁明了，不能拖沓臃肿，这样才能使用起来方便，理解起来清楚。而且由于这个词要表示意识的每一种形式，它就要表现出意识的不同状态和时态，因此它最好是中性的，并有同源动词。在詹姆士看来，“心灵的状态”（mental state）、“意识的状态”(state of consciousness)、“意识的样态”(conscious modification)在含义上尚可满足要求，但都显得累赘，并且没有同源动词。“主观状态”(subjective condition)也是如此。“灵魂的情状”（affection of the soul）、“自我的样态”（modification of the ego）这些表述与“意识的状态”一样显得累赘。此外，它们还有一个缺点，即它们潜在地断言了未加解释的东西（灵魂观念，自我理论）。“感觉”（feeling）具有同源动词“感觉”（to feel），它们两者都是主动的和中性的；它的派生词像“feelingly”、“felt”、“feltness”等等，使它使用起来极其方便；而且它更着重于内在的心理活动，显示出一种主动性。但是它除了具有这个一般的含义之外，还具有一些特殊的含义，用以表示像愉快和痛苦之类的情感，有时还是与思想（thought）相对的感觉（sensation）的同义词，而詹姆士想要一个能够不加分别地涵盖感觉（sensation）和思想（thought）的名称。况且，在信奉柏拉图主义的思想家心中，“感觉”（feeling）含有一些贬义；由于哲学

① *PP*, Vol. I, p.185.

② *PP*, Vol. I, p.224.

③ *PP*, Vol. I, p.185.

中相互理解的最大障碍之一是褒赞地或贬损地使用语词，所以如果可能的话，应当尽量优先选取无偏见的词。赫胥黎曾提出用心理系统（psychosis）一词，它的优点在于与神经系统（neurosis）（赫胥黎用这个词与神经活动（nerve-process）相应）相关，更技术化，而且没有含义的偏颇。但是它没有同源动词或其他的语法形式。“观念”（idea）是一个较好的、模糊的和中立的词，并被洛克在最一般意义上加以应用；但是，尽管有洛克的权威，它却未在语言中通俗化到涵盖全部感觉（sensations）的地步，而且它也没有同源动词。因此詹姆士感到上述名称都不能满足他的需要。

英语中的“思想”（thought）一词无论在日常生活中还是在哲学中都是一个含义丰富的常用词。在现代英语中“thought”具有“思想”、“思考”、“考虑”等含义。它既表示逻辑性思维，也表示对人的关心和情感；既指理性的“推理”、“推理能力”，又指非理性的“想象”和“想象能力”；既指显性的意识活动，也指意识的边际状态或潜意识状态，如刚要入睡前所体验的或由药物所引发的状态；既指思想、思考的活动或过程，也指思想、思考活动的结果；既可表示“意向”、“意图”、“打算”、“期望”这些未来的向度，又可表示现在的和正在进行的思想状态和活动，还可以表示对过去的回忆和记忆。它本身就具有时间性。“thought”既是名词，又是动词“think”的过去式和过去分词。它有同源动词形式“to think”和现在分词形式“thinking”。通过与同源动词形式和分词形式的相互配合，它既可以表示过去的和已完成的状态，又可以很方便地表示正在进行的和将来的动作和状态；既可以表示主动的行动，又可以表示被动的行为。再者，它还具有“注意”这个表示选择活动的含义。尤其是它不像“感觉”（feeling）那样在哲学上含有贬义。此外，它所具有的“认知”的含义，能使人当下地想到认知（与对象而不是心理状态自身的关系）的无所不在，我们立刻就能看到认知是心理生活的本质。“思想”一词的这些含义，后来都在詹姆士对思想流的阐释中表现出来。这样看来“思想”确是一个比较理想的词。

不过，“思想”一词也并非完全合乎詹姆士的需要。在不同的哲学家那里“思想”一词的意思可能不一样，在一些哲学著作中它往往具有特定的含义。而且无论在日常用法中还是在哲学中，思想都与感觉（sensation）不同。例如，“关于牙疼的思想”这个说法能使人想到实际呈现的疼痛本身吗？几乎不可能。如果能使“思想”涵盖感觉(sensations)，它无疑是最佳的用词。但是英语中很难做到这一点。因此詹姆士说：“如果我们想涵盖整个意识状态范围，似乎不得不退而求助于某一对词，像休谟的‘印象与观念’、汉密尔顿的‘呈象与表象’（presentation and representation）或者通常的‘感觉（feeling）与思想’。”[①]简言之，詹姆士发现难以找到一个现成的完全合乎需要的词，因为这是一个语境中的问题，我们不可能做出一个固定的、一成不变的选择，只有根据适当的语境，有时使用这一个，有时使用上面提到过的同义词中的另一个。詹姆士自己的选择是使用思想（thought）或感觉（feeling），在一种比通常更广的意义上交替使用这两个词。也就是说，在《心理学原理》中“感觉”（feeling）或“思想”（thought）在一般意义上使用时，与意识状态同义。詹姆士在后期著作中仍经常在这个意义上使用这两个词。[②]

那么怎样使用思想这个词呢？詹姆士说：“在英语里，如果我们能够像说‘下雨了’（it rains）或‘刮风了’（it blows）一样，说‘思想了’（it thinks），那么我们就会以最简单而且附带假定最少的方式把这个事实表述出来。但是，由于我们不能这样说，我们只好简单地说思想进行着（*thought goes on*）。”[③]因此他把心理学的“第一个事实”表述为“有某种思想进行着”[④]。

由以上可以看出，在詹姆士这里思想一词的含义与日常用法中的情况已经不同，詹姆士在使用它的时候赋予了它更丰富和更广泛的意义。思想不仅指辨别、比较、联想、概念、推理，而且指感觉和知觉；不仅指记忆、时间知觉等内知觉，而且指事物知觉、空间知觉等外知觉；不仅指情感、意愿，而且指本能。就此而言，“思想”把人所能经验和体验的一切都涵盖起来。另一方面，思想一词具有丰富的内涵和多样的用法，它自身所包含的语言游戏的可能性，又为詹姆士意识流学说的构建和表述提供了较为充分的可能。

二、思想的时间性

詹姆士说：“我们的思想是时间中的现象性事件。”[⑤]时间性是思想的根本特性。詹姆士之所以用思想一词来意指意识状态自身，表示意识的一切形式，固

---

① *PP*, Vol. I, p.186.

② *MT*, pp.13-14.

③ *PP*, Vol. I, pp.224-225.

④ *PP*, Vol. I, p.224.

⑤ *PP*, Vol. I, p.369.

然与它包含的丰富语义和用法有着密切关系，但更为重要的是詹姆士揭示出的思想内含的时间性典型地代表了一切意识现象的本质结构。马赫曾经说过，时间感觉“伴随着任何其他感觉，而不能全然与之分离”[①]。詹姆士同意这种观点，他进一步认为我们所有的具体的心灵状态都是在时间中生成的，这种生成不是拆卸开以后的重新组装，而是原初的构成。这是理解詹姆士的思想流学说乃至他的整个哲学的一个关键。他正是通过思想的时间性来否定心理学中的唯灵论和原子主义，将他的心理学和哲学与传统的经验主义和理性主义区别开来。

（一）思想的时间性

牛顿认为时间是在我们之外均匀流逝的绝对存在，这种时间观在诞生之初就遭到了洛克的批判，洛克明确地说人们是通过反省自己理智中前后连续的系列观念而获得绵延观念的。巴克莱和休谟也都不赞同牛顿的时间观。巴克莱认为，如果没有心中先后相继的观念，就没有时间。[②]同样，休谟在《人性论》第一卷第二章第3节说：“即使对象中有实在的先后接续，如果我们没有先后接续的知觉，我们也没有时间概念。”在这些英国经验主义者之后，康德也不承认在我们之外的绝对时间，但是他也不认可英国经验主义的时间观，而把时间看成理性的先天直观形式。

作为经验主义路线的继承者，詹姆士不同意康德的时间观。他说在康德那里时间是客观的纯形式，“康德关于客观时间的直观概念是一个无限必然的统一体”[③]，但是，“如果没有感觉内容（*sensible content*），我们便不能直观绵延，就像我们不能直观广延一样”[④]。因此詹姆士认为：“宇宙空间与宇宙时间决不像康德所说的那样是‘直观’的，而是像科学所显示的任何事物一样，分明是人为的构造。绝大多数人并不用这些观念，他们生活在各自的时间和空间中，这些时间和空间互相贯穿，模糊杂乱。”[⑤]

詹姆士的时间观与传统经验主义的时间观也不同。传统的经验主义者如詹姆

---

① [奥] 马赫：《感觉的分析》，商务印书馆，洪谦，唐钺，梁志学译，1986年，第189页。

② Berkeley, George, *A Treatise Concerning The Principles of Human Knowledge*, p.48.

③ *PP*, Vol. I, p.642.

④ *PP*, Vol. I, pp.619-620.

⑤ *P*, p.118.

士·穆勒认为，时间是一个个转瞬即逝的孤立点，彼此毫无牵连。他说："除了关于当前时刻的知识，我们不可能再有任何知识。一旦我们的一个感觉停止了，它也就永远消逝了；我们似乎将是我们从未所是……即使我们的观念被连接成链，如果它们不是在想象中，我们仍然没有能力获得关于它们的知识。根据这个看法，一个观念接着另一个观念。这就是一切。我们意识中先后相继的每一个状态，一旦停止了，就永远消失了。每一个这样的暂时状态就是我们的整个存在。"[①]詹姆士指出，就穆勒认为时间源于个人的感觉来说，他并没有错，但是我们的实际感觉并不像他说的那样，像一个荧光，只照亮它当下所在的一点，其他所有地方都处在完全的黑暗中。过去和未来并不是被现在这一刀切开的两个毫无牵连的对立面，而是与现在连在一起的。[②]"我们关于意识流的另外部分的知识，无论是过去的还是将来的，近前的还是遥远的，总是与我们关于现在的事物的知识融合在一起的。"[③]穆勒所描绘的只存在于当下瞬间的简单感觉只是一个抽象，而我们所有的具体心灵状态都是具有一定复杂性的关于对象的表象。这种复杂性一部分在于刚刚过去的对象的回音，一部分在于那些马上要到来对象的预示。对象是渐渐地从我们的意识中退去的。如果现在的思想是ABCDE，下一个思想将是BCDEF，紧接其后的思想就是CDEFG，已过去的思想的拖延以连续的方式逐渐退去，将来的思想的先兆弥补了这个损失。"那些旧对象的拖延，那些新对象的先兆，是记忆和预期的发端，是时间的回顾意义和展望意义。它们赋予意识以连续性。没有这种连续性，意识便不能称为流。"[④]没有这种连续性，我们甚至不能知觉到"现在"。

詹姆士的时间是一种连续的过渡，过渡发生在边缘中。对边缘的强调和重视是詹姆士时间观的根本特点之一。詹姆士关于边缘的独到见解是其思想流学说的一个非常重要的部分。詹姆士认为我们的感觉从根本上就是有边缘的，传统的经验主义和理性主义完全忽视了这个边缘。后面我们会看到艾耶尔对詹姆士时间观的误解也源于未看到这个边缘。"边缘"（fringe）是詹姆士心理学中的一个极其重要的概念，贯穿于《心理学原理》的各部分，但是詹姆士并未给

① James Mill, *Analysis of the Phenomena of the Human Mind*, Vol. I, London: Longmans Green Reader and Dyer, 1869, pp.318-319.

② *PU*, p.254.

③ *PP*, Vol. I, p.606.

④ *PP*, Vol. I, pp.606-607.

它一个确切的界说，也未对其含义进行非常明晰的解释。他常用光环（halo）、地平域（horizon）、光晕（suffusion）、心理泛音（psychic overtone）、氛围（penumbra）等词表达同样的意思。边缘这个概念在詹姆士著作中的内涵正像它本身的特征所暗示的那样，朦胧而模糊，弥漫在它的各种变体中，我们只有在文本的语境里，在这个概念的边缘域中去领悟它的蕴涵和妙用。

詹姆士认为从生理上看边缘表示微弱的脑作用对思想的影响，它们使我们的思想感觉到关系和对象。有人认为在詹姆士那里"边缘"是指一种心理质料，它把本来分开的感觉黏附在一起。应该说，这个说法从功能上理解了边缘的一部分意义，但是这种理解太机械和生硬，它对感觉的理解实际上与传统的经验主义没有本质的区别，即都把感觉看成是彼此分离的。但是詹姆士所说的边缘并不是这个意思。在他看来，"边缘是认知对象的一部分——实体的性质和事物在关系的边缘里出现于心中。我们思想流的某些部分——过渡部分——不认识事物，只认识关系；但是过渡部分和实体部分一起形成了一个连续的流，其中并没有……那种分立的'感觉'（sensations）"[①]。那些回音和预示，那些拖延和先兆并不是现在的思想或感觉的辅助部分或伴随现象，而是现在的思想或感觉必需的部分，它们是一个不可分割的有机整体。离开了这些拖延和先兆，就不会有现在的思想或感觉。正是在这个意义上我把詹姆士所说的这种内在的时间结构称为原初的构成。

詹姆士的时间观念曾受到霍奇森的影响。霍奇森认为："我们通常粗略地把时间进程分为过去、现在和将来；但严格说来，不存在现在：它是由不可分的点或瞬间划分的过去与将来组成的。那个瞬间或时间点即是严格意义上的现在。我们通常比较含糊地说到的现在是一个时间过程的经验部分。"[②]詹姆士接着他的话说，如果把只限于当下一点的现在称作"严格意义上的"现在，那么这样的现在完全是一个观念抽象，"反思使我们得出结论：它必定存在，但是它的确实存在永不可能是一个我们当下经验的事实"[③]。因为"它在我们能够触到它之前已经逃走了，融化在我们的把握之中，它在生成的那一刻就已经消逝了……只有进入到活生生的、运动着的更大段的时间结构中，严格意义上的现在才可能被理解"[④]。我们当下经验的唯一事实是绵延，詹姆士借用心理学家E. R. 克莱（E. R.

① *PP*, Vol. I, p.258, footnote.

② Shadworth H. Hodgson, *The Philosophy of Reflection*, Vol.I, p.253.

③ *PP*, Vol. I, pp.608–609.

④ *PP*, Vol. I, p.608.

Clay）的术语称之为“似是而非的现在”（the specious present）。克莱认为时间的对象是作为现在的存在被给予的，但是事实上的时间部分并不同于过去和未来的共同边界——通常哲学用现在一词所指称的东西。事实上的现在是过去的一个部分——一个最近的过去，它被错认为过去和未来之间的时间而给予我们。他把事实上的现在称为“似是而非的现在”，而把作为过去而被给予的过去叫作明显的过去。[①]

根据19世纪后期心理的研究，我们能清楚地直观到的最大绵延几乎不超过12秒[②]（我们能模糊地直观到的最大绵延可能只有一分钟左右）。詹姆士说，这么长的绵延相当稳定地映绘在流逝着的意识之中，如此稳定地知觉到的绵延就相当于“似是而非的现在”的核心部分。它的内容处在不断的流动之中，出现在它的前端的事件很快地消隐在它的后端，每一个事件经过时都变换它的时间参数，从“还没有”或“还不很有”到“刚逝去”或“已逝去”。然而，“似是而非的现在，被直观的绵延，就像瀑布上的彩虹保持着恒定，它自己的性质不因这流所经过的事件而改变”[③]。詹姆士认为每一个这样的事件，当它悄然逝去时，仍保持着再现的能力；当它再现的时候，乃与它原来具有的绵延和相邻者一起再现。但是一个事件从似是而非的存在的末端一旦完全消失之后，它的再现与它在似是而非的存在中被直接知觉为当下经过的事情，是两个不同的心灵事实。不过，“所有被认知的时间之原初范本和原型是似是而非的存在，我们当下连续地感觉到的短暂绵延”[④]。

根据詹姆士的观点，我们不断意识到这样一个绵延，即似是而非的现在。这个绵延与被知觉到的内容具有一个较早的部分和一个较后的部分，这“就是原初的时间直观”。[⑤]比这更长的时间是通过添加而构想成的；比这更短的时间是通过分隔而构想出的，它们是这个边界模糊的单位的部分，我们习惯上以象征性的方式来思想它们。德里达曾反驳胡塞尔说，直观与时间是矛盾的。因为直观是当下静止的，而时间总是一个过程，总有一个差异或趋别。德里达似乎将直观理解为当下的一点——一个孤立的点，并以此将直观与时间构成对立起来，把它们看

① *PP*, Vol. I, p.609.

② 当代认知科学发现，15秒是短期记忆的最长限。

③ *PP*, Vol. I, p.630.

④ *PP*, Vol. I, p.631.

⑤ *PP*, Vol. I, p.642.

得彼此不相容。[①]在詹姆士这里直观恰恰需要通过时间的构成才可能。

（二）艾耶尔对詹姆士时间观的误解

下面我将结合艾耶尔对詹姆士的理解来进行讨论。虽然同是英国经验主义的后裔，詹姆士和艾耶尔在时间问题的立场却迥然不同。詹姆士在原初的经验中理解时间，而艾耶尔则从逻辑的角度关注这个问题。他们之间的这种差异使得他们对时间的具体描述不同。没有意识到这个区别，是艾耶尔在一系列论述中误解詹姆士的原因。

对于詹姆士的时间观念，艾耶尔表示不解。他认为“现在”不是一个总在进行中的时间构成，而是一个相对的词，它要以某个东西做参照，“我们用它指一段时间，它恰好经过、重合于此刻所发生的东西”[②]。在艾耶尔看来，说某个东西此刻正在发生即是说它与我们话语中所表明的某个东西同时。任何与参照事件同时的东西都是“严格的现在”，任何早于它的东西都是过去，任何晚于它的都是将来。这个被用作参照标准的事件是我们任意选择的，只要它的长度不超过一个注意行为的时间长度，也不过于短暂使人无法注意到它。由于任何注意行为都具有一个最小的和最大的绵延，因此没有一个感觉到的现在事件是瞬时的。任何现在的东西，即使在严格的意义上，也必定具有一定的绵延，无论这绵延多么短暂。艾耶尔因此认为较早与较晚的区分发生在它之内，因而把较早阶段说成过去或把较晚阶段说成将来是不正确的，因为这样一个事件的所有这些阶段都是现在。而如果把似是而非的现在都看作现在，那么就可以说现在不包括过去和将来的部分了。[③]

这里有两点需要注意。其一，艾耶尔认为詹姆士对传统经验主义的批评主要在于批评其时间知觉没有长度；与传统的经验主义不同，艾耶尔认为自己捍卫了时间知觉的长度。其二，艾耶尔把詹姆士所说的现在的边缘——始端和末端理解为现在的较早阶段和较晚阶段。在他看来，如果把现在看作是有长度的绵延，较

---

① Jacques Derrida, *Speech and Phenomena And Other Essays on Husserl's Theory of Signs*, Trans. David B. Allison, Evanston: Northwestern University Press, 1973, Chap.6, 7.

② A. J. Ayer, *The Origins of Pragmatism: Studies in the Philosophy of Charles Peirce and William James*, p.247.

③ A. J. Ayer, *The Origins of Pragmatism: Studies in the Philosophy of Charles Peirce and William James*, p.247.

早阶段和较晚阶段就都包括在现在之内了，因此詹姆士把较早阶段说成过去或把较晚阶段说成是将来是错误的。

不错，詹姆士是批评传统经验主义把时间知觉缩小成了当下的一点，但他的主要意旨并不止于此，而是指出传统经验主义的失足之处在于时间的孤立性或非连续性，这是它的时间观念缩成一点的原因。这种非连续性源于对边缘的忽视，看不到时间在边缘中的交融。艾耶尔没有意识到詹姆士对穆勒的批评意在指出穆勒所说的现在是一个没有边缘和连续性的抽象的时间点。如果没有边缘中的融合和连续，即使艾耶尔的时间是有长度的，他的各个时间段也仍是彼此孤立的，因此他的时间仍然是原子式的，只不过他的时间原子大一些，长一些。

未能领会边缘的含义与用意是艾耶尔误解詹姆士时间观的主要原因。似是而非的现在表明，实际上被认知的现在既不是一个刀刃似的时间边界，也不是毫无内在差别的一个时间线段，而是一个鞍形的时间区间。“它自己具有一定的幅度，我们可以驻于其上，并由此看向时间的两个方向。我们的时间知觉的组成单位是绵延，它具有始端和末端——既向后看又向前看的边缘。只有作为这一段绵延的部分，一端与另一端的延续（*succession*）关系才可被知觉。”[①]艾耶尔看到了詹姆士所说的现在具有一个先兆和逐渐逝去的拖延，但他把先兆和拖延这种边缘或过渡状态实体化了。他认为詹姆士是把过去的拖延等同于过去，把将来的先兆等同于将来，进而认为“以我们意识到将来和过去来表达这个意思都是错误的”，在他看来，“这样说的唯一原因是假定：严格的现在没有绵延，因此任何被看作现在的有绵延的事物，必定超出真正的现在而进入将来或过去，或者它们两者。但这个假设正是似是而非的现在所否定的”[②]。这里艾耶尔至少在两点上误解了或者没有理解詹姆士。其一，詹姆士所提到的“严格的现在”指的是无绵延的时间点，他认为这种现在不是实际经验到的现在，而是一种抽象，它是孤立的无连续性的。这也正是他所批评的穆勒的时间观，而不是他所说的“真正的现在”。其二，实际经验到的现在，并非除了其先兆和拖延，就没有绵延。有绵延的现在也并非不能有其趋势和持存。詹姆士关于时间两端的表述意在说明时间的原初构成。艾耶尔没有注意到詹姆士把我们当下能够清晰意识到的连续印象的最大范围看作似是而非的现在的最重要的部分。这个范围是刚刚逝去的数秒，这是

① *PP*, Vol. I, pp.609–610.

② A. J. Ayer, *The Origins of Pragmatism: Studies in the Philosophy of Charles Peirce and William James*, p.247.

似是而非的现在的核心。但是，“除此之外，似是而非的现在还有一个逐渐消逝的后边缘和前边缘”。[①]

在艾耶尔看来，现在的后边缘和前边缘成了现在的较早阶段和较晚阶段。他把詹姆士对于时间本身的描述即边缘中的内在构成关系，理解为外在的先于或后于关系。他看问题的逻辑视角使他热衷于把现在与过去或将来截然划分开。他说：“在哪里划出现在与过去或将来的界限，这问题本身就很有意义，但就詹姆士而言，这绝不是关键所在。他所要求的是时间次序，早于-晚于关系是以可感的方式给予的。”[②]艾耶尔认为，如果准予詹姆士设定上述观点，詹姆士便不仅能定义其他的时间关系，像同时关系、内部关系以及部分重叠关系，而且可以定义过去、现在和将来的性质。艾耶尔以为，詹姆士对时间关系的论述主要是说明这些关系是可感的，这为彻底经验主义对于关系的论述做了铺垫。艾耶尔以此论证《心理学原理》与彻底经验主义的联系。艾耶尔在詹姆士的著作中看到关系的可感性以及彻底经验主义与《心理学原理》之间的关联，这显示了他的哲学洞察力。但《心理学原理》中描述的关系之觉及其与彻底经验主义的关系主要不是艾耶尔所说的这种情况。艾耶尔在时间知觉问题上的理解失误，导致他对彻底经验主义解释上的偏差，以至于把彻底经验主义看成“中性一元论”（见第八章，第二部分）。

在詹姆士看来，原初的时间经验“总是已经作为一个整体被给予的东西，后来‘注意’（attention）在其中分辨出相互联系的部分”[③]。艾耶尔据此认为在詹姆士那里，“注意”的分辨给予我们以清楚的时间知觉的原初形式，[④]时间观念必定是由感觉经验中直接给予的元素构建的。[⑤]但是詹姆士的意思恰恰相反，他认为我们原初的时间知觉是一个整体，直接被给予的是一个整体而不是它的组成元素，元素是“注意”后来区分的结果。时间知觉具有一个始端和末端，但是我们对于时间的感觉并不是先知觉到一端，然后知觉到另一端，从对于延续的知觉推出它们之间的时间区间，而是我们感觉到时间区间是一个整体，它的两端嵌入

---

① *PP*, Vol. I, p.613.

② A. J. Ayer, *The Origins of Pragmatism: Studies in the Philosophy of Charles Peirce and William James*, p.248.

③ *PP*, Vol. I, p.610.

④ A. J. Ayer, *The Origins of Pragmatism: Studies in the Philosophy of Charles Peirce and William James*, p.244.

⑤ A. J. Ayer, *The Origins of Pragmatism: Studies in the Philosophy of Charles Peirce and William James*, p.243.

其中。詹姆士之所以说这些部分已经在时间中被给予，是为了说明：注意行为后来把它们分辨成彼此不同的时间部分或时间秩序时，不可能“超出对它们的感知”。[①]原初的时间知觉中并没有排列好的现成的元素等待着我们去发现，并用以构建时间观念，相反，这些部分是后来由“注意”造成的，是通过“注意”区分的结果。当许多印象以极快的速度在时间中接踵而至时，我们虽然可以清楚地感到它们占据一些绵延，感到它们不是同时的，但是我们可能无法分辨哪一个最先来哪一个最后到，我们甚至可能在判断中颠倒它们的真实秩序。所以詹姆士说在时间世界中，“最初被认知的事物不是元素，而是结合体，不是分立的单位，而是已经构成的整体。整体存在的条件也许是元素；但是我们认知元素的条件是我们已经感觉到作为整体的整体。”[②]“从一开始，经验就是一个综合的而不是简单的事实；对于感官知觉来说，它的要素是不可分的，尽管注意力回顾时，可以轻易地分解经验，区分它的起点和终点。”[③]

艾耶尔之所以认为时间观念必定是由感觉经验中直接给予的元素构建的，源于他把记忆看作投射时间关系的原初能力。在他看来，过去观念的获得依赖于我们的投射能力超出我们现在的感觉经验，将现在的时间次序关系投射出现在，“时间关系投射出似是而非的现在之外”是“时间构成的第一步”。在詹姆士那里，我们的投射能力依赖这样一个事实，即我们感觉经验的交叠与融合。而艾耶尔则认为感觉经验的交叠依赖于记忆，除非我们能够记得感觉经验的较早构成部分（已不是现在），我们便不能意识到这种交叠；而记得任何事物都已经是把它看作过去了。他甚至认为，即使我们被给予了过去的概念，我们仍需要记忆把我们带出似是而非的现在之外，因为要知觉到这种交叠，我们不得不运用记忆。我们必须把记忆看作原初的时间投射能力，把对于交叠的知觉看作有助于投射的事件，而不是看作我们投射能力的逻辑条件。艾耶尔似乎在记忆与过去之间进行循环论证：形成关于过去的观念依赖于记忆，记忆又依赖于关于过去的观念。对此，艾耶尔的解释是：这里并没有记忆与过去之间的循环，“因为记忆的条件不是关于过去的观念而是时间次序概念——它来自于我们对现在的观察”[④]。但是

---

① *PP*, Vol. I, p.610.

② *PP*, Vol. I, pp.621-622.

③ *PP*, Vol. I, p.610.

④ A. J. Ayer, *The Origins of Pragmatism: Studies in the Philosophy of Charles Peirce and William James*, p.251.

艾耶尔没有说清楚，记忆怎么来自于我们对于现在的观察，更没有说明时间次序本身是否包含着一种先后关系。

由于艾耶尔把记忆看作投射时间关系的原初能力，认为过去与现在的交叠依赖于记忆，过去或将来是我们根据现在设想出的先于或后于关系，我们以这种方式把时间表象为无限延伸的关系，所以他得出结论：先于—后于关系产生时间流，而不是产生于它。[①]在艾耶尔看来，认为现在包含过去和将来的部分，这种说法存在逻辑缺陷。时间之觉是时间系列，现在、过去和将来完全可以根据参照标准来界定。[②]

让我们看一下詹姆士在这一点上的论述。与讨论其他心理现象一样，詹姆士把对于时间知觉的描述建立在生理学的根据之上。他说每一个感官刺激都在其后留下某种隐伏的逐渐消逝的活动。当一个感官刺激消失时，我们知觉到那些“余象”。我们可以迅速地发现对象在眼睛上留下的、我们原来未注意到的余象。一个声音停止数秒钟之后，我们仍然可以“追寻它的踪迹”，领会它的意义。关于现在事物的感觉，必定总是混合着对于渐渐消逝的、所有那些先前数秒钟出现的其他事物的感觉的回声。“**绵延和事件共同构成了我们对于似是而非的现在及其内容的直观**。”[③]似是而非的现在的边界之外延伸着**构想出的**（*conceived*）朝向两个方向的时间区域：过去和将来。[④]

如前所述，艾耶尔与詹姆士在时间问题上的关键不同在于，艾耶尔从逻辑的角度看待时间，认为时间由一个个界限分明、互不连续的部分所组成。他似乎没有意识到詹姆士一再强调的连接性过渡，不承认现在与过去或将来之间有一个模糊的、界限不甚分明的、亦此亦彼的边缘，因而没有看到时间的原初构成，这导致他的时间是非连续的。如果他承认时间之间存在着这样一个亦此亦彼的边缘或过渡，这个边缘或过渡便是艾耶尔的两难处境。因为他要明确划开过去与现在，必须回答过去与现在之间的亦此亦彼的边缘或过渡是属于过去还是现在。如果认为它属于过去，那么过去中就有现在的先兆；如果认为它属于现在，那么就是承认现在中有过去的拖延。现在与将来的关系也是如此。简言之，只要艾耶尔看到

① A. J. Ayer, *The Origins of Pragmatism: Studies in the Philosophy of Charles Peirce and William James*, p.250.

② A. J. Ayer, *The Origins of Pragmatism: Studies in the Philosophy of Charles Peirce and William James*, pp.250–251.

③ *PP*, Vol. I, p.636.

④ *PP*, Vol. I, p.643.

时间的边缘和过渡，他就会看到时间的连续性。反过来也是如此，只要他承认时间的连续性，他便不能否认时间的三个向度之间的融合与原初构成。也许用一个例子能更清楚地说明这一点。即使根据艾耶尔对时间的定义，它也不能驳倒詹姆士的时间观。拿一把一厘米长的标尺，沿着水流的方向平放在河水中，凡与这标尺重叠的部分即是现在，一个个的现在必定是不断变化的、流动的。如果我们感觉到的第一个现在是ABC，那么第二个现在便是BCD，第三个现在是CDE，第四个现在是DEF……我们对于时间的感觉不可能是第一个现在是ABC，第二个现在是DEF，第三个现在是GHI……各个现在之间毫无关联。从第二个现在开始，每一个现在都包含着前一个现在的持存部分，也都包含着下一个现在（将来）的先兆。每一个现在总是当下，这个当下总是包含着"刚过去的现在"（过去）的余韵和"将要到来的现在"（将来）的先兆。而当下的现在，如BCD中，我们还不能把B叫作明确的过去，因为作为现在的一个边缘它还没有完全过去，同样也不能把D叫作将来，因为它作为其一部分的、将要到来的下一个现在（CDE）尚未到来，那么我们怎么称呼当下的现在？我们只能说它是现在或者似是而非的现在，它包含着过去的持存和将来的预兆。就像詹姆士后来在《彻底经验主义》中所说的，这种过渡或连接性关系，"就它的到来显然是作为过去的连续来说，它是'属于'过去的；而当它来到时，就未来将会把它连续下去来说，它是属于'未来'的"[①]。这不是一个非此即彼的关系，而是亦此亦彼的关系。当然逻辑上不允许这样，但是我们每时每刻的时间感觉却都是如此。

西方哲学界流行着一种奇怪的说法：詹姆士厌恶逻辑，因为他没有学习逻辑的天赋。这可能源于他对逻辑的批评。但是凡是阅读过詹姆士著作的人，谁能说他的思想没有逻辑。读一读他对逻辑的批判，便可知他对逻辑的认识是多么深刻。而他的思想流学说还给逻辑学家皮尔士以深刻启发，促使他对逻辑进行改进。[②]他对逻辑的批评实际上是批评一些理性主义者对逻辑的过度崇拜，把逻辑看成理解世界的唯一合法或有效的工具，看成解释世界的唯一正确方式，看不到逻辑的筛子所漏掉的感觉之水和经验之流。也许事实并非詹姆士不懂逻辑，而是墨守逻辑的哲学家不懂得詹姆士。

简言之，由于艾耶尔从逻辑的观点看待时间，要划出界线分明的现在、过去与将来，他的时间中就没有了边缘。他不能理解詹姆士对于时间边缘的描述，不

---

① *ERE*, p.87.

② R. B. Perry, *The Thought and Character of William James*, Vol. II. p.413.

能容忍亦此亦彼的边缘的模糊性质，这导致他把詹姆士那里的过去、现在与将来的内在构成关系理解成外在的先于或后于关系。对时间知觉的误读是艾耶尔误解詹姆士的思想流学说和彻底经验主义的根源。这也再一次说明，对思想的时间性的把握是解读詹姆士的关键所在。如果在这个问题上差之毫厘，对詹姆士其他学说的理解便可能会谬以千里。

思想是时间性的现象，它是边缘中的内在构成。在《心理学原理》中，思想的这个原初结构就像一部经典的小提琴协奏曲的主旋律，不断地回旋，而它的每一次呈现都将我们引向新的境域，都展开更丰富的景象。詹姆士的非现成的境域生成思路无论在感觉、还是在注意、想象、联想、记忆等等意识状态中都回荡着或前行着。它造成了思想的变化，也成就了思想的连续。这个旋律开启出一个又一个令人着迷的心理世界。这样一个境域生成的思路一直延伸到他后期的哲学著作中，在那里，“我们所遇到的一切事物都有它本身的持续期间和大小，而这两者又模糊地被一种‘更多’的边缘环绕着，它一直延伸到下一个事物的持续期间和大小中去”[①]。

---

① *P*, p.118.

第五章　思想流

一、思想的属我性质

詹姆士的心理学研究的“是在个人的意识里、在各个心里、在各个具体的特殊的我和你里可以见到的意识状态”[①]，他把不属于任何人的纯粹思想从心理学中排除出去，“因为我们对此毫无经验”[②]。正是由于这个原因，他把思想的个人属性或属我性质确定为思想的第一个特征。

思想的属我性质指每个思想都被隔离在每一个个人或“我”之中。一个人意识里的思想不会与另一个人意识里的思想直接见面，无论是时间上的共时，还是空间上的接近，还是性质和内容的类似，都不能把不同人的心理状态即思想融合在一起。詹姆士把思想间的这种隔阂称作自然界中最大的隔阂，“绝对的绝缘，不可简约的多元状态”[③]。因此，“基本的心理事实好像不是思想或这个思想或那个思想，而是我的思想，每一个为个人所拥有的思想”。也可以说，心理学的直接材料不是思想而是个人自我，“普遍的意识事实不是“感觉和思想存在”，而是“我思想”和“我感觉”。[④]因为“每一个思想都趋向于显现为个人意识的一部分”[⑤]。

詹姆士这里所说的“我”是意识状态的载体，这样的“我”显然不可能超出我的心灵之外。需要指出的是，这不是詹姆士对于“我”的唯一规定。当詹姆

① *PP*, Vol. I, p.226.

② *PP*, Vol. I, p.226.

③ *PP*, Vol. I, p.226.

④ *PP*, Vol. I, p.226.

⑤ *PP*, Vol. I, p.226.

士在《心理学原理》第十章论述自我意识时，也就是当他不仅通过意识活动而且通过意识内容来解释自我时，他基本上将“我”等同于“我的”，这样的自我就不再是完全封闭的我了。詹姆士在那里把自我它分成三部分：第一，它的组成成分；第二，这些成分激起的感觉和情绪：“自我感觉”（Self-feeling）；第三，这些成分引发的行为：“自我追求和自我保存”（Self-seeking and Self-preservation）。自我的组成成分又可以分成两类：经验自我和纯粹自我。“我们每个人的经验自我是他想用我这个词来说的一切。”[1]经验自我包括：物质自我（the material Self）、社会自我（the social Self）、精神自我（the spiritual Self）。物质自我指我们每个人的身体、衣服、亲属、家以及资产等等。社会自我指从同伴那里获得的承认，“一个人，有多少人认识他，脑子里装有他的形象，就有多少个自我……有多少他在意其看法的不同人群，他就有多少个社会自我”[2]。詹姆士认为物质自我和社会自我是自我的变动不居的成分，“它们有时被当作‘我’，而有时又似乎与‘我’毫无关系”[3]。精神自我“就其属于经验之我而言，指一个人内心的或主观的存在，具体而言，即他的心理官能或性情……这些心理倾向是自我中最持久最内在的部分，也是我们似乎真正所是的部分……只有当它们改变了，我们才说这人不再是他自己了”。[4]纯粹自我（Ego）只是个人统一的空洞原则。根据詹姆士对于自我的最广义的描述，就像有的学者所说的那样，他实际上“把自我看成了以公开的和可观察的方式展现在世界面前的我”[5]，“在詹姆士看来，自我并非深藏于我们内心的完全私人性的和内在的东西”[6]。但是这已经不是单从思想而是也从思想的对象和后果来规定自我了，

---

① *PP*, Vol. I, p.291.

② *PP*, Vol. I, p.294.

③ *PP*, Vol. I, p.291.

④ *PP*, Vol. I, p.296. 詹姆士这里似乎混淆了自我的同一性与对象的同一性。关于一个人的同一性问题关涉到两个方面，即作为自我的同一性和作为对象的同一性。一个人失去了记忆，记不得昨天发生的事情，他就不能把昨天的自己与今天的自己看成同一个人，从而丧失了自我或人格的同一性。但是，别人根据他的体貌、言语、活动等特征仍然把他视为同一个人。这就是说，自我的同一性是通过意识和记忆形成的，而作为对象的同一性有赖于体貌、言语、活动等特征。所以我们不会像詹姆士这里所说的那样，因为一个人内在的心理倾向发生了改变，就说“这人不再是他自己了”。洛克曾通过区分人格和人这两个概念来区分这两种同一性。笔者曾在“从陈康与刘述先的争论看事物的个体性与同一性”（《哲学分析》第6 卷，第4 期，第53-64页）一文中对这个问题做出过讨论。

⑤ Don Browning, *pluralism and personality*, Cranbury: Associated University Press, 1980, p.91.

⑥ G. William Barnard, *Exploring Unseen Worlds: William James and the Philosophy of Mysticism*, Albany, New York: State University of New York Press, 1997, p.150.

它不是詹姆士在论述思想流时所说的自我，即不是每一个思想都趋向于显现为其一部分的个人意识。

詹姆士说思想“趋向于显现”而不说“显现”为个人意识的一部分，是因为存在着两类或两个系列的思想或人格。一类是显性意识，它们总显现为个人意识的一部分；此外，还有潜意识人格（sub-conscious personality）、自动书写（automatic writing）等意识事实。对于这类潜意识，詹姆士十分重视，他说：“自从我成为这门科学的学生以来，心理学中最重要的进步是于1886年首先发现的下列事实：至少在某些人那里，不仅有对于通常的场（具有其通常的中心与边缘）的意识，而且还另有一组边缘外的记忆、思想和感觉，它们完全处在原来的意识之外，但我们必须把它们看成某种能够以明确无误的符号显示其存在的意识事实。我称之为最重要的进步是因为，这个发现与心理学所取得的其他进步不同，它向我们揭示了人性构成中一个完全不为人知的特殊状态。心理学中没有哪个进步能够自命有这种功劳。”①

根据詹姆士的描述，这些潜意识是生活经验的沉淀，它们潜伏在显意识的边缘。作为第二人格的自我，它们大多数都很拙笨，很狭小，通常与本人的常态相隔绝，不显现为个人意识的一部分。但是这个自我也构成了意识的统一体，具有连续的记忆，会说，会写，甚至会替自己起特殊的名字，或采用别人提出的名字。这些第二人格都是非常态的，是单个完整自我人格分裂成两部分的结果——一部分藏在背后，另一部分作为一个人的唯一自我出现于表面。虽然这样形成的一个第二自我的大小取决于主要意识分出来的思想数目的多少，但是这种自我的形式总有形成人格的趋势，它的较后的思想会记得较前的思想，并把较前的思想认作它们自己的部分。②

根据詹姆士的表述，第二人格虽然简陋，但还是有组织的人格，有记忆，有习惯，认得自己。在第二人格之下还存在着无组织无人格的思想。詹姆士引用心理学家M.庄纳（M. Janet）的实验证明：即使这些思想也仍然伴有感觉。它们是散碎的感觉，心理的碎屑，没有被综合在任何人格内，一般不为人所知。但是，就是这些拙笨到不可名状的思想也有发展为记忆的趋势，也趋向于具有个人意识的形式。因此詹姆士说：“所有思想都趋向于显现为个人意识的形式。”③“无

① *VRE*, P.233.

② *PP*, Vol. I, p.227.

③ *PP*, Vol. I, p.229.

论我们对思想借以显现的个人自我的形式作多么深入的分析，心理学研究的思想都持续地趋向于显现为个人自我的部分，这是并且一定是真的。”[①]

无论是显意识还是第二人格都不是外在于思想的东西，思想从根本上是一个不断趋向于显现为个人意识的心理活动，不会溢出个体之外。这种第二人格或潜意识还承载着宗教意义。詹姆士在《宗教经验种种》一书中认为人们可能通过潜意识或者更边缘的意识获得宗教经验，因此从自然到宗教是经验中的连续过渡。第二人格（或分裂人格）的存在事实说明了意识的多元性以及它的非形而上学的统一性。他说："有意识的自我与更广大的自我是连续的，救赎的经验来自这个更广大的自我，这是宗教经验的肯定内容，在我看来，它具有真正的客观的实在性。"[②]詹姆士认为，我们通过潜意识和更边缘的意识可以深入我们存在的边远范围，进入一个不同于可感觉世界和可理解世界的另一个世界。他把它叫作神秘领域或超自然领域。他说："从我们的格外边缘的自我出发，我们就在其遥远的边缘与神相交了。"[③]

有人认为把自我"人格化"是哲学上的一个重大谬误。詹姆士认为自我与人格并不一定是一对相互冲突的概念。关键在于不要使这个自我外在于思想。如果思想系列本身就是人格概念的原本，把这个系列人格化并没有错，因为它早已人格化了。如果人格概念仅指与这个思想系列内的任何事物根本不同的一个东西，这个人格化才是谬误，因为把自我解释成外在于思想的东西，便使自我毫无价值，这样的解释是对自我的最坏的解释。[④]

詹姆士关于边缘意识的学说在当时以及以后相当长的时期内在美国心理学界并未受到重视。弗洛伊德发展了类似的学说即精神分析理论，这个理论广为人知。詹姆士和弗洛伊德都认为，除了通常意义上的完全清醒的显意识之外，还存在着阈下意识。詹姆士曾在《宗教经验种种》中称赞弗洛伊德和另外几位心理学家对于阈下意识的解释。[⑤]通常人们认为詹姆士所说的边缘意识或第二人格学说与弗洛伊德的潜意识学说是一致的，有人还把弗洛伊德看成詹姆士的"继承者"[⑥]，实际上他们的学说之间存在着明显的差别。例如，弗洛伊德认为在人的

① *PP*, Vol. I, p.227.

② *VRE*, p.515.

③ *VRE*, p.518.

④ *PP*, Vol. I, pp.226-227.

⑤ *VRE*, pp.234-235.

⑥ G. William Barnard, *Exploring Unseen Worlds: William James and the Philosophy of Mysticism*, p.76.

整个生理过程中无意识起决定作用；詹姆士虽然认为边缘意识对显意识具有影响，但是他认为显意识不能解释的现象，才通过边缘意识得到解释。再者，詹姆士后来通过对边缘意识的解释走向了宗教，他认为科学与宗教是人的共同需要，是可以和谐共存的，他甚至在《宗教经验种种》一书中提出了一种“宗教科学”。在弗洛伊德看来科学与宗教是不相容的，一位学者曾说：“如果弗洛伊德是一个像詹姆士那样的信仰者，他可能不会提出自己的精神分析理论。”[①]这里需要指出的是，詹姆士虽然肯定宗教对象的存在，但他（至少在《宗教经验种种》中）并不认为宗教对象是超验的实体。一些学者例如罗蒂认为弗洛伊德对于“更广大的自我”所做的自然主义的理解是詹姆士所不可能接受的，[②]这些学者认为詹姆士（尤其是在《宗教经验种种》里）对于边缘意识做了超自然的解释，认为詹姆士承认超验的实体存在。詹姆士在《宗教经验种种》中的确肯定了“神秘的”经验对象或者上帝的存在，但是他认为它们并不是超验的或超自然的对象，而是经验对象，人们通过边缘意识经验到的对象。此外，詹姆士对弗洛伊德关于梦的学说也不以为然，他认为弗洛伊德的“象征主义”是最危险的方法。[③]詹姆士在晚年才与弗洛伊德见面。根据詹姆士的说法，弗洛伊德留给他的印象是满脑子固执观念。

詹姆士的思想概念的提出以及对思想的个人属性的界定，是他与当时美国心理学界盛行的形而上之风划清界限，以另辟新途，倡导一种新心理学的表现，是他在美国首倡心理学这门科学的一个标志。詹姆士把这一点作为思想的第一个特征，意在排除唯心主义的非经验的绝对思想概念，重申他的心理学的自然科学立场和经验主义立场。因为那种绝对思想不是心理学的合适论题，对它的探讨会分散他所要讨论的主题，使他对心理活动的描述和解释难以进行和深入下去。他认为如果要对它进行探讨，“需要写一整架的书”[④]。另一方面，詹姆士揭示了以往心理学所忽视的不可言表的边缘心理现象，揭示了意识与经验的模糊性和多样性，用威廉·约瑟夫·加文（William Joseph Gavin）的话说，詹姆士向我们显示

---

① Peter Gay, *A Godless Jew: Freud, Atheism, and the making of psychoanalysis*, New Haven: Yale University Press, 1987, p.31.

② Richard Rorty, “Some Inconsistencies in James’ s Varieties”, in *William James and a Science of Religions: Reexperiencing The Varieties of Religious Experience*, ed. Wayne Proudfoot, New York: Columbia University Press, 2004, p.88.

③ *LWJTF*, p.224.

④ *PBC*, p.3.

“意识比我们对它的了解要丰富得多”[①]。所以詹姆士将思想的个人属性作为第一个特征是有深意的，它进一步明确了詹姆士心理学的范围，同时这个特征也是下面几个特征的基础。思想的其他几个特征，像思想的变化、思想的连续、思想的认知、思想的选择都是在个人意识之内的特征。

二、思想的变化

詹姆士在《心理学原理》中说：“在每个人的意识之内，思想总是在变化的。”[②]他把这视为思想的一个特征。詹姆士说思想是变化的，并不是说绝没有一个心理状态能稍微持久，即便真是如此，也难以证实。詹姆士“特别比较注意的变化是发生在可感觉到的时间段中的变化”；他要强调的事实是：“没有任何一个状态，一经过去，还能够再现，能够与它以前的状态相同。”[③]这里詹姆士所言的变化包括两个要素：一是时间段——稍微持久的或可感觉到的时间段；二是思想的不可重复性，一经过去便不能再现。

对于感觉或思想的变化人们都能认同，但是对于这种现象的解释自古就存在着不同的意见。根据赫拉克利特的观点，没有哪个感觉能够重复出现。柏拉图则认为尽管各种具体的感觉和思想千变万化，生灭无常，但分有或模仿同一理念的诸多感觉或思想在本质上是相同的。柏拉图的这个理论在相当大的程度上被沿袭下来，近代以前的西方哲学尽管派别林立，但它们几乎都自觉不自觉地承认这一点，认为存在着本质同一的诸多感觉或思想，无论它们是具体的还是抽象的。近代以来的心理原子主义也认为，思想的变化只是表面现象，它的基本要素是不变的。根据这种观点，人们“能够在心灵的逐渐溶解的景象表面看到流变中永远不变的任何种类的简单事实”[④]。詹姆士认为关于诸多思想同一的看法源于对思想与对象的混淆。

（一）思想与对象

对于思想与对象的严格区分是詹姆士心理学的一个基本区分，这个区分贯穿

① W. J. Gavin, *William James and the reinstatement of the vague*, Philadelphia: Temple University Press, 1992, p.28.

② *PP*, Vol. I, p.225.

③ *PP*, Vol. I, pp.229-230.

④ *PP*, Vol. I, p.230.

于整个《心理学原理》之中，是他的意识流学说得以确立的前提之一。詹姆士首先肯定思想与对象是两个不同的东西，然后进一步指出思想或感觉是变化的，对象可以是同一的。他说："能够被两次得到的是同一个对象"[①]，"没有证据表明我们会两次得到完全相同的身体感觉。"[②]感觉的同一性是不可能的，我们平时所谓的相同感觉实际上来自于对同一个对象的确定，这种情况之所以会发生，一个重要原因在于人们混淆了感觉与对象或者心理活动与事物，把事物、对象的性质误认为思想、心理活动的性质。在詹姆士看来这种混淆主要有以下原因：

原因之一是专注于目的，忽略了手段。人的精神生活的基本特征之一是对于目的的追求与手段的选择。在这方面人与非人的区别在于，人的目的是确定的，其手段和方法则是可变通的。为了实现目的可采取不同的方法和手段，这往往使人们忽略了手段或方法的性质或状况。我们一再听到同一的音符，看到同一色调的颜色，闻到同样的香味。各种各样的实在，具体的和抽象的，物质的和观念的，这些我们相信其永恒存在的对象，不断出现于我们思想之前，我们就漫不经心地以为我们关于它们的观念也是同一个观念。其之所以如此，乃是因为我们长期形成的习惯使我们"并不专门把感觉看作主观事实，而仅仅把它们作为通向认识实在的垫脚石，这些实在才是我们要揭示的"[③]。这就是说，"事物的同一性才是我们要确定的；凡是能使我们确信事物的同一性的感觉，都可能被我们认为彼此大体相同"[④]。我们的兴趣和注意力集中于事物的同一性和思想的功能上，而忽略了思想的变化。

原因之二是语言。语言的使用混淆了思想与对象，妨碍了我们对于思想变化的认识。其一是起于言语的误导作用。我们缺少描写心理活动的语词。语言并不是心理学家创立的，而是一般人根据其心理状态所披露的事物造成的。每个人都要使用关于外部事物的词汇来描述我们的主要情感、我们的绝大多数理智活动以及各种审美体验。对于痛苦的对象的体验通常也是痛苦的体验；对于爱或憎的对象的知觉都趋向于成为可爱的或可憎的知觉；对于高尚事物的知觉就是高尚的知觉，等等。我们具有的基本感觉性质，像明亮、响亮、红、蓝、热、冷等都既可在客观的意义上也可在主观的意义上使用。它们代表外部的性质，也代表它们引

① *PP*, Vol. I, p.231.
② *PP*, Vol. I, p.231.
③ *PP*, Vol. I, p.231.
④ *PP*, Vol. I, p.231.

起的感觉，但是客观的含义是原初的。我们最经常用来描述感觉的大量名称，像草绿、花香、针刺般的痛等等也是由对象而来的。舒适的热度、可怕的风暴、不体面的行为，这些表达事物与我们的情感的关系的词也是从客观方面来说的。[①]虽然这些词的模棱两可或双关性在一个词的源初意义上是很自然的事情[②]，但是我们往往“有种根深蒂固的做法，惯于把名称变为实物”[③]。一旦我们造了一个词用以意指某一组现象，我们往往就倾向于认为在这个现象之外有一个实体存在，这个词就是命名它的。而词的缺乏常常导致截然相反的错误，我们会以为没有表达某个东西的词，便没有某个东西存在，这样我们就会忽略那些专属于我们的心理现象，从而很难将我们的注意力集中于那些未命名的现象上。[④]

詹姆士认为，以外部事物来描述人的心理状态，还容易导致以思想所指的事物的法则来应用于思想自身，从而导致事物与观念之间的平行论。由于我们用思想的对象命名思想，便假定对象是什么，思想必定是什么。由此，关于某个东西的思想一定是关于这个东西的各部分的思想合成的思想，如军队这个观念必定是许多个人的观念合成的观念。关于若干相互区别的事物的思想只能由若干相互区别的思想的部分组成。关于抽象或普遍对象的观念只能是抽象或普遍的观念。如果东西是一个系列，那么只有一系列的思想才能知道它。如果东西是永恒的，那么关于它的思想也是永恒的。如果这个东西的某一部分从前曾在这同一个东西里出现过，那么我们此刻关于这部分的观念就是关于从前那部分的观念。就像每一个对象可以来来往往、被遗忘又被记起一样，关于它的思想也被认为恰好具有类似的独立性、自我同一性和流动性。关于对象反复发生的特性的思想，也被看作关于它的思想所具有的特性。对于多样性、共存和连续的知觉，分别被认为只有通过知觉的多样性、共存和连续才能产生。这样就极容易把思想或观念实体化。詹姆士说：“源于洛克和休谟的英国心理学以及源于赫伯特的德国心理学，就都把‘观念’当作来来往往的分离的主观实体。”[⑤]

但是，“感觉的全部历史都表明，我们不能断定两个分别被接受的感觉是否

---

① *PP*, Vol. I, pp.194-196. 詹姆士在后期认为，人的原初感觉本身就是暧昧模糊和模棱两可的，因此这些词的两可用法并非人们任意决定的，而是有经验依据的。参见 *ERE*, pp.34-36, pp.217-220.

② *ERE*, p.152.

③ *P*, p.66.

④ *PP*, Vol. I, pp.194-195.

⑤ *PP*, Vol. I, p.196.

确实相同”[①]。这是因为每一个感觉都是在时间中构成的，都是带有边缘的，都是在其边缘中发生的，而构成它的条件和边缘不会重复。

（二）共同感知

根据詹姆士的观点，我们对一切事物的感知都是带有边缘的感知。我们的一切感觉都服从对比律，一个被给予的感觉与我们同时得到的任何其他感觉的比率，比这个感觉的绝对质或量更能引起我们的注意。“当两个对象一起作用于我们时，任何一个单独给予我们的感觉都变成了一个不同的感觉。”[②]一般说来，一个对象的颜色和亮度总是明显地影响到同时或紧接着看到的另一个对象的颜色和亮度。当一切都是黑色的时候，一个稍微比较不黑的感觉就使我们把它看作白色。我们的时间感觉也像其他感觉一样服从对比律。如果一个时间间隔紧接在一个较长的时间间隔之后，它就显得较短暂；如果紧接在一个较短的时间间隔之后，它就显得较长。[③]感知内容的变化也会改变知觉，用内容“充满的时间片断似乎比同样绵延的空的时间片断显得要长”[④]。

除了上述对比现象，詹姆士还举出许多别的事实来证明这个观点。例如，某些皮肤浸入热水中，获得某种热的感觉；当更多的皮肤浸入热水中时，会感到更热，尽管水的温度是一样的。刺激的量的一定范围和强度，是感知任何质所必需的，这使对任何一点的感知都离不开对周围部分的感知。而且“我们所有的感官都相互影响彼此的感觉”[⑤]，例如，与我们有一定距离的若干块颜色，我们不能感觉到它们，但是当一个声音贴近耳朵时，我们却知觉到了它们。当听到声音时，视觉的敏锐性增加了，因此原先因为太远而看不到的东西现在被看到了。虽然不同感官的相互影响在个人之间存在着种类和程度的不同，但每个人似乎都受到这种影响。我们大都体验过，疼痛随着噪音和光亮的增加而增加，恶心被任何伴随状态所加强，而病人总是本能地寻求安静和黑暗，等等。

我们的任何一个感知都不仅仅是对一个纯粹的对象点进行感知。我们在感知

---

① *PP*, Vol. I, p.231.

② *PP*, Vol. II, p.28.

③ *PP*, Vol. I, p.618.

④ *PP*, Vol. I, p.618.

⑤ *PP*, Vol. II, p.29.

某一东西时，总是把这个东西与它周围的事物一同感知。我们对这个东西周围事物的感知会影响我们对于它的感知。我把詹姆士这里所说的对于周围事物的感知称为“共同感知”。也就是说，感觉是在边缘域中构成的，核心与边缘域之间的关系影响着我们对于核心的感知。如果我们要得到两个相同的感觉，那么我们必须在同样的边缘域中来感觉它，而且我们感觉它的心理状态也必须恰好同一，而这是不可能的。

在詹姆士看来，我们的心理状态永远不会恰好同一。严格说来，我们关于一个事实的每一个思想都是独一无二的，它与我们关于这同一事实的其他思想只有种类上的相似。当同一事实再现的时候，我们必定是以一种新的方式思想它，从一个多少不同的角度观看它，在一种不同的关系中领会它。“我们借以认知它的思想是关于‘它—在—它的—关系中’的思想，这个思想浸润在关于那整个模糊境域的意识里。”[1]而且我们的感觉能力也总在变化之中，这也使同一个对象不可能再给我们同一的感觉。马赫在《感觉的分析》中表达了相似的观点，他说：“我们感觉到注意力所做的功是时间。在努力注意时，时间对我们变长，在轻松工作时，时间则对我们变短。在知觉不敏的状态中，当我们几乎不注意我们周围的环境时，时间飞快地过去了。当我们的注意力完全用尽时，我们就入睡了。”[2]就短暂的时间而言，眼睛对光的感受能力在最初暴露于光下的时候最大，随后就迅速地变得迟钝了。从长远的时间来看，我们看事物的眼光随着时光的流逝在不断地改变。“随着年龄的增长，时间度量也就似乎改变了。与我少年时期的白昼相比，现在的白昼对我显得多么短促！”[3]这种变化不仅以大跨度和强有力的方式改变着我们，也在各种程度上影响着我们，甚至发生在难以觉察的从一小时到另一小时的思想过渡中。还有一些心理状态的变化和差异可能从未被感觉到，要通过一系列的间接推想才能得知。尽管如此，我们却从不怀疑我们的感觉解释的是同一个世界，不怀疑这个世界具有相同的感觉性质和相同的事物。

詹姆士进一步从生理基础上来说明我们的感觉和思想的变化。他说：“在这些间接的根据——我们的感觉，随着我们感受能力的变化，总在进行着重要的变化——之上，必须再加上另外一个根据——脑中必定发生的事情。每个感觉都对应于某些大脑作用。要使同一个感觉再次产生，它必须再次产生于未经变化的脑

---

① *PP*, Vol. I, p.233.

② [奥] 马赫：《感觉的分析》，第193页。

③ [奥] 马赫：《感觉的分析》，第193页。

中。”[①]严格说来，这种情况在生理上是不可能的，因此一个未经变化而反复再现的感觉也是不可能的，因为相应于每一个无论多么微细的脑变化，一定对应着脑作用下的一个同样量的感觉变化。生理基础决定了我们心理状态的变化，从而使可重复的同一的感觉成为不可能。而且，即使我们假定心理状态恰好同一，我们也不可能得到两个相同的感觉，因为不仅当下的感觉对比在不同时刻是不同的，过去的经验在每一刻也都在影响我们的感知。

（三）过去的经验

詹姆士认为每一个当下的思想都是在其边缘中，在刚刚过去的思想的延迟和朝向将来的趋向中构成的。不仅如此，已经过去的思想也会施加自己的影响。他说如果新生婴儿脑中产生的第一个感觉是纯粹的感觉，那么这个经验就“在脑回上产生了‘难以想象的触动’，当感官传递的下一个印象产生一个脑反应时，被唤起的第一个印象的余留部分就会发挥作用。[其后的]另一种感觉和更高级的认识是必然的结果；认识的必然性不断增加，直至生命结束，没有两个前后相继的印象落在同一个脑上[每个脑都是已经被前面的认知活动改变了的]，没有两个前后相继的思想完全相同”[②]。

也就是说，每一个已经过去的经验都有可能影响到现在的思想和感觉，每一个已经过去和正在经历的经验都有可能影响未来的观念。现在的印象会随它之前的印象的不同而不同，就像一种颜色跟在另一种颜色之后会因对比而改变。如果我们突然睁开眼睛看向一个景象，然后将它完全笼罩在黑暗之中，这时我们似乎透过黑暗的背景看到这个景象正处于幽灵般的光中。我们能够迅速地读出刚才睁大眼睛都未注意到的细节。[③]我们对声音的感觉也是如此，一个音符，在顺音越唱越高的时候，和越唱越低的时候，听起来觉得不一样。马赫也谈到类似的现象：“假定在律音C之后的是律音D，则这里得到的印象完全不同于在C跟着D时得到的印象。”[④]詹姆士说，在音乐中整个美感的作用来自于一组音改变我们对于别一组音的感觉方式。同样，在思想上刚刚受到强烈刺激的脑的部分保存着一

① *PP*, Vol. I, pp.232-233.

② *PP*, Vol. II, p.8. 方括号中的内容为本书作者所加。

③ *PP*, Vol. I, p.645.

④ [奥] 马赫：《感觉的分析》，第191页。

种“创痕”，它就是我们此刻意识的一个条件，就是协同决定我们此刻怎么感觉并感觉什么的因素。甚至非强烈的神经刺激以及表面上无效的刺激的累积总和，也都表明脑中的变化无不在生理上具有效力，而且可以推测这种变化并非毫无心理结果。[①]

詹姆士说：“经验每时每刻都在重塑我们，我们对每一给定事物的心理反应，实际上是到那一刻为止对于整个世界的经验的结果。”[②]因为当我们思想的时候，我们的脑发生变化，并且脑的整个内部平衡也随着每拍的变化而变动。在某一时刻的内部变动恰好是什么状况，这是由许多因素造成的结果。每一个脑状态都部分地由整个过去系列的本质所决定。即使我们得到的是纯粹简单的感觉而不是结合在一起的事物，情况也是如此。即使那样，詹姆士说我们也不得不承认赫拉克利特而不是柏拉图所说的才符合经验事实。无论我们通常怎样说可以得到同一感觉，但是在严格的意义上我们永远不能两次踏进同一条生活流或感觉流。感觉或思想总在构成之中，总在边缘域中生成着，我们不可能具有两个完全一样的思想或感觉。

如果我们证明了这样一个假定，即感觉的简单观念能够以完全不变的方式再现，是无根据的，那么要假定我们思想内那些比较大的结合体是不变的，就更无根据了。“没有两个观念是完全相同的”，这是詹姆士一开始要证明的命题。这个命题初看似乎没有什么了不得，但在理论上非常重要。因为它进一步否定了思想实体和心理原子主义，“使我们不可能恭顺地步趋洛克学派或赫尔巴特学派的后尘了”[③]。而且理解了这个命题，我们便能够理解为什么詹姆士在《实用主义》中说“一切经验都是独特的，没有一个经验重复出现过两次”[④]，以及为什么他在《真理的意义》中强调“经验是一个不断给予我们新材料消化的过程”[⑤]。

詹姆士将意识状态设定为心理学研究的基本事实，他在这里又说意识状态是不断变化的。不断变化的意识状态如何能够成为心理学研究的对象？正如詹姆士自己在《心理学原理》的最后一章所言，一个心理状态必须持续存在某些时间才能给人印象，一个只持续百分之一秒的疼痛实际上不是疼痛。那么一个状态持续

---

① *PP*, Vol. I, p.234.

② *PP*, Vol. I, p.234.

③ *PP*, Vol. I, pp.235-236.

④ *P*, p.119.

⑤ *MT*, p.42.

多久才会被看作一个状态？例如在时间知觉中，被感知的“现在”即詹姆士所说的“似是而非”的现在可能是十二秒左右，那么作为认知者的“现在”需要多长时间？也就是说，为了把这十二秒知觉为刚才的过去，意识的最小持续时间是多少？或者能够认识事物的意识“状态”的最小持续时间是多少？詹姆士说：“意识，作为时间中的过程，是一种悖论，这种悖论在所有连续的变化中都会见到。在这种事物中并不存在什么‘状态’，正如一个圆上不存在切面，或者正如箭飞行的时候不存在它所‘在’的位置。”[①]如果每一事物都是变化和过程，我们如何能够谈论“状态”？但是如果没有“状态”，我们如何描述我们知识的工具是什么？这是非常令人困惑的问题。但是詹姆士认为它们是形而上学问题，心理学可以悬置这些问题。

三、思想的连续

詹姆士通过连续的对立面来界定连续，他说“连续的”指的是“没有间断（breach）、裂痕（crack）或分离（division）”[②]。如前所述，詹姆士认为心与心之间的绝缘状态使它们之间不存在直接的连续，所以思想的连续是就一个人心中的思想而言的。詹姆士认为在每个人心中间断有两种，其一是“中断（*interruptions*）或时间间隔（*time-gaps*），其间意识完全消失，过了一会儿又发生”；其二是“思想的性质或内容的断裂（breaks），断裂得如此急剧，以致后一段与前一段毫无关系”[③]。

詹姆士将时间间断分为两种：意识自身觉知到的时间间断与意识自身未觉到的时间间断。意识自身未觉到的时间间断指类似一氧化碳或麻醉药所导致的无意识状态，它是一种外在中断而内在连续（在外部看来中断而意识感到连续）的状态。例如我们打了麻醉针做手术，在这样的状态中，我们可能活过一段实在的外界时间，但是没有感觉到这段时间，也不能凭借内部符号推测到它。这个意识缺口的两端彼此粘接得十分平滑紧密，我们只有看见了伤痕，才相信自己经过了一段直接意识曾经消失的阶段。我们所谓的意识的连续，是从意识内部看来的连续，意识本身的连续，如果意识知觉不到上述中断，它就不

---

① *PBC*, p.466.

② *PP*, Vol. I, p.237.

③ *PP*, Vol. I, p.237.

可能把它们视为中断。[1]在一氧化碳或麻醉药所导致的无意识状态中，或者在癫痫和昏厥这样的无意识状态中，意识生活的两断头接连起来，把那缺口弥合，就像眼中盲点两边的空间感觉接连起来，把那客观的视觉中断弥合了一样。这样的意识，无论外在的心理学家如何看它，在意识自身看来是完全不间断的，因为它没有知觉到间断。清醒一天的意识在这一天内觉得一天是一个单位，这与说每小时是一个单位一样，它的各部分都前后衔接，没有任何外来的东西挤进这些部分中间。詹姆士说："要意识觉得它的这种客观连续中的中断是间断，就像要眼睛因为听不见而觉得寂静是间断，或者要耳朵因为看不见而觉得黑暗是间断一样。"[2]

詹姆士所说的意识知觉到的间断，即：不仅从外部看来我们经历了一个时间间断，而且意识自身也觉知到经过了这个时间间断。例如，我们睡醒之后，通常知道我们曾经一度处于无意识状态，而且往往对于这段无意识的时间有个比较准确的判断（尽管这个判断是根据知觉到的标记所做的推论）。在休谟看来在这段睡眠时间内知觉是不存在的，他说："觉察不到我自己，因而真正可以说[自我]是不存在的。"[3]而在詹姆士看来，这种情况虽然与上面那种情况不同，即意识从它本身看是中断不连的，但是从连续性的另一个意义来看，各部分的感觉是内在贯穿而打成一片的，意识仍然能感觉到是连续一体的，因为它们都是一个共同整体的一部分。这个共同整体就是"我自己（*myself*）、我（*I*, or *me*）"。[4]也就是说，这些部分之所以是连续的乃是因为它们是"我"的部分，"我"这个整体赋予它们连续性。"我"何以使这些部分具有连续性？因为在"我"之中，意识的不同部分拥有一种温暖和亲密（warmth and intimacy）。

因此，詹姆士的这个表述即"在每个人的意识内思想觉得是连续的"[5]有两个含义：第一，即使有时间上的间断，时间间断后的意识也觉得与时间间断前的意识是连成一片的，觉得是同一自我的另一部分；第二，意识的性质从一刻到另一刻的变化永远不是绝对突然的。[6]

---

① *PP*, Vol. I, p.237.

② *PP*, Vol. I, pp.237-238.

③ David Hume, *A Treatise of Human Nature*, p.300.

④ *PP*, Vol. I, p.238.

⑤ *PP*, Vol. I, p.225.

⑥ *PP*, Vol. I, p.237.

（一）温暖与亲密

在詹姆士看来情感与认识是内在贯穿和同根共生的。温暖和亲密本是情感知觉，但恰恰是这种情感知觉保证了自我认识的连续和统一。他通过一个例子来说明这一点。保罗和彼得睡在同一张床上，睡醒后的每个人都只与被睡眠打断的自己的意识连接起来。保罗的现在立刻找到保罗的过去，永远不会弄错而与彼得的过去连接起来。保罗过去的思想只被现在的保罗所占有，彼得也是如此。彼得也许对保罗临睡前那种恹恹欲睡的心境有知识，并且有正确的知识；但这种知识与他对于自己睡前心境的了解完全不同。他记得（*remembers*）自己的心理状态，但他只能设想（*conceives*）保罗的心理状态。被忆起的过去和虚构的过去在其他方面可能非常相似，但对于与我们自身的特别关系之感觉，赋予对象以特有的实在品质。纯粹想象的过去事件之不同于记忆的事件就在于这种特别的感觉关系的缺失。“记忆的对象只与信念的情感相粘连”[①]，“记忆就像直接感觉；它的对象浸透着温暖与亲密。仅仅设想的对象绝不会有这种温暖与亲密。”[②]在记忆的对象中不存在什么超验的东西，也不需要像灵魂或基本元素之类的特别能力，我们通过温暖和亲密这种感觉就可以对它做出说明。仅仅显示出过去事实的日期并不是记忆，“它必须被显示为我的过去的日期。换言之，我必定认为我直接经验到了它的发生。它必定具有我们……那种‘温暖和亲密’，这是所有经验为思想者‘拥有’、成为他自己的经验的标志”。[③]彼得现在的思想在他自己那里也有这样一种温暖、亲密和直接性。这个现在的思想说：就像这个现在确实是我，是我的，任何其他具有同样温暖、亲密和直接性的思想也实实在在是我，是我的。任何带着这些特征而来的思想，一定会受到现在心理状态的欢迎，为它拥有，被它认为与己同属于一个共有的自我。这种对于自我的共有性是时间间断所不能分成两半的。一个现在的思想，虽然感觉到时间上的断缺，还能够将它自己与过去思想的某些具体部分连成一气，就是这个原因。詹姆士在《心理学原理》第十章认为正是这种温暖和亲密造成了自我的同一。每一个个人意识的连续同一性就在于这样一个事实，即新经验出现，回忆旧经验，感到它们“温暖”，把它们作为

---

① *PP*, Vol. I, p.652.

② *PP*, Vol. I, p.239.

③ *PP*, Vol. I, p.650.

"我的"来欢迎和占有它们。[①]

我们在《彻底的经验主义》中看到与《心理学原理》中非常类似的论述：我的经验和你的经验在各种外在方式上是"在一起"的，但是我的经验来到我的经验里，你的经验到你的经验里，你的经验永远不能到我的经验里来，我的经验也永远不能到你的经验里去。[②]"在我的经验的后一时刻接续前一深刻时，我所真正感觉到的是，虽然它们是两个时刻，但从一个环节到另一个环节的过渡却是连续的。连续在这里是一个类型确定的经验，正如那种非连续性经验是确定的一样。当我使自己的一个经验过渡到你的一个经验时，我觉得那种非连续性经验是不可避免的。在后一种情况下，我不得不拿起再放下，不得不从一个亲自体验的事物过渡到另一个仅仅是设想的事物上去，这时中断被真正经验到和注意到了。尽管我的经验和你的经验所行使的功能可能是一样的（例如，认知同一对象和追求同一目的），但是这种情况下的同一性只有在中断被感觉到之后才被明显地确定；而从我的一个时刻到我的另一个时刻，对象和兴趣的同一是不中断的，前一个经验和后一个经验都是亲身直接体验的事物。"[③]

同一个自我中的一个思想到另一个思想的这种过渡，它们之间的这种连续，詹姆士在《彻底的经验主义》中将其称为"所有连接性关系中最亲密的连接性关系"[④]，也是"给哲学引起最多麻烦的连接性关系"[⑤]。同一自我中的一个思想到另一个思想、一个经验到另一个经验的这种过渡和连接，是詹姆士哲学中思想流和自我同一性得以可能的条件，也是他的彻底经验主义理论的一个关键部分。

（二）实体状态与过渡状态

虽然温暖和亲密使意识感到前后的连续，但在同一自我之内，在连成一气的思想中，似乎各个部分之间存在着一种衔接和分离，即思想流的前后节的性质呈现出突兀对照时所产生的断裂。一个忽然的打击、一个新东西的出现或者一个感觉上的变化，似乎都发生了一个实在的中断，并把意识横切开，而且本人也觉得是中断的。在这种情况下我们的意识还能是不断之流吗？

---

① *PP*, Vol.I,pp.330-342.

② *ERE*, pp.47-48.

③ *ERE*, p.49.

④ *ERE*, p.50.

⑤ *ERE*, p.47.

詹姆士认为这种看法部分是由于混淆了思想与对象，部分是由于肤浅的内省。前者是把应看作主观事实的思想本身与思想所意识到的事物混淆了。事物是分散的，不连的，它们以成串或成链的方式出现在我们面前，常常突如其来，把彼此互相切成两段。但是事物的来来往往以及彼此间的对照并未把思想它们的思想流截断，就像它们并不会把它们所处的时间和空间截断一样。静寂会被雷声打断，我们也许一时被这个打击弄得头昏脑乱而说不出是怎么回事，但这混乱也是个心理状态，是我们由静寂过渡到响声的一个状态。就像竹节并不是竹子的断裂，同样，关于这个对象的思想过渡到关于那个对象的思想，也不是思想上的断裂，“这种过渡是意识的一部分，就像竹节是竹子的一部分一样”[①]。

肤浅的内省是由于忽略了思想的内在构成而未能看到这样一个事实，即纵然事物彼此形成强烈的对比，但认识这些对象的思想间仍有很大的亲缘关系。以前的静寂之感觉默默地钻进雷声之感觉里面，并在雷声之感觉里继续下去；在雷响的时候，我们听见的不是纯粹的雷声，而是“打—破—静寂—并与—静寂—对照的—雷声”。我们对于这样发生的雷声感觉，与接着以前雷响的雷声感觉，即使这两个雷声是客观同一的，我们关于它的这两个感觉也是不同的。我们以为雷声把静寂消灭了，排除了，但对雷声的感觉也包含着对于刚刚过去的静寂的感觉。如前所述，要从人的实际具体意识中得到完全限于现在而丝毫不含过去的任何作用的感觉是不可能的。“在严格的和狭义的所谓思想里，最常见的无疑是始终跟着思想流动的那个对于思想从何而来与向何而去的意识。”[②]

詹姆士以神经生理学为基础，说明心理内容的这种渐进性和构成性。由于我们的脑的任何状态不会立刻消失，某个新状态出现时，旧状态由于惯性还会在那里，并相应地改变新状态出现的结果。如果神经道a最先受到强烈的刺激，随后神经道b，再后神经道c也受到强烈的刺激，那么现在的整个意识不单是c被刺激的结果，同时也是逐渐减弱的a和b被刺激的结果。三个不同的作用是同时存在的，与它们相应的思想尽管是它们的作用产生的，但不是这三者中的任何一个产生的。严格说来，无论第四个思想是什么，都与另外三个思想中的每一个有些相似，因为与这三个思想相应的神经道关涉（尽管这些神经道的作用减退很快）第四个思想的产生。

心理作用是与神经作用相应的。神经作用一变化，相应的心理作用也随之同

① *PP*, Vol. I, p.240.

② *PP*, Vol. I, p.242.

时变化。但是神经作用的变化永远不是绝对不连的，所以尽管先后相继的心理作用有时变化速度快，有时变化速度慢，但它们一定也是彼此间渐次推移，前承后继，互相融合的。这种变化速度的不同是我们心理状态不同的一个根源。在速度慢的时候，我们在比较安闲而稳定的情境之下感觉到我们思想的对象。在速度快的时候，我们感觉到一个过程，一种关系，一种从这个对象出发的过渡，或它与另一个对象之间的过渡。[①]

詹姆士把意识流形象地比作一只鸟的生活，它是飞翔与栖息的更迭。“栖息的地方通常是一种感觉性的想象（sensorial imagination），这种想象的特征是：我们可以无限期地把它放在心上，可以把它作为不变的对象来沉思它。飞翔的地方是关于或静或动的关系的思想，这些关系大多数是相对静止时期所沉思的事物之间的关系。”[②]詹姆士把思想流中静止的地方叫作“实体部分”（*substantive parts*），把飞翔的地方叫作“过渡部分”（*transitive parts*）。他说：“我们思想的主要目的似乎始终是，到达我们刚刚脱离的实体部分之外的另一个实体部分。因此可以说，过渡部分的主要作用就在于把我们从一个实体终点引到另一个实体终点。”[③]

过渡部分只是向着终点的飞行，如果在它到达终点之前，我们让其停下来看一下它们，实际上就把它们消灭了。而如果我们等到它们到达了终点，那么由于这个终点不仅比过渡部分强而有力，而且也稳定得多，它就以耀眼的光芒将过渡部分遮掩和吞没了。要对这些过渡部分进行内省，就像把一个思想从中间切断，观看它的横切面，这是非常困难的。思想的飞翔稍纵即逝，我们几乎总是还未来得及捉住它，它就已经到达了终点。或者即使我们足够敏捷，真的把它捉住了，那么它也就立刻不是其自身了。詹姆士说这就像抓在热手上的雪花已不是雪花，而变成了一滴水；我们在思想流中抓到的也不是对于飞向目的的关系的感觉，而是实体性的部分，通常是说出的最后一个字，硬邦邦的，它的功用、趋势和在句子中的独特意义都烟消云散了。我们要对这些部分进行内省分析，就像捏住一个旋转的陀螺以便抓住它的运动一样，或者像迅速打开电灯以便观察黑暗一样，几乎都不会有什么结果。芝诺悖论“飞矢不动”就是要人们像指出作为实体状态的位置一样，指出作为过渡状态的“飞行”——箭飞行的时候在什么地方。这样必

① *PP*, Vol. I, p.243.

② *PP*, Vol. I, p.243.

③ *PP*, Vol. I, p.243.

然产生悖谬，因为你不能指出来，一旦指出某个位置，它便不是运动了。

从影响心理状态的生理条件看，我们之所以不能通过内省捉住过渡部分，还因为它们是一闪即逝的印象，它们的刺激的影响过于短暂，不能保证自己一经消逝之后还会再现。这些心灵的前置性状态和连接性状态（prepositional and conjunctival states of mind）不能作为独立的事实被记忆。当我们说到“如何”或“尽管”时，我们难以忆起我们如何感觉。我们关于这些过渡状态的意识被封闭在它们自己的时刻，这使我们很难通过反省对其进行心理分析。[①]

正因为过渡部分的这些不易把捉的特征，人们往往忽视思想流的过渡部分而过于强调它的实体部分，就像我们忽视静寂与雷响之间的过渡，而认为两者之间的边际是一种心理上的断裂一样。詹姆士认为对于思想流的过渡部分的忽视在历史上有两种影响。一派思想家被它引向感觉主义，他们因为抓不住与关系和连接方式相应的感觉，没有见到反映这种关系的心理状态的名称，就否认有关系之感觉，其中很多人像休谟一样进一步否认心内与心外的大多数关系的实在性。这种观点的结论是：实体性的心理状态或感觉像骨牌似地彼此站立，排成一排，而其他一切都是空名。另一方面，理智主义虽然不愿放弃外在关系的实在性，但也不能指出认识这些关系的任何感觉，因此也否认对于关系之感觉的存在。理智主义认为这些关系一定不是由感性能力认识的，凡是与感觉所构成的主观材料相连并同质的心理作用，一定不能认识这些关系。它认为这些关系完全是由居于另一层次的能力认识的，这种能力是超验的思想、理智或理性的纯粹活动，它们比任何感性能力都优越。[②]

詹姆士认为感觉主义和理智主义都错了，我们不仅能感觉到物，也能感觉到物与物之间的关系。“如果有感觉这种东西，那么在自然事物中就确实有物与物之间的关系；我们同样确实并且更确实有认识这些关系的感觉。”[③]詹姆士说在我们的语言中，每一个连词或介词，甚至每一个副词短语、句法形式或语态变化都表示这样或那样的关系，这些关系都是我们在某一刻实际感觉到的关系。从客观方面说它们是被揭示的真实关系；从主观方面说它们是意识流，通过意识自身内部的色调与每个关系相当的意识流。无论从哪方面讲都存在着无数的关系。因此我们应该像说关于“蓝色”的感觉或者关于“寒冷”的感觉一样，说关于

① *PP*, Vol. I, pp.643-644.

② *PP*, Vol. I, pp.244-245; *ERE*, pp.43-44.

③ *PP*, Vol. I, p.245.

“和”的感觉，关于“如果”的感觉，关于“但是”的感觉，以及关于“被”的感觉。即使如此，我们现存的语言也不能把各色各样的关系完全表示出来。

传统的经验主义者或者唯名论者认为，并非有一个独立的名字，就一定有一个与它相应的独立事物，他们否定了抽象实体和抽象原则的存在，认为它们除了有个名字之外，毫无其他根据。詹姆士说就此而言他们是正确的，但是他们却没有提到与此相关的另一个谬误，即认为没有名字，就没有实在。由于这个谬误，一切无声的或无名的心理状态都被无情地遮蔽了；或者即使承认这些状态，也是按它们所达到的实体知觉，把它们叫作“关于”（about）这个对象或“关于”那个对象的思想。“‘关于’这个迟钝的词把这些状态的一切微妙特色都淹没在其单一的声调中，使实体部分越来越突出，越来越孤立。”[①]

关于实体部分与过渡部分的观点贯穿在詹姆士的思想发展进程之中，成为实用主义和彻底经验主义的一个重要的思想来源和有机部分。他认为在过渡里和在被连接的各关系项里有同样多的生命。经验的实体部分和过渡部分的连续的相互渗透，使经验本身可以从它的边缘生长起来，即“经验的一个时刻通过过渡而滋生到另一个时刻，这种过渡，无论是连接性的还是分离性的，使经验的结构得以连续”[②]。也正是这种过渡使得知识得以产生，真理得以证实。詹姆士关于思想流中实体部分与过渡部分的区分，皮尔士曾给予高度评价。他在给詹姆士的信中说：“在你的心理学中，没有什么比你对思想链的‘实体’部分与‘过渡’部分的区分更能满足我的目的。我不得不在逻辑中强调与此完全相应的区分，逻辑中的一个最重要也是最困难的操作是捉住飞行中的过渡，以实体的形式钉住它。”[③]

（三）趋势之觉

每一个当下思想的构成既包含前一个思想的持存，也包含朝向未来的趋势。詹姆士对于趋势之觉的描述是其意识流学说中重要而又精彩的部分，它充分展现了詹姆士思想的独特之处。在思想流学说中，“未名的（unnamed）心理状态与过渡性的心理状态同样重要，同样具有认知功能，而且同样被传统的感觉主义和

---

① *PP*, Vol. I, pp.245–246.

② *ERE*, p.87.

③ R. B. Perry, *The Thought and Character of William James*, Vol. II. p.413.

理智主义的心灵哲学所忽视。感觉主义者没有看到它，理智主义者看到它的认知功能，但否认这个功能来源于任何感觉”[①]。

詹姆士举例说，如果有三个人先后对我们说“等！”、“听！”、“看！”，虽然在听见三者之中任何一个的时候，我们心中并没有确定的对象，但是我们的意识却投入三种完全不同的期望态度。撇开各种实际的身体姿势，撇开这三个词在头脑中所产生的形象，我们心上还有个剩余的意识情状，对于一个方向——印象（尽管还不是确定的印象）要来的方向的一种意识。对于这些心理作用，我们除了等、听、看这些名字之外没有其他名称。这是一种没有对象的纯意向，它不是关于什么的意向，而仅仅是对一个(未确定的对象要来的)方向的意向，确切地说，这个方向也还是未确定的，只是显示可能将有一个方向。就是说，当我们听到这三个声音时，除了它们三个语音的不同，我们必定还感到意义的差异，这个意义的不同正像语言的不同，是在与它相应的意识情状中——虽然这个特性很难直接考察——认识和领悟的。[②]

詹姆士说在我们的一切能动的思想中，有一个为思想的一切部分所环绕的主题。在许多情况下这个主题是个问题，是个我们还不能用确定的图像、单词或短语补满的空隙。但是这个空隙却在心理上以很活跃很确定的心理方式左右我们。无论眼前的意向和词语是什么，我们总感到它们与这个恼人的空隙的关系。把这个空隙填满就是我们思想的归宿。有些思想使我们更接近那个归宿，有些思想被这个空隙认为与其无关而被拒绝。每个思想都在我们感到的关系的边缘中游动。或者我们甚至没有一个确定的空隙，而只有一个对它感兴趣的心理倾向。但是“无论这思想倾向多么晦昧，它的作用都是一样的，对于那些进入心中的表象，如果与这心理倾向符合，就有一种亲缘感，如果与这心理倾向无涉，则感到厌烦或冲突。”[③]

我们追忆一个被遗忘了的名字。此时我们的意识里有个缺口，但不是个纯粹的缺口。詹姆士说这缺口里好像有个名字的灵魂，指挥着我们朝向某个方向。如果所记得的名字没有出现，我们便感到沮丧。如果想起来的名字是错的，这个具体的缺口就立刻排斥它。两个字的缺口就其只作为缺口而言，好像都空无所有，可是我们觉得这一个字的缺口与那一个字的缺口是不同的。我的

---

① *PP*, Vol. I, pp.249-250.

② *PP*, Vol. I, p.252.

③ *PP*, Vol. I, p.259.

意识在我想记起“钢笔”而记不起来的时候，与我要记起“书”而记不起来的时候，其间的差别是很大的。也许有人会说，既然使两个意识不同的两个名字（“钢笔”和“书”）都未出现，这两个意识就只是一种进行回忆的努力而已，它们怎么可能不同呢？詹姆士说单就这两个努力本身而论它们是未名的，如果不用这些名字称呼它们，我们便不能指出它们有任何不同。我们只能借用尚未在心中的对象的名字指出这种不同。但是“无名（namelessness）并不是不存在。对于空白的意识（consciousnesses of emptiness）数不胜数，其中没有一个本身有名字，但个个彼此不同。通常都假定这些意识是意识的空白，因而都是一个状态，可是关于不存在的感觉与感觉的不存在是完全不同的两回事。关于不存在的感觉是个强烈的感觉。”①

詹姆士认为，对于上述方向或缺口，我们虽然没有明确的感观意象（sensorial images），但对它们仍有精细的辨别。感观意象是稳定的心理现象，是实体状态，而这些纯粹的动向是心理的过渡。它们的功能在于从这一组意象引向另一组意象。当它们经过的时候，我们以一种极其特别的、与意象自身呈现在心中很不同的方式感觉它们。在我们说我们懂得某人的意思的时候，那个对于这种意思的最初一瞥是个完全独特的心理状态。我们说话之先那要说一件事的意向是一个完全确定的意向，与其他一切意向不同，因而它是一个绝对独特的意识状态，但是它的成分几乎没有确定的语言意象或事物的感观意象。稍后，当语言和事物来到心上时，那里的预期意向、那里的先兆却消失了。②

詹姆士说：“‘趋势’不仅是从外面进行的描述，也是思想流中的对象；思想流从内部意识到它们”，“思想流的大部分是由对于趋势的感觉构成的”。③这些感觉往往非常模糊，我们无法为其命名。詹姆士的贡献就在于把这些模糊状态回复到它们在心理生活中应有的位置。传统心理学所说的确定意象在我们的实际心理生活中只占极小的部分。在传统心理学那里，河流只是由一盆一盆的、一瓢一瓢的、一壶一壶的、一桶一桶的水组成的。在詹姆士看来，即使这些盆、瓢、壶和桶都在河流中，也还有自由的水不断从它们的空隙中流动。传统心理学家们所忽视的正是这种自由的意识流。我们心中的确定意象个个都在它周围流动的自由水里浸渍着和濡染着。我们对于某个意象的或远或近的关系的感觉，对于

---

① *PP*, Vol. I, pp.251–252.

② *PP*, Vol. I, pp.253–254.

③ *PP*, Vol. I, p.254.

这意象来处的余感，对于它的去处的初觉，都与这个自由的水连带着。“这个意象的意义和价值整个都在这环绕护卫它的光晕或淡影里——或者应该说，那光影与这意象融合为一而变成它的精髓；当然，这意象还是像此前一样是关于同一个事物的意象，但这光与影却使它成为一个被重新看待、被重新理解的关于那个事物的意象。”[1]

根据詹姆士的观点，这样一种边缘趋势虽然没有明确的意象，虽然内省不能像昆虫学家把昆虫固定在针上一样转变、孤立和抓住这个事实并对其进行考察，但它是一种确定的意向，具有确定的功能。当我在两个不同句子中使用人这个字时，我可能用嘴唇发出两次完全相同的声音，在我的心灵眼睛（mental eye）中形成同一幅画面，但是我也知道在我每一次读出这个字和想象这幅画时，我的意指是完全不同的。因此当我说“苏格拉底是一个多么奇妙的人！”时，我完全知道我用“人”这个字时排除了柏拉图和亚里士多德。当我说“人是多么奇妙的东西！”时，我同样知道我的这个附加的意识是一种绝对肯定的感觉，它把在其他情形下仅仅是噪音和视像的东西转变成被理解的东西，并以一种完全确定的方式决定着我的思想序列，决定着较后的语词和形象。所以詹姆士说，正是心理的边缘趋势决定着概念的意义，“形象自身，核心，在功能上是最不重要的思想部分。因此，就心理学所及的范围而言，在唯名论和概念论的争吵中，我们关于‘边缘’的学说导向一个十分满意的解决。”[2]在这一问题上詹姆士趋向于概念论，他肯定“思想（从其显现的经验总体中分离、抽象的）事物、性质、关系或者可能存在的其他东西的能力，是我们思想中最无可争议的功能。”[3]

简言之，詹姆士认为不仅思想具有边缘趋势，字词也具有边缘趋势。他说：“我们的思想明显是连续的、统一的，而思想借以进行的字词、意象和其他手段似乎明显是分离不连的。[可是]在思想的所有实体部分之间存在着‘过渡’的意识，这些字词和意象也都是‘带边缘’的，而非像粗看之下那样似乎是分离不连的。”[4]“每个字都有感觉的心理泛音，它使我们更接近预先感到的结论。当一个句子在心上经过的时候，句子中所有的词都充满着三层关系边缘或光晕，它们使得出的结论有价值，并确认这个句子是一个完全连续的、统一

① *PP*, Vol. I, pp.254-255.

② *PP*, Vol. I, p.472.

③ *PP*, Vol. I, pp.472-473.

④ *PP*, Vol. I, p.271.

的、合理的思想表达。”[①]在这样一个句子中，我们不仅觉得每个词是词，而且觉得它有个意义。一个词的意义，放在一个句子中动态地看，与静态地或脱离具体语境来看，可能差别很大。通常一个词的动态意义可以约减为我们描述的纯粹边缘、对于与语境或结论相符与否的感觉的边缘。一个具体的词如“课本”或“北京”，其静态意义就是它所唤醒的感观意象；一个抽象的词例如“刑事立法”或“悖谬”，其意义就是它所引起的其他词所组成的定义。[②]根据詹姆士的这个观点，黑格尔所谓的纯粹的有与纯粹的无是同一的这个命题[③]，来自他静态地看待这两个词的意义，而不管它们在某个语境中的边缘域。孤立地看，这两个字（“纯粹的有”和“纯粹的无”）都不能引起感官意象，它们两个只在这一点上是相同的。可是，“动态地看或者把它们作为有意义的思想来看，我们就会感觉到并理解到它们的关系边缘，它们的亲缘和抵触，他们的功能和意义都是绝对相反的”[④]。

在《若干哲学问题》中，詹姆士进一步明确地这样看待概念，他说“人”这个概念包含着三种东西：其一，这个词自身；其二，一个关于人形态的模糊图像，它具有它自己的美丑价值；其三，象征或用符号表现某些对象，当时机到来时，我们可以从它那里预期人的反应。有些概念的形象部分非常模糊，它们的整个价值基本上都在其功能上。有些概念，例如“上帝”、“原因”、“实体”、“灵魂”等就不能使人想起任何确定的图像，“它们的意义完全在于它们的趋向，它们可能在将来引起我们的行为或思想”[⑤]。我们的经验具有各种各样的速度和方向，我们在大部分时候是生活在这些过渡的阶段中而不是生活在旅程的终点上，但“趋势经验已足以使我们据以行动”[⑥]。因此一个概念的意义的更重要的部分在于其引致的结果。任何一个人只要对一个概念具有一个清楚的观念，他都实在地知道这个概念在实际上意味着什么，无论它的实体内容自身是否有趣或引人注目。这样一个思考就引向了实用主义原则。“遵从这个原则，我们就忽略概念的实体内容，而只关注它的功能。”[⑦]通过考察其各自的实际效果来

---

① *PP*, Vol. I, p.264.

② *PP*, Vol. I, p.265.

③ [德] 黑格尔：《小逻辑》，贺麟译，商务印书馆，1980年，第195页。

④ *PP*, Vol. I, p.265.

⑤ *SPP*, pp.58–59.

⑥ *ERE*, p.69.

⑦ *SPP*, p.61.

解释每一个概念。[①]在《彻底的经验主义》中詹姆士对于“意识”采取了与此类似的解释，他“否认意识一词代表一个实体，”却“极端强调它确是代表一个职能”。[②]这与思想流学说是一脉相承的。

詹姆士对于原初感觉和过渡状态的描述，对于直接经验到的“关系”、“模糊的边缘”和“趋势”的论述独到而又精彩。在这里他的实用主义已初露端倪，彻底经验主义的理论雏形已经出现。边缘中的持存、预期和过渡是连接性关系得以成立的关键，也是彻底经验主义能够成立的关键。詹姆士在《彻底的经验主义》中把过渡和预期置于纯粹经验的最高位置。这种边缘中的连续过渡在实用主义理论中也占有至关重要的地位，它是实用主义方法和它的一般真理观念得以可能的条件。有了思想流中的过渡及此过渡造就的意义和存在，通过考察概念的后果来解释概念的实用主义方法才有可能，通过引导来证实真理的方式才能成立，因为在思想流的视野中，本来就没有可被概念把握的静态对象，也没有记述性和概念化命题与现实事实的符合，只有由本身也是动态的“后果”牵引着的概念意义，以及相应的真理或虚假。这种过渡和预期对解决主体间性问题也具有根本的意义。根据巴克莱的唯我论，一个人只是一堆观念的集合，每个人的对象之间没有什么交流，各人的心不能汇合在同一个东西上。而根据詹姆士的过渡和预期理论，在我们每个人的心之间存在着预期和过渡，这使我们对彼此的对象能够有所认识。他说：“我们各人的心至少在某些共同的对象上相遇，支持这一点的关键理由是：如果我不这样假定，我就绝没有理由来设定你的心存在。我为什么设定你的心？因为我看见你的身体在以一定的方式活动。它的姿态、面部表情、言语和行为，一般说来，都是‘有所表示的’。”[③]

综上所述，詹姆士认为思想是变化的，又是连续的，变化和连续都是在边缘之中构成的，正是思想的这种变化与连续的统一造就了思想流。“意识，在它自己看来，并不是切成碎片的。像‘链’或‘串’这样的词并不能恰当地描述意识对自己初现时的状况。意识并不是被衔接起来的，它自己就是一个流。‘河’或‘流’是用来描述意识的最自然贴切的比喻。”由此詹姆士把意识称之为“思想流、意识流或主观生活之流”[④]。

---

① *P*, p.42.

② *ERE*, p.3.

③ *ERE*, p.77.

④ *PP*, Vol. I, p.239.

詹姆士的思想流学说是对心理学与哲学的独特贡献，它是詹姆士《心理学原理》中最重要的哲学思想，并孕育了他后期的实用主义、多元宇宙观、彻底经验主义、道德哲学和宗教哲学。思想流学说还对后来的心理学、哲学、文学和艺术等领域产生了意义深远的影响。仅以詹姆士关于“边缘”的学说为例，它对胡塞尔和现象学具有重要启发。胡塞尔承认詹姆士关于“边缘”的学说之精妙，也承认他自己的视域理论与詹姆士关于边缘的学说的相似性。他说：“据我所知，W. 詹姆士是唯一认识到视域——他称之为‘边缘’——现象的人，可是如果他不是以现象学的方式理解了意向的对象性和意向的关联，他如何能够探究它？”[①]理查德·史蒂文斯（Richard Stevens）认为这个评论清楚地表明：“胡塞尔对于詹姆士没有采纳现象学的观点而发现了每一种知觉中的视域现象感到非常惊讶。”[②]但是如果胡塞尔更多地了解詹姆士从《心理学原理》到《彻底经验主义》的思想，他可能就不会惊讶了。如果我们站在现象学的角度来看待詹姆士的《心理学原理》，毫无疑问会发现其中充满了现象学的思想。其实，早在20世纪40年代初期就有学者认为：“谁充分领会了詹姆士那绝妙的思想流及其边缘学说的奥秘，他就不仅发现了进入现象学的心理学之关键领域的极好途径：不，远不止于此！他已经漫步在它们最非凡的一些部分了。”[③]

① Edmund Husserl, *The Crisis of European Sciences and Transcendental Phenomenology*, trans. David Carr, Evanston: Northwestern University Press, 1970, p.264.

② Richard Stevens, *James and Husserl: The Foundations of Meaning*, p.54.

③ Alfred Schuetz, "William James' Concept of the Stream of Thought Phenomenologically Interpreted," in *Philosophy and Phenomenological Research*, Vol. 1, No. 4 (Jun., 1941), p.452.

第六章 实用主义

一、詹姆士与实用主义

实用主义并不是美国独有的哲学，英国、法国和意大利等国家都有实用主义哲学，但尤以美国实用主义蔚为大观，最具代表性。美国实用主义也是最具美国特色的哲学思潮，陈启伟教授称之为“美国哲学史上最重要、最有影响的一个思潮”[①]，其精神渗透于美国社会意识形态的各个方面，对美国的政治、经济、文化和教育等诸多领域产生了广泛、深入而持久的影响。正因为如此，人们一提到美国哲学，马上就会想到实用主义。

美国实用主义通常被认为土生土长的美国哲学，例如，约翰·史密斯（John E. Smith）在《美国哲学的精神》一书中说：“实用主义是美国的第一个土生土长的哲学。”[②]大卫·马塞尔（David W. Marcell）在谈及美国实用主义的来源时说：“研究美国思想的学者已经习惯于把实用主义追溯到马萨诸塞海湾的实践神学、乔纳森·爱德华兹（Jonathan Edwards）的经验主义的加尔文教派和本杰明·富兰克林（Benjamin Franklin）的民主常识。这个传统在发展的过程中培育了托马斯·杰弗逊（Thomas Jefferson）、拉尔夫·瓦尔多·爱默生、亨利·梭罗和沃尔特·惠特曼（walt whitman）这样的杰出人物……最终形成了成熟的美国本土的实用主义学派：查尔斯·皮尔士、威廉·詹姆士、约翰·杜威、乔治·赫伯特·米德……”[③]但是实用主义的创始者皮尔士和詹姆士却并不这样认

① 陈启伟：“读后的话”，载[美]桑德拉·罗森塔尔：《从现代背景看美国古典实用主义》，陈维纲译，开明出版社，1992年，第156页。

② John. E. Smith, *The Spirit of American Philosophy*, Albany: State University of New York Press, 1983, p.40.

③ David W. Marcell, “Preface” to *Progress and Pragmatism: James, Dewey, Beard, and the American Idea of Progress*, p.x.

为。皮尔士认为他的实用主义思想的源头在英国。1859年英国哲学家和心理学家贝恩把信念定义为“准备去行动的态度或倾向”①，后来皮尔士写道：“根据这个定义，实用主义比一个必然结论更可贵；因此我愿意把他看作实用主义的始祖。”②詹姆士也认为英国经验主义是其实用主义的哲学思想来源。他在《哲学概念和实际效果》一文中公开宣称实用主义时，认为它是英国经验主义本能地追随的方法。他将《实用主义》一书献给约翰·穆勒，并在献词中说：“我从他那里最早懂得实用主义思想的开放性；如果他现在还在世的话，我极愿意把他当作我们的领袖。”③他在《实用主义》中也一再表示实用主义继承的是经验主义气质。虽然皮尔士和詹姆士都认为实用主义是英国经验主义的后裔，但是实用主义的思想起源似乎比这些实用主义哲学家的看法更复杂，因为美利坚人这种看待事物的方法似乎在近代英国经验主义哲学诞生的同时就已经比较明显了，可能他们习焉不察，百用而不知。洛克在《人类理智论》中就明确谈到美利坚人的思维方式不同于欧洲传统的思维方式。传统的西方哲学惯于用实体和属性来解释事物和世界。洛克说：“一个研究事物本质的聪明的美利坚人，如果要想了解我们的建筑，而我们告诉他，柱子是被基础所支撑的一种东西，基础是支撑柱子的一种东西，那他很难满意这种解释。他不觉得这种解释是同他开玩笑而并非指教他吗？”④

但是詹姆士的著作表明，他不认为洛克所说的那种思维方式是美利坚人特有的，在他看来这种思维方式有更久远的历史和渊源。“实用主义”对应的英文词“pragmatism”是从一个希腊词“πραγμα”派生的，“πραγμα”的意思是行动、实践。“practice”（实践）和“practical”（实践的）这两个词就是从“πραγμα”衍生出来的。詹姆士认为，实用主义作为一种方法在古希腊就已出现了。苏格拉底的方法与它很有些关系，亚里士多德也在某种程度上运用了这个方法。近代的洛克、巴克莱和休谟对这个方法的成熟做出了重大贡献。洛克把人格解释为一个结果，使人格成为可直接证实的经验现象。尽管他的哲学承认灵魂实体，但是他说如果没有一个回忆的意识，灵魂实体并不

① 转引自Collected Papers of Charles Sanders Peirce, Vol.5, ed. Charles Hartshorne and Paul Weiss, Harvard University Press, 1963, section 12.

② *Collected Papers of Charles Sanders Peirce*, Vol. 5, section 12.

③ *P*,P.11.

④ John Locke, *The Works of John Locke*, Vol. I, p.156.

能造成同一个人格。巴克莱对物质的解释与此类似，詹姆士说：“巴克莱对于‘物质’的批判绝对是实用主义的。物质被认为是我们对于颜色、形状、硬度及同样性质的感觉。它们是这个词的票面价值。物质通过其真实的存在给我们造成的差异即是我们得到的这些感觉；它之不存在给我们造成的结果即是我们没有这些感觉。这些感觉……就是它的唯一意义。所以巴克莱并不否认物质，他只是告诉我们它是由什么构成的。”①

詹姆士认为，这些先驱只是零碎地运用了实用主义方法，只是开了一个头，到了20世纪前后，实用主义才逐渐流行起来。在詹姆士看来，现代实用主义方法的产生和盛行，与19世纪下半期人们在科学真理问题上的旧观念的破产是分不开的。②过去人们认为，几何学是上帝创造的，欧几里德原理被认为是对上帝的几何学的复制，世界上存在着一个永恒不变的“理性”，逻辑中的三段论就是这理性的反映。同样，自然规律被认为是隐藏在事物结构内部的先存原型的绝对副本，等待着潜伏在我们理智内的灵感去发现，而科学的真理只是一套“非人”实在的绝对摹本。19世纪后半期各种逻辑学、数学和科学理论迅速增多，使得那种认为某一种理论比另一种理论从本质上更为客观的看法难以立足，因为存在多种几何学和逻辑学，也存在多种物理假设和化学假设，它们都只适用于一定范围，而不是适用于一切事物，所以人们感到即使最“真”的公式也只是人的发明，而不是什么先存原型的绝对摹本。它们“真”的程度只限于它们“有用”的程度。这就使人们面向未来找寻观念与真理的意义。“任何一个公式之所以胜于另一个公式，也许不在于它真正的‘客观性’，而在于它的某些‘主观的性质’，如它的‘有用’、‘优美’或‘符合于我们的残存的信念’。”③因此詹姆士认为实用主义已成了一种持久的发酵剂或者一种时代的思想趋势，它不是单独的一个假说或定理，也不是对任何新事实的描述，而是哲学视角的逐渐转变，使我们从一个新的兴趣中心或视点来看待事物。所以詹姆士不只是把实用主义看成一种哲学学说，而且认为它是“一种新时代的哲学趋向”④，是哲学中的“一种新的曙光”⑤。他说：“如果实用主义得势的话，整

---

① *P*, p.68.

② *MT*, 40.

③ *MT*, p.41.

④ *P*, p.18.

⑤ *P*, p.18.

个哲学舞台都会在某种程度上改观。”[1]

在所有哲学家中，詹姆士的名字与实用主义的联系最为紧密。他最先在哲学文献中以文字的形式提出“实用主义”一词；他的《哲学概念和实际结果》一文标志着实用主义运动的开始，他让实用主义成为众所周知的学说；他的《实用主义》一书的出版标志着实用主义运动的一个里程碑，它把实用主义传向世界；在各种版本的实用主义学说中，“无论在美国国内还是在美国之外，了解詹姆士的实用主义的人都是最多的”[2]。

一般认为詹姆士公开宣称实用主义始于1898年在加利福尼亚州立大学伯克利分校所做的演讲“哲学概念与实际效果”。[3]从发表时间看，皮尔士讨论这个问题的文章即1878年在《通俗科学月刊》上发表的《怎样使我们的观念清晰》一文更早一些，但是皮尔士在这篇文章中并未提出“实用主义”一词。就实用主义的方法和思想而言，1898年之前詹姆士就在《信仰的意志》一文中，特别是在更早的《心理学原理》中就清楚地显示了哲学和心理学论题上的实用主义观点和方法。虽然“实用主义”这一术语没有在《心理学原理》中出现，但是我们不难看到这部著作中充满着实用主义式的论证，詹姆士对自我意识的分析所就体现了实用主义方法。实际上，在皮尔士发表《怎样使我们的观念清晰》一文之前，甚至早在坎布里奇的“形而上学俱乐部”时期之前，詹姆士就已经在使用实用主义方法考察有关问题了，包括他自己遇到的人生问题。1858年3月1日詹姆士在写给朋友的信中清晰地显露出他后来在《实用主义》一书中所指称的思想方式。在这封信中詹姆士从自己当时面临的择业问题谈起，他说职业选择考验着每一个步入社会的年轻人。每一个人的生活目标应该是什么？尽可能地有益于社会。但是什么是益？詹姆士通过分析有益的发明或有益的人的生活，认为它们的益处在于给予人类的心灵或身体以快乐。他进一步认为在人们的衣食房屋面临匮乏的时代，能提供生活必需品的发明最为有益；当这一切都有了保障，人们生活在宽松自由和安全环境中时，真正的益处和善就是每个人以自己特有的方式揭示新事物——除了自己，别人不可能发现的事物。[4]他把“益”这个概念放到具体经验

---

① *MT*, p.70.

② J. E. Smith, *The Spirit of American Philosophy*, p.40.

③ 有人认为我们可以将这次演讲称为实用主义的诞生（James. B. Pratt, *What Is Pragmatism?*, New York: The Macmillan Company, 1909, p.19）。

④ R. B. Perry, The Thought and Character of William James: Briefer Version, pp.52–53.

中，放到它引起的具体效果中来加以考察。皮尔士的那篇文章发表之后并未引起人们的注意，也没有产生什么影响。詹姆士的演讲“哲学概念和实际结果”让人们开始了解实用主义，也让人们开始关注其中提到的皮尔士的文章。詹姆士于1906年11月和12月在波士顿的罗威尔研究所（Lowell Institute in Boston）以及1907年1月在纽约哥伦比亚大学发表的系列演讲中进一步发展了他的实用主义理论，并于1907年将演讲的内容集结成书，以《实用主义》为名出版。可以看出，没有皮尔士的文章，人们仍然能够从詹姆士的早期思想和前期著作中自然地引出实用主义。而且詹姆士的实用主义与皮尔士的实用主义存在明显差异，以至于皮尔士要与詹姆士的实用主义划清界限，将他自己的实用主义更名为“实效主义”（pragmaticism）①。毋庸置疑，詹姆士独立而又系统地提出了自己的实用主义学说。詹姆士的确说过“1878年查尔斯·皮尔士先生最先把它[pragmatism]用到哲学上来”②。他还称皮尔士为“实用主义的创立者”③，并把“实用主义原理”称为“皮尔士原理”④。对此我们可以说皮尔士的思想引起了詹姆士的共鸣，也可能在某种程度上激发了詹姆士自己已有的实用主义思想，“他的谦逊和宽厚使他过多地把这一创立者的荣誉给予了皮尔士”⑤。

---

① *Collected Papers of Charles Sanders Peirce*, vol. 5, section 414.

② P, p.43. 詹姆士在《宗教经验种种》一书中也说“pragmatism”这个名称是皮尔士赋予这个学说的（VRE, p.444）。这实际上是詹姆士的一个记忆错误。詹姆士所提到的刊行于1878年的皮尔士的文章并没有使用这个词。许多学者都说皮尔士最先在哲学文献中提出了“实用主义”一词，例如艾耶尔（A. J. Ayer, The Origins of Pragmatism: Studies in the Philosophy of Charles Peirce and William James, p.13）。实际上，在詹姆士使用这个词之前，皮尔士在其刊行的作品中从未使用过它，甚至在手稿中也未使用过（Christopher Hookway, “Logical principles and philosophical attitudes: Peirce’s response to James’s pragmatism”, in *the Cambridge companion to William James*, ed. Ruth Anna Putnam , Cambridge: Cambridge University Press,1997, p.145）。詹姆士第一次以文字的方式使用了“pragmatism”一词。罗蒂曾认为皮尔士不过是为实用主义提供了一个名称而已（Richard Rorty, *The Consequences of Pragmatism*, Minneapolis: University of Minnesota Press, 1982, p.161）。现在看来，这个名称并不是他首先公开提出的。但是詹姆士于1898年在加利福尼亚大学讲演时提到，70年代初他在坎布里奇听到皮尔士使用过这个词（WWJ, p.348）。皮尔士可能意识到了这个问题，所以他在1908年说，他曾在70年代的“形而上学俱乐部”中提出这个学说，并在交谈中，称之为“实用主义”（*Collected Papers of Charles Sanders Peirce*. 1963, Vol. 6 , section 482）。尽管皮尔士对他在实用主义创立中的角色似乎颇为自信，但他在1900年给詹姆士的信中仍然问：“谁创立了‘实用主义’一词，我还是你？它最初在哪里刊行出来？”詹姆士回答说它是皮尔士的词（*Collected Papers of Charles Sanders Peirce*. 1979, Vol. 8, section 253）。

③ *P*, p.18. 詹姆士在《宗教经验种种》一书中也说皮尔士是实用主义的创立者（VRE, p.444.）。

④ *P*, p.43; *VRE*,p.445.

⑤ 陈亚军：《哲学的改造》，中国社会科学出版社，1998年，第15页。

佩里曾说人们很难给实用主义下一个概括的定义，“人们不能把它看成一种思想习惯，就像可以把自然主义看成科学的思想习惯一样；也不能像对待唯心主义那样，把它还原为单个的核心原则”[①]。有人甚至认为:“把实用主义当作单一的哲学或哲学流派并没有什么实际意义。”[②]不同实用主义者的学说各有其特征，这里主要讨论詹姆士的实用主义学说。

詹姆士满腔热情地倡导实用主义，坚信它会有光明的未来。他的实用主义学说面世以后曾引起热烈争论，也引起诸多误解。他清楚地意识到自己的名字已经与实用主义分不开了，但他认为自己在某些方面受到了过度的称赞，而在另一些方面受到了不应有的诋毁。[③]他说人们或者称赞它，或者指责它，但“很少有人清楚地理解它”[④]。由此他慨叹：“这论题虽似简单，实则不易理解。”[⑤]人们对詹姆士的实用主义产生误解的原因可能很多，我认为不了解他的思想流学说与其实用主义的关系，可能是一个重要原因。在詹姆士那里从思想流学说到实用主义的过渡是很自然的，甚至可以说水到渠成，不了解他的思想流学说或者忽视《心理学原理》与实用主义的联系，势必会对理解他的实用主义学说产生障碍。

二、作为方法的实用主义

詹姆士认为实用主义首先是一种方法。它是一种考察思想的方法，“解释概念的方法”[⑥]，“对待知识问题”的方法[⑦]，“解决形而上学争论的方法”[⑧]。实用主义从这样一个设定出发，即“没有一种抽象真理的差别不表现为具体事实中的差别，以及随着这事实而来的在某时、某地、以某种方式使某人产生的行为差别”[⑨]。一个命题，如果其真其假都一样，不产生实际的差别，这一命题也就没有真的意义。“真理若不在什么地方造成一种事实上的不同，它就没有什么不

① R. B. Perry, *Present Philosophical Tendencies*, New York: Longmans, Green and Co., 1912, p.197.

② Richard A. Posner, *The Problems of Jurisprudence*, Harvard University Press, 1990, p.28.

③ *P*, p.229.

④ *P*, p.43.

⑤ *MT*, p.4.

⑥ *SPP*, p.60.

⑦ *ERE*, p.195.

⑧ *P*, p.42.

⑨ *P*, p.45.

同；它[实用主义]力求通过使争论尽可能取决于某种实践的或具体的结果来决定各种不同意见的意义。”[①]所以实用主义的提问方式是：如果这一个概念而不是那一个概念是真的，对于任何一个人来说，它在实际上会有什么差别？或者如果这个观点或那个观点是正确的，在具体的经验或事实上会有何不同？[②]真理怎样才能实现？或者从经验上来说，真理的兑现价值究竟是什么？[③]简言之，实用主义方法是通过考察概念的实际效果来解释概念的方法，它认为要弄清楚一个思想的意义，只需考虑它含有什么可能的实际效果，这效果就是这思想的唯一意义。

虽然詹姆士的实用主义方法有其哲学史的渊源，但是通过其思想流学说可以得到更直接而合理的理解。也许有人会说詹姆士在《实用主义》中并未提到《心理学原理》，更未论及思想流，怎么能以思想流学说来理解实用主义呢？的确，“思想流”一词并没有出现在《实用主义》中，但是如果我们连贯地研读詹姆士的著作便会发现，实用主义在思想方式上与思想流学说是一脉相承的，思想流学说是实用主义不言而喻的思想基础，而且《实用主义》对经验流的描述与思想流是一致的。一些学者已经看到思想流学说与实用主义之间的密切关系，例如，康奈尔·韦斯特（Cornel West）曾说：“詹姆士在他的《心理学原理》中对于情感和意识流所做的意义深远的分析是对实用主义的巨大贡献。”[④]

詹姆士的思想流学说告诉我们：“我们的思想是时间中的现象事件。”[⑤]时间性是思想的根本特征，考察思想必须在时间中来考察。根据詹姆士的观点，时间性本质上是一种内在的关联，一种边缘域中的具体构成。我们知觉到的一切思想都包含相互关联的三个维度：一方面是过去思想的持存，一方面是当下的思想，一方面是朝向未来的思想趋势。它们被一个边缘环绕着，在这边缘之外还有更模糊的边缘。所以任何思想都不是孤立的、凝固不变的、封闭在它产生的那一刻而与其他思想毫无联系的纯粹的点，而是前后关联、对未来敞开、有待完成的，其意义有待进一步充实或确定。观念和感觉不仅会引起感官自身的运动，而且会在将来某个时候引发针对外界的言行。因此詹姆士说：“我们的心理

① *ERE*, pp.159-160.

② *P*, p.42-44.

③ *MT*, p.3.

④ Cornel West, *The American Evasion of Philosophy*, Madison: The University of Wisconsin Press, 1989, p.55.

⑤ *PP*, Vol. I, p.369.

学不仅要考虑心理状态的先行条件，而且要考虑它们所产生的后果。”[①]这就是“时间”，只在“流”中才会是这样。如果是在“链”中，那么联系就可以是超直接经验的主体理智所赋予的，“思想”或“经验”的意义在某些情况下就不用考虑“先行条件”和“产生的后果”，因为理智也是意义甚至真理的一个来源。这样，实用主义的原则就不成立了。所以正是思想流或经验流的见地使得实用主义不可避免。也就是说，每一个思想都通过其边缘与别的思想构成一连续的思想流，它的意义只有在这流之中才能得到理解，这是詹姆士的实用主义方法得以确立的重要思想基础。詹姆士在《实用主义》中说：“一切经验都是个别的，没有一项经验重复出现过两次。”[②]“我们所遇到的一切事物都有其本身的持续期间和大小，而这两者又被一‘更多’的边缘模糊地环绕着，这边缘一直延伸到要到来的下一个事物的持续期间和大小中去。”[③]经验中的事物通过彼此的边缘而形成一个不断变化而又连续的经验流，这是詹姆士的实用主义方法得以可能的关键。每一个思想正在引发或将要引发的思想或事物都对它的意义具有构成作用，实用主义的方法就是要“通过考察每一个概念的实际效果来解释它们”[④]。

皮尔士在《怎样使我们的观念清晰》一文中认为，思想的任务在于确立信念，信念是行动的准则。因此要弄清楚一个思想的意义，我们只需断定这思想会引起什么行动。对我们来说这行动就是这思想的唯一意义。要使我们关于某一对象的思想达到十分清楚明白，只需考虑它具有什么可能的实际效果，即我们从它那里会得到什么感觉，我们必须做出什么样的反应。我们对于眼前的和遥远的效果所具有的概念，就这个概念的积极意义而言，就是我们对这一对象所具有的全部概念。[⑤]詹姆士在更广的意义上来表述实用主义原理，这体现了詹姆士与皮尔士对于实用主义理解的一个不同之处。詹姆士认为：“任何哲学命题的实际意义，总能被归结为我们未来的实际经验的某一具体结果，不论它是积极的还是消极的。”[⑥]詹姆士的实用主义方法的这个特点也可通过思想流学说来解释，思想流学说对于趋势和倾向的强调在这里表现为：“这里的关键不在于经验必须是主

---

① *PP*, Vol. I, p.5.

② *P*, p.119.

③ *P*, p.118.

④ *P*, p.42.

⑤ Charles S. Peirce, *Philosophical Writings of Peirce*, ed. Justus Buchler, New York: Dover Publications, Inc., 1955, pp.23–41.

⑥ *WWJ*, p.349.

动的而在于它必须是具体的。”[①]“对一个真理的意义的最终检验固然在于这个真理所引起和激发的行为，但是它之所以能激发那个行动，是因为它首先向我们的经验预示了某种具体的倾向，而这种倾向则恰恰要求我们做出那种行为。”[②]这“具体的倾向”正是《心理学原理》中讲的思想流的“趋势”、“边缘”的一种体现，因为正是思想流使得任何一个真实的经验都是独特的和前趋后拥的。这是詹姆士的实用主义自始至终坚持的观点，在其最后的著作《若干哲学问题》中他对此仍然予以充分肯定。他说：“具体结果是一个概念的意义的唯一准绳，和它的真实性的唯一检验标准。”[③]在詹姆士看来：“实用主义的具体性和它与事实的接近是实用主义最令人满意的特点。”[④]“实用主义的所有原创性，它的所有观点之所在，就在于它运用具体的方式看问题。它开始于具体性，返回并终结于具体性。”[⑤]

通过概念的结果来考察概念的意义，这种思想，更具体地说，源于思想流学说的这样一个观点：“对于一串思想来说，重要的是它的结论（或结局）。结论是它的意义，或者……是它的主题。它是在所有其他思想分子都从记忆中退去时仍然存在的部分……这个结论因附在它上面的特殊趣味而从思想流的其他部分中凸现出来。当它来的时候，这个趣味把它捉住，使它成为关键部分，将注意力吸引到它上面，使我们把它看作实体部分。”[⑥]由于“这些实体结论之前的部分只是到达结论的手段”，因而“只要达到同样的结论，手段可以随我们所愿而改变，因为思想流的‘意义’是一样的”[⑦]。如果两个概念导致同一个具体结果，那么“它们便是包含着同样意义的不同名字”[⑧]。实用主义的提问方式表明，它把概念或观点放到经验流之中，用它们引起的经验和事实来确定它们的意义。由此，概念、命题或理论的意义就必然随着它所引起的事实和经验而不断变化。

我们看到，当詹姆士把一个思想的结论视为实体部分时，他是把这实体部分视为思想流中凸显出来的部分。要充分领会这“实体部分”，一定不能忽视“过

---

① *WWJ*, p.349.

② WWJ, p.348, 着重号为引者所加。又见 *MT*, p.113.

③ *SPP*, p.60, p.62.

④ *P*, p.55.

⑤ *MT*, pp.115-116.

⑥ *PP*, Vol. I, p.260.

⑦ *PP*, Vol. I, p.260.

⑧ *SPP*, p.60.

渡部分”，也就是造成“流”的那些部分。同样，当詹姆士通过概念的效果来考察概念的意义时，也是将效果置于经验流之中来看待，虽然他并不经常诉诸思想流学说来论证其实用主义。如果我们认为詹姆士只强调“结论”或“后果”，而不将它们还原到《心理学原理》的思想流之中，则易造成对实用主义的误解。比如，认为它是任意的，凭人的主观目的和（也脱不开主观性的）后果评价来看待真理。可是，如果这“后果”是被“流”化的，而且总可能被不同时期的自我或他人（或我与他人的共在关系、实践）再造或再构，这“后果”就被脱“客观对象”化，而返回《心理学原理》中的“思想”本身，就更接近主客未分离的状态，那么这实用主义的真理观和意义观就不那么任意化了。

“面向经验，面向‘事实’”[①]既是思想流学说的要求，也是实用主义的要求。实用主义不把概念看成追求的终点，这使它不纠缠于抽象的字面争论，不把概念看成意义固定的东西，摒弃那些“蹩脚的先天理由，固定的原则和封闭的体系，以及妄称的绝对与原始等等”[②]这些无时间性的东西，从而把一切都放到时间之中加以考察，把概念“带进经验的河流中去”[③]。它趋向于具体与适当，趋向于事实、行动与力量这些活生生的东西，它“意味着敞开的天空和自然的各种可能性，反对那独断、矫揉造作和假冒的最后真理”[④]。正是在这个意义上，詹姆士说：“实用主义本身不代表任何特别的结果。它只是一种方法。”[⑤]“至少在开始时……它除了方法之外，没有什么武断的主张和理论。”这种方法也是“一种确定方向的态度。这个态度不是去看最先的事物、原则、‘范畴’和假定必需的东西；而是去看最后的事物、收获、效果和事实”[⑥]。当然，詹姆士这里所说的“最后的事物、收获、效果和事实”也不应理解为完全现成的东西，也要通过历史境域和当时的“趋向”来感受或看待。因为不是那些僵死的、固滞的、不可改变的现成东西，而是那些活生生的东西，那些具有历史依据而又充满可能性的东西赋予概念以意义，赋予生活以意义。

因此在实用主义看来，每一个思想的意义都不是已定的而是待定的，不是最初就完备的而是最后才形成的，所以它主张向前看。肯定和强调这种源于时间的变化

---

① *P*, p.111.

② *P*, p.45.

③ *P*, p.89.

④ *P*, p.45.

⑤ *P*, pp.45-46.

⑥ *P*, p.47.

性、连续性以及由此而必然具有的生成性和开放性，是实用主义的主要特征。实用主义“把向后看原理、看认识论上的自我、上帝、因果原则、设计、自由意志的态度，只关注那些被认为其本身就是在事实之上的庄严高尚的东西的态度，转移其重心，使之向前看到事实本身”，因为在它看来，“对于我们大家来说，真正重要的问题是：这个世界会变成什么样子？生命本身会变成什么样子？”[①]

实用主义方法内在地包含着并且必然导向实用主义真理观，因为在詹姆士看来，“实用主义方法的意义不过是真理必定具有实际效果”。[②]由此我们不难理解詹姆士对实用主义的界定：“实用主义的范围是这样的：首先是一种方法，其次是关于真理意义的发生论。”[③]对于“真理”的阐述是《实用主义》的一个关键部分，[④]也是引起争议最多的部分。罗素认为：“如果不研究实用主义关于真理本质的学说，就不可能理解实用主义。”[⑤]

三、实用主义真理观

实用主义的真理理论产生之后在美国和欧洲风行一时，埃米尔·涂尔干（Emile Durkheim）在1913年的演讲中曾说：“实用主义几乎是目前唯一流行的真理理论，是时下的热门话题。”[⑥]当然这不意味着实用主义真理观得到举世赞同。虽然詹姆士在《实用主义》一书中曾十分自信地表示，只有实用主义者才能告诉人们真理究竟是什么，实用主义者关于真理的表述“是迄今唯一明确的理论”[⑦]，它“提供了唯一合理的解释。”[⑧]但是他的真理学说甫一问世就引起激烈争论。“论者之中，很少对之拥护，绝大多数都表示拒绝。”[⑨]詹姆士在其著作中多次谈到实用主义受到的误解、攻击、蔑视和嘲笑。有人认为实用主义只是实

---

① *P*, p.86.

② *P*, p.230.

③ *P*, p.53.

④ *MT*, p.3.

⑤ Bertrand Russell, *Philosophical Essays*, London: Longmans, Green and Co., 1910, p.98.

⑥ Emile Durkheim, *Pragmatism and sociology*, Trans. J. C. Whitehouse. Cambridge: Cambridge University Press, 1983, p.1.

⑦ *MT*, p.130.

⑧ *P*, p.131.

⑨ *MT*, p.4.

证主义的翻版[1]，有人认为实用主义被禁锢于唯我论之中[2]，有人认为实用主义主要诉诸行动[3]，有人认为实用主义拒绝相信外部实在[4]，有人认为实用主义真理观是一种只注重物质钱财和个人私利的庸俗哲学[5]。还有人指责它是一种任性的学说。例如，布拉德雷曾说，一个人文主义者如果理解他自己的学说，一定会认为"一个无论多么不正当的目的，只要我个人坚持它，它就是合理的；一个无论多么荒谬的观念，只要有人坚持认为它是真理，它就是真理"[6]。各种各样的批评、曲解、责难使詹姆士不由得慨叹，让人们接受自己的真理概念的努力几乎完全失败了。[7]尽管如此，詹姆士还是努力为实用主义的真理观进行澄清和辩护，《真理的意义》一书就是这种努力的结果。但是詹姆士对于其直理观的辩护并未消除人们对它的批评和指现。詹姆士的真理观之所以不断激起人们的批评、误解乃至嘲笑，有两方面的原因。从读者方面说，是因为他们昧于这个学说的思想基础和方法基础即思想流学说及其与詹姆士真理观的关系；从作者方面说，是因为詹姆士虽然以思想流学说为实用主义之源，但是他并未明确系统地阐述二者之间的关系，而且他关于实用主义的论述在许多地方漏掉了"思想流"或"经验流"的几微。

要理解实用主义的真理观，首先要明确实用主义的真理含义，即真理是对什么而言的。在真理问题上，詹姆士说："实用主义者和非实用主义者的争执大半在于究竟应该如何理解真理，而不在于真理状况（truth-situation）中所包含的任何事实；实用主义者和非实用主义者同样都相信存在的对象，正像他们同样都相信我们关于它们的观念一样。"其区别只在于"实用主义者所说的真理只限于指观念而言，也就是限于指观念的'适用性'而言，而非实用主义者所说的真理一般似乎都是指对象而言"[8]。当詹姆士说真理是观念的性质时，他并未联系到思想流，但是我们必须通过思想流的视野来领会他在这里所说的观念。否则就难以理解实用主义的真理概念与理智主义的真理概念之间的一个重要区别。詹姆士认为："真理必须在一个观念与作为该观念之对象的实在之间获得；作为一个'谓

① *MT*, p.100.

② *MT*, p.114.

③ *MT*, p.101.

④ *MT*, p.102.

⑤ *MT*, p.101, p.112.

⑥ *P*, p.167.

⑦ *MT*, p.78.

⑧ *MT*, p.6.

词’，它一定是运用于观念而不是对象，因为客观实在并不是真理……它们只是被认为存在，它们的观念才是真理。”[①]理智主义者把真理看作对象的性质，所以在他们看来，“‘真理’的意义主要是一个惰性的静止的关系”[②]，他们认为一旦我们得到了一个事物的真观念，我们就占有了它，认识了它，实现了我们思想的最后目的，再没有进步的可能性了。这种绝对存在的超越于经验之上而又每次都应验于现实的真理，本身没有时间性，不可能来自于经验流，也不可能在经验流之中得到理解。詹姆士的真理观是基于思想流学说的实用主义方法在真理问题上的运用和展开，或者说是运用实用主义方法探究真理的发生机制，探讨“人们为什么遵循真理，并且应当永远遵循真理”[③]。实用主义既然将真理置于经验流之中来考察，就否认了观念的“真”是它固有的静止的性质。因此詹姆士说真理这个观念“像实用主义的所有观念一样，面对着事实的具体性，面对着将来”[④]。它必定是“对观念发生的。它是通过诸多事实变为真的，被造成为真的。它的真实际上是个事件或过程：它证实它本身的过程，使之证实的过程。它的有效性也就是使之生效的过程”。所以，“真观念是我们所能同化，能认其有效，能确证，能核实的；而假的观念则不能。这就是掌握真观念对我们所产生的实际差别。因此这就是‘真理’的含义，因为我们所知道的‘真理’的含义就是这样。”[⑤]

（一）“实在”与“符合”

詹姆士的实用主义方法和真理论都源于《心理学原理》中的思想流学说。他在《心理学原理》中问，心理学家通过什么标准来判定他正在研究的心理状态究竟是一点知识还是只是一种不指称它自身之外任何事物的主观事实？他说这个标准就是我们都在实践中使用的标准。一个心理状态相似于它自己关于某一实在的观念；或者虽然不相似于他自己关于它的观念，但它暗示那个实在并通过身体器官在它上面的操作活动指向它；或者它与暗示、导向和终止于那第一

① *MT*, p.87.
② *P*, p.133.
③ P, p.55.
④ *P*, p.145.
⑤ *P*, p.133.

个实在的某别个实在相似，或者对其进行操作；在所有这些情况中，心理状态或直接或间接、或清晰或模糊、或正确或错误地认知世界中的那个实在的本性和地位。[①]所以认识作用是我们活生生的生命的一个功能，不是一种在时间之外的静止的关系。[②]

詹姆士并不否认真理与“实在”相“符合”，他愿意承认这一点。就此而言，他的真理观与理智主义的真理观乃至大多数真理学说所潜在地设定的看法是一致的。它们的分歧表现在对于“实在”与“符合”的理解上。詹姆士把“与实在相符合”置于经验流中来考察，他要继续追问“符合”的具体含义，并对“实在”与“符合”做出新的解释。

何谓实在？熟悉哲学史的读者会知道不同哲学家在这个问题上的看法是不同的。我们这里不再重述历史上哲学家们的具体观点，而主要讨论詹姆士对实在的理解。詹姆士曾说“实在”是一个“最模糊的名词”[③]，但他还是对实在做了比较清楚的阐述：“实在意味着具体的事实，或者抽象的事物以及我们在它们之间直观到的关系。此外，实在的第三个含义（它是我们的新观念必须要考虑的）是指我们已经掌握的其他全部真理。”[④]也就是说，实在有三种或者包括三个部分。实在的第一个部分就是我们的感觉流。感觉是被强加于我们的，我们不知道它们来自何处，它们无所谓真假，只是存在着。只有我们对它们的说法，我们给它们所定的名称，以及我们关于它们的本原、性质和关系的理论，才有真有假。实在的第二部分是我们的感觉之间或它们在我们心里的摹本之间所存在的关系。这部分实在又分为两种：一种是可变的和偶然的关系，如日期和地点；另一种是稳固的和根本的关系，建立在它们的条件的内部性质之上。这两种关系都是直接知觉的材料，都是事实。实在的第三部分是过去已有的真理，其中包括抽象的数学知识和逻辑知识。这也是探索新真理所必须考虑的。这三部分实在永远支配着我们的信念的构成。[⑤]观念与实在的符合就是与这三种实在相符合。

传统上人们认为“符合”的意思即是摹写，一个真观念必须摹写实在。詹姆士对此并无异议。他同意我们关于可感觉事物的真观念确实是摹写这些事物，

---

① *PP*, Vol. I, p.217.

② *ERE*, p.69.

③ *MT*, p.41.

④ *P*, p.139.

⑤ P, pp.160-161.

对于第一种实在可以这么说。但是对于后面两种实在，像“过去的时间”、“力”、“自发性”等等，我们的心灵无法摹写它们，我们关于它们的观念不可能是其摹本，在这些情况下观念与实在的符合又意味着什么？摹本论不能回答这个问题。詹姆士早在《心理学原理》中就对这个问题做出了讨论。他说：“一个心灵状态要认知一个实在，意指它，或‘关于’它，它所要做的一切是引导至一个较远的心灵状态，这个心灵状态或者作用于这个实在，或者相似于它。”[①]在《实用主义》中，他进一步认为这种“符合”就意味着证实和使之有效，意味着被证实和被认为有效的观念的实际效果。“这些效果就是我们说我们的观念和现实‘符合’时，我们心里所想的东西。这些观念通过它们引发的行动和它们激起的其他观念把我们引进、引上或引向我们一直感觉到的经验的其他部分，这感觉就是我们原来的观念要与之符合的东西。我们遇到的这些一点一点的联系和过渡是循序渐进的、谐和的和令人满意的。这个愉快的引导作用就是我们所谓的观念的证实作用。”[②]他说：“真理主要是和把我们由经验的一个瞬间引导到其他瞬间上去的方式联系着的，而事后足以说明这种引导是很有价值的。从根本的以及常识的意义上说，思想状态的真理意味着一种有价值的引导作用。”[③]

因此在詹姆士看来，观念与实在的符合基本上就变成了引导到具体经验的过程，而这种引导之所以可能，乃是因为我们的经验是一个连续的流。如果经验不是一个连续的流，而是像休谟所说的那样是没有任何真实联系的个别的存在，那么有内在依据的引导便无从谈起，真实的因果关系便不可能发生，通过考察一个观念的结果来判断它的真理性，这也就不可能了。正是基于思想流学说，詹姆士才能够说：“只有通过一些令人满意的连接而被引导到这些经验上去的那些事物，才可以说是‘真的’。‘真理’一词所指的唯一含义就是某种东西与这样一些终点的满意的连接。”[④]

实在有不同的种类，观念的引导作用也有不同的种类。詹姆士说：“简单的和充分证实的引导无疑是真理过程的原型或原本。”[⑤]它导向的实在是常识中目前所能感觉到的事物，或者指常识中的关系，例如日期、地点、距离、种类、活

① PP, Vol. I, p.471.

② P, pp.133–134.

③ P, p.135.

④ *ERE*, p.204.

⑤ *P*, p.136.

动等等。熊猫的脚印可能在我们心中引起竹子的意象，循着这意象，我们真正看到了竹子，我们的意象也就得到了完全证实。但是绝大多数真观念都不容许我们直接地或面对面地去证实，我们必须把它们放在更长远的经验流之中，才能判定它们的真假。詹姆士说："时间流只能通过言词加以回溯，或者通过过去在现在的延伸或它在现在产生的效果来间接地证实。如果它们和这些言词或效果相符，我们就能知道我们过去的观念是真的。正像过去的时间本身是真的一样……过去的时间和现在一切事物的符合一致，保证了过去的时间本身的存在，就像现在是真的一样，过去也是真的。"[①]也就是说，对于没有或未能直接证实的观念，经验流之中的间接证实同样有效，只要我们所知的一切事物都符合这个信念，没有什么东西与之冲突。在这种情况下，就像詹姆士在《心理学原理》中所说的："最重要的成分只是那些对于和谐与不和谐，对于思想方向正确或错误的感觉。"[②]这时的证实"意味着它不引导我们遇到挫折或矛盾"[③]。间接的或潜在的证实过程可以像完全的证实过程一样真实。它们像真的过程一样有效验，给我们同样的益处，以同样的理由要求我们予以承认。詹姆士说："在不能直接认识的地方，间接认知就是仅次于最好的东西。直接认识现实实在对象周围的事物以及与它有最密切关系的东西，便使我们掌握了这种知识。"[④]

因此，"广义地说，所谓与实在'相符合'，只能意味着我们被一直引导到实在，或到达实在的周围，或与实在发生有效的接触，因而处理实在或处理与它相关的事物时，比与实在不符合时要更好一些，不论在理智上或在实际上都要更好一些！符合常常只是指否定的事实，即在实在方面没有与它矛盾的东西干扰我们的观念在别处指导我们的方式"。[⑤]在詹姆士看来，摹写实在是与实在相符合的一个非常重要的方面，但它绝不是主要的方面，它只是一种极端情况。重要的是被引导的过程。任何观念只要有助于我们在理智上或在实际上处理实在或附属于实在的事物，只要不使我们的前进遭受挫折，只要使我们的生活在实际上适应实在的整个环境，这种观念也就足够符合并满足我们的要求了。这种观念也就对那个实在有效。概念之是真是假正像明确的意象之是真是假一样，它们具有类似

---

① *P*, p.141.

② *PP*, Vol. I. pp.260-261.

③ *P*, p.137.

④ *ERE*, p.73.

⑤ *P*, p.140.

的证实过程。

已有的真理本身是实在的一部分，观念与实在的符合就包括与已有真理的符合。詹姆士认为我们的思想、生活、经验与知识都像一条河流。正如思想流中的每一个思想都受到先前思想的影响一样，每一个真理的产生也都受到旧真理的影响。根据思想流学说，“只有那些我们已经部分地有所知的东西，才唤起我们的欲望：去认知更多”[①]。“一个教师要想抓住他班上学生的注意力，必须把新颖的东西与他们已经预知的东西结合起来。旧的和熟悉的东西易于受到心灵的注意，进而有助于掌握新的内容。”[②]由此我们不难理解，知识是一点一点增长起来的，而不是整个地一下子增长起来的。有些旧知识总是保持不变，远古的思想方式也可能历经后人思想的全部变化而保留下来，最原始的思想方法可能并没有完全被抛弃。[③]思想流学说认为，几乎没有哪个人能够轻易地接受新出现的经验，绝大多数人都会逐渐变得越来越受制于他们习以为常的概念，都会变得越来越难以吸收新的印象，除非它们在旧的形式中。[④]实用主义认为大部分真理是用先前的真理造成的，“新真理是新经验和旧真理联合起来，互相修改的结果”[⑤]。新真理“必须依靠旧真理，又必须把握新事实”[⑥]。在詹姆士看来，所有违背旧真理的过激解释，都不可能被看成新经验的真正解释。一个新经验，无论是概念性的还是感性的，如果它与我们已有的信仰体系发生激烈冲突，那么在绝大多数情况下它要被看作是假的。只有当旧真理与新经验达到互相理解和互相改变时，才能使我们在真理上前进一步。[⑦]这就是说，真理是一种居间的构成，是一种新旧知识的交融。新真理的用处是总结旧事实，并引导到新事实上去，把旧真理加以引申，使其能容纳新的经验，但仍尽可能地用人们熟悉的方式去设想这种新东西。新真理相比于旧真理是一种改变，但是新真理只有与旧真理保持一定

---

① *PP*, Vol. II, p.311.

② *PP*, Vol. I, p.447.

③ *P*, pp.112-113.

④ *PP*, Vol. II, p.110. 新真理的媒介性质和过渡特征是一个历史事实，此前的哲学家例如洛克曾就这种现象做出类似的论述，他说：“不论任何地方，真理在其出现之初都难以得到多数人的赞同：新观点总是受到人们的怀疑，并且通常受到反对，这不是因为其它任何理由，只是因为它们不同寻常。”（John Locke, *The Works of John Locke*, Vol. I, “the epistle dedicatory”）詹姆士与洛克的不同在于，他根据思想流学说和实用主义对此作出了别具特色的解释。

⑤ *P*, p.113.

⑥ *P*, p.52.

⑦ *ERE*, p.203.

的连续性，才易于为人们所接受。我们的思想的真实程度总是和思想所起媒介作用的成功程度成正比的。“新真理总是个媒介，总是过渡的缓冲物。”①它前拉后伸，把旧的和新的和谐地结合在一起，表现出最小限度的抵触和最大限度的连续，使真理看起来像一个连续的流。

虽然詹姆士认为我们的绝大多数真观念都不容许我们直接地或面对面地去证实，但是他同时强调真理的证实最终要终结于感觉经验。在詹姆士看来，在思想的常识阶段，感官表象就是这样的终点。我们的观念、概念以及科学理论之所以成为真理，也在于它们能够将我们引至感觉世界，并且与之和谐一致，因为就像詹姆士在《心理学原理》中指出的，只有感觉才可以说与对象相似。我们所有的其他思想的构成材料都是符号性的，一个思想要证实它与一个东西的相关性，迟早要终结于与那东西相似的感觉。②“既不开始于感觉也不终止于感觉的概念系统就像没有桥墩的桥梁。关于事实的概念系统必须投入到感觉之中，就像桥梁将它们的桥墩插入到岩石之中。感觉是坚固的岩石，是思想的出发点和目的地。”③因此实用主义认为：“所有真的过程都必然导向某处曾为某人的观念所摹写的可感觉经验的直接证实。”④抽象概念和共相也是如此，只有它们成功地引导我们回到感觉经验的时候，我们才可以说它们是真的。⑤

以上就是詹姆士对“实在”与“符合”的解释，也是他关于真理的一般阐述。根据这个解释，真理是植根于经验流和生活流之中的，它“不过是许多证实过程的一种集体名称”，正如健康、富裕、强壮等等都是和生活相关的其他过程的名称一样，我们追求它们都是因为它们是有益的。真理正如健康、富裕和强壮一样，“不存在于经验之先”⑥，而“是在经验过程中形成的”⑦，是人生参与的具体过程的名称。因此实用主义是一种浮动于思想流之中的人本主义。同时这个真理概念本身也揭示了真理的有用性。

---

① *P*, p.51.

② *PP*, Vol. I, p.471; Vol. II, p.301.

③ *PP*, Vol. II, p.7.

④ *P*, p.141.

⑤ *ERE*, p.100.

⑥ *P*, p.145.

⑦ *P*, p.143.

（二）真理的人本主义性质

1. 真理是人为的。

美国当代实用主义法学家理查德·波斯纳（Richard A. Posner）曾说："为什么在一个实用主义者看来，[传统的]'真理'是一个很成问题的概念，因为说到底，它的本质含义在于观察者的独立性，而这恰恰是实用主义者要拒绝的。"① 这个说法颇有道理。詹姆士说："我们在经院哲学的有神论里看到，真理无需我们的参与，就已经确立起来了；真理是完备的，和我们的认识无关；我们至多只能被动地承认真理，遵从真理，我们对真理的遵从对于所遵从的真理没有任何影响……不管我们之中哪个人是否认识真理，真理都因上帝的命令本来就存在，而且绝对地存在，即使我们这些有限的认知者全部消亡，真理仍会持续不变地存在。"②实用主义拒绝观察者的独立性，也就拒绝实在的绝对独立性，从而拒绝真理对人的绝对独立性。所以实用主义与经院哲学、理性主义的差别"不仅是一个认识论问题，更是关于世界本身的构造问题"③。在经院哲学和理性主义看来，世界有许多版本，但只有一个版本是实在的、无限的、精装的、始终完整的，其余的都是有限的版本，充满了误读和歪曲，它们残缺不全；在实用主义者看来，世界只有一个版本，它尚未完成，处处都在生长之中，尤其是在能思想的存在者活跃的地方更是如此。④

詹姆士明确肯定："我们的一切真理都是关于'实在'的信念。"⑤但是，"一切实在"，如《心理学原理》中所指出的，"无论是从绝对的观点看还是从实践的观点看，其根源都是主观的，都是我们自己"⑥。在每一个具体信念里，实在似乎都是独立的东西、被我们发现而不是被我们制造出来的东西，但是詹姆士认为，虽然这些实在的因素都非常固定，但是我们与其打交道时，还是有一定自由的。因为我们的思想或经验有着焦点和边缘构成的原初结构，"每个人都通

① Richard A. Posner, *The problems of jurisprudence*. pp.463-464.

② *PU*, pp.27-28.

③ *P*, p.168.

④ *P*, p.168.

⑤ *P*, p.159.

⑥ *PP*, Vol. II, pp.296-297.

过自己注意事物的方式选择他自己要生活于其中的宇宙”[①]。

就我们前面谈到的第一种实在来说，通常人们认为经验是外部事物或次序向感官的纯粹显现，可是每天都有许许多多的外部事物呈现于我们的感官，它们中的大多数实际上从未进入我们的经验，詹姆士认为其中的原因就在于它们未能引起我们的兴趣和注意。我们的经验是我们“要注意的东西”[②]，只有我们关注的那些东西才塑造我们的心灵。我们注意哪个感觉，看重哪个感觉，取决于我们个人的兴趣和利益。“着重点不同，结果形成的真理会迥然相异”[③]，对于同一事实的解读可能会得出相反的结论。同一场世界杯决赛，具体情节并无二致，但在巴西人看来是“胜利”，而在德国人看来则是“失败”。因此我们关于实在的看法取决于我们在哪种关系中看它。“实在的这（that）即其自身，但实在之被看作什么（what），取决于它在哪一个关系（which）之中，而它在哪一个关系之中则决定于我们。”[④]所以即使在感觉领域中，我们仍有一定的选择自由，根据我们的取舍划定这领域的界限，根据我们的好恶划分它的前景和背景，根据我们的需要选择看它的角度。“我们把一个事物叫作什么，似乎是相当武断的，因为我们让每一事物适合人的目的。”[⑤]一个教室中坐着的人被演讲者称为“听众”；但是在他们看来真正实在的不是“听众”而是“个人”；在解剖学家看来，这些人不过是许多有机体，真正实在的是器官；在组织学家看来，真正实在的不是器官，而是组成这些器官的细胞；在化学家看来，真正实在的不是细胞而是这些细胞的分子，因此情况似乎是，“我们可以把感觉之流随意地分成各种事物”[⑥]。

对第二种实在，詹姆士认为我们同样能对它施加作用。我们可以自由移换和排列我们对于内部关系的知觉，可以用各种顺序去解释它们，可以按各种方式给它们归类，可以把任何一个知觉看得更为基本，更为重要，直到我们所具有的关于它们的信念构成了真理的各个系统，像逻辑学、几何学、算术等等。在科学的每一个系统中，“其整体形式和秩序明显是人为地创造的”[⑦]。詹姆士说：

---

① *PP*, Vol. I, p.424.

② *PP*, Vol. I, p.402.

③ *P*, p.161.

④ *P*, p.161.

⑤ *P*, p.165.

⑥ *P*, p.165.

⑦ *P*, pp.161-162.

“前两部分实在中只有极小极新的一部分没有经过人的作用，而这一部分也必定立刻被人化，与已经人化了的那些巨大部分相符合、相同化和相适应。事实上，我们如果对于可能要来的印象，没有某些约略的预知，我们就不可能接受到任何印象。”[①]

第三种实在在詹姆士看来更是如此。他说：“人类早就把他们的思想形式深深地印在了整个实在的第三部分上。”[②]虽然生活每时都带来新知觉，带来感觉和关系的新事实，但是对这些事实的处理经验，早就贮存在先前的真理中了。

在詹姆士看来我们的认识和实践都是创造活动。我们不仅创造主词，即决定事物叫什么，也创造谓词，即决定事物的性质。事物的许多谓词只是表达这些事物与我们以及我们的感觉的关系，这样的谓词无疑是人添加的。詹姆士举例说，恺撒渡过卢比孔河（the Rubicon），他对罗马自由是一个威胁。他也是美国学生讨厌的人，因为他的作品很难懂。后来增加的这个谓词（美国学生讨厌的人）与前面的谓词（对罗马自由是一个威胁）对他来说都是一样真的。[③]所以实在及其性质、名词和形容词都是人化了的。我们用这些名词和形容词构造的各种理论中的所有秩序和排列都受人的动机支配——理智上的融贯一致也是人的动机之一。数学和逻辑学本身就充满了人为的再排列，物理学、天文学和生物学也大多受到人的偏好影响。詹姆士说我们带着我们祖先和我们自己已经建立的信念投入到新的经验领域，这些信念决定我们注意什么，我们注意什么又决定我们做什么，我们做什么又决定我们有什么经验。如此层层相因，“虽说有一个可感觉的实在之流存在，而它的真从头到尾主要是我们自己创造的产物”[④]。詹姆士这里告诉我们，一个对象的纯粹显现事实并不足以构成实在，它也许是形而上学的实在，为上帝的实在，但我们所需要的是实践的实在，为我们的实在。要具有这样一个实在，对象就必须不仅显现出来，而且要显现得有趣和重要。“如果一个领域中的东西既无趣也不重要，我们就只以否定的方式看待这个领域，把它标示为不存在。”[⑤]这也是其他实用主义者例如英国哲学家席勒（F. C. S. Schiller）所持的观点。席勒说：“世界基本上是一种原料；它是我们造成的。如果要从它‘原是什么’或它‘离开了我们是什么性质的东西’来下定义，那是得不到结果的。它是

① *P*, p.162.

② *P*, p.162.

③ *P*, pp.165-166.

④ *P*, p.166.

⑤ *PP*, Vol. II, p.295.

被我们造成的。因此……世界是可塑的。”[①]

根据詹姆士的思想流学说，在人的思想以外的“独立”实在是很难找到的。如果说存在着那样的实在，也只是指某种刚进入经验而尚未命名的东西，或者是我们对之还没有产生任何信念、我们的概念尚未对之适用的经验里的某种原始之物，它们相当于《心理学原理》中的“纯粹感觉”或者《彻底的经验主义》中的“纯粹经验”。这种实在是一种绝对哑默的转瞬即逝的经验，是我们心中观念的极限。我们可能瞥见它，但绝不能把握住它。我们能够把握住的，能够用之判断真理的实在，“永远只是人的思维所已经‘烹调过’和‘消化过’的它的替代物”[②]。詹姆士认为，要在我们认识经验的生长过程中把独立的实在因素和人的因素加以分别开来是不可能的，“经验和实在是一回事”[③]。

如果我们把经验看成一个总在构成之中的流，那么我们便能进一步理解詹姆士所说的真理的人为特性。理性主义和实用主义都承认经验在变化，都承认我们心理上对真理的确定也在变化。但理性主义不承认实在本身或真理本身也在变化中，詹姆士说：“理性主义的实在永远是现成的和完成的，而实用主义的实在则总在构成之中，它的一部分面貌尚待未来产生出来。”[④]相应地，实用主义认为实在的意义也是在生成之中的，所有的实在都影响实践，那影响就是实在的意义。理性主义认为，我们的观念和实在之相符合是我们的观念唯一不可分析的性质，我们的理智的任务只是描写现成的实在，观念的真实性与我们的经验无关，它对经验的内容不增加任何东西，也不影响实在本身，它只是一个附加的、惰性的、静止的反映。“它不是活生生的存在（exist）”，“与‘事实’或‘事实关系’无关”[⑤]。实用主义则认为，把世界看成本来就已经完备的、思想只是默从地反映而对事物无所增加的看法，是不合理的，“在任何情况下，真理都不是必须存在于我们的经验与某种为其原型的或超验的东西之间的关系之中”[⑥]。思想本身就是事实的极其重要的部分，对实在的描写本身就是实在的增加，无论我们在认识中还是行动中，我们都在创造，“我们对实在的主词和谓词都有所增

① 引自*P*, p.159.

② *P*, p.162.

③ *ERE*, p.59.

④ *P*, p.167.

⑤ *P*, p.147.

⑥ *ERE*, pp.203–204.

加……我们在世界中造出真理”[①]。

关于真理与实在的关系，詹姆士一方面区分开真理与实在，认为“实在不是真理，而是存在；信念符合它们”[②]。这就是说，我们关于实在的信念才可能是真理。另一方面他又认为我们的观念也是实在，真理本身就是实在的一部分，是实在的补充。[③]“一个与实在相符合的经验所包含的真理可能对先前的实在是个确定的增加，后来的判断可能必须与之相符合。”[④]这就是说，我们获得的真理是新的实在。当詹姆士强调真理的客观性时，他强调实在对于真理的独立性；当他强调已有的真理也是观念所应符合的对象时，他强调真理也是实在。尤其是第三种实在就是我们已有的真理。

詹姆士认为真理大部分是用先前的真理造成的。在他看来，人的信念在任何时候都是许多积累起来的经验，这些信念本身又是世界经验总量的一部分，因此也成为将来积累的资料。“只要实在指的是可经验的实在，那么实在和人们所得到的关于实在的真理，便永远处在变化过程之中——这种变化也许是趋向于某种确定的目标——但总在变化之中。”[⑤]这种变化明显地表现在观念与事实的相互影响上。在真理的发展过程中，许多事实都是独立地发生并暂时决定我们的信念。这些信念又促使我们行动，行动又产生出新事实，这些新事实又反过来决定信念。因此这样绕起来的全部真理线球是双重影响的产物。真理从事实中发生，又浸入到事实之中而增加事实，这些事实又产生或表现新真理，以此类推，以至无穷。“‘事实’本身并不是真的。它们只是存在着。真理是信念的作用，这种信念起于事实，也终于事实。”[⑥]这就像越滚越大的雪球，一方面是因为有雪分布着，另一方面是由于人的不断推动，这两个因素彼此不断地相互决定。在真理问题上，实用主义把我们的心灵与实在之间的静态“符合”关系，变成我们的个别思想与其他种种经验之间的连续构成。

总之，詹姆士认为真理是人为的结果，人的动机磨砺着我们的一切问题，人的满意潜伏在我们的一切答案之中。我们所有的公式都联结着人的因素。[⑦]独立

---

① *P*, p.167.

② *MT*, p.106.

③ *MT*, p.101-102.

④ *MT*, p.60.

⑤ *P*, p.164.

⑥ *P*, p.147.

⑦ *P*, p.159.

的真理，仅仅由我们发现的真理，不再能加以锤炼而使之适应人的需要的真理，简言之，“无法修正的真理，是不存在的”[①]。

2. 真理是为人的。

根据詹姆士的观点，真理不仅是人为的，而且是为人的。通常人们将真与善明确地区分为两类不同的东西，但是詹姆士认为：“真理是善的一种，而非像人们平常所认为的那样，是与善不同并与善并列同一层级的范畴。凡在信念上证明自身是善的并且因为某些确定的和可指定的理由也是善的东西，我们就把它叫作真的。”[②]

根据詹姆士的思想流学说，我们的思想或经验有一个中心和边缘构成的原初结构，在这个原初结构中，什么成为中心，取决于我们的实践兴趣和理论兴趣。我们对真理的寻求也是如此。他说：“我们寻求真理的责任，是我们应做有益事情的总责任的一部分。真观念所给我们的好处，就是我们之所以有责任去寻求它们的唯一理由。”这种理由就像我们追求富裕和健康的理由一样。“就真理而言，不真的信念归根结底会起有害的作用，犹如真的信念会起有益的作用一样。”在詹姆士看来：“我们承认真理的责任绝不是无条件的，而是非常有条件的。”[③]各种具体的真理只有在被认为是合宜的时候才需被承认。当一个真理和一个虚假都与一种具体情况有所联系时，我们总是宁愿要真理而不要虚假，但是当两者都与一种具体情况没有联系时，我们对真理和虚假一样漠不关心。因此詹姆士说：“与实在相符合的责任是以许多具体的方便方法为根据的。”[④]基于真理的效果或者它对生活的意义，詹姆士说：“第一，真理是要求我们无条件承认其有效性的命题系统。第二，真理是我们由于一种无上责任而必须做出的那些判断的名称。”[⑤]詹姆士追问很久以来长期处于遮蔽状态的、为人们所忽视的追求真理背后的动机，通过这种追问，揭示和呈现真理的生成机制和实现结构。

每个人都应该追求真理，詹姆士说：“人本主义把‘应该’这一概念解释为许多实用的动机，而批评实用主义的人认为真理就从这些动机中间飞走了。”[⑥]

---

① *P*, p.53.

② *P*, p.59.

③ *P*, pp.149–150.

④ *P*, p.151.

⑤ *P*, p.148.

⑥ *ERE*, p.248.

我们在前面谈到真理的证实主要是一个引导的过程，在詹姆士看来这样一个引导之所以能导致真理，是因为这引导是有用的。“真观念直接引导我们到达有用的可感知的境域，引导我们到达有用的语言和概念，引导我们走向一贯性、稳定性和人际往来，引导我们离开乖僻和孤独，离开错误和无效的思想。”[①]至于与实在的哪种联系被看作“有用的”，则取决于我们的审美本性和实践本性。詹姆士既反对真理不需与实在符合的观点，也反对皮尔士的看法即认为是非人的东西强迫我们接受某个信念。他在《心理学原理》中就指出：“心灵选择适合于自身的东西，它决定哪个具体的感觉被认为比其他的感觉更真实更有效。”[②]几个相互对抗的理论，同样地包含着我们感觉的真实次序，我们应该相信哪一个？通常我们最相信这样的理论：“它除了提供给我们对象，还能满意地解释我们的感觉经验，还提供那些最有趣的东西以及最及时地满足我们的审美、情感和行动需要的东西。”[③]“当两个来自同一物体的感觉空间印象不一致时，在实践上或审美上**最能引起我们兴趣的**会被认为是真的。”[④]情感、行动、审美和理智的需要决定着我们的认识。詹姆士还认为两个主要的审美原则——丰富和简易——主宰着我们的理智生活和感官生活，因此在其他条件相同的情况下，丰富、简单而又和谐的体系总是被我们采信。[⑤]这里的丰富原则和简易原则类似于马赫所说的“思维经济原则”，即“花费尽可能少的思维，对事实做出尽可能最完善的陈述”[⑥]。这似乎是那个时代许多哲学家的共同看法，约西亚·罗依斯（Josiah Royce）也曾表达过类似的观点，他说我们的意识总是趋向于复杂性最小和确定性最大，这个定律对我们所有的知识都具有重要意义。它伴随着我们的注意行为，而我们自己的注意行为决定我们认识到什么和相信什么。意识似乎要努力把内容的最大丰富性和组织的最大确定性结合起来。[⑦]

真理既是与实在的符合，又是相对于观念而发生的，是根据理论和实践的需

---

① *P*, p.141.

② *PP*, Vol. I, pp. 285-286.

③ *PP*, Vol. II, p.312.

④ *PP*, Vol. II, p.181.

⑤ *PP*, Vol. II, p.315.

⑥ [奥] 马赫：“力学的发展”，载洪谦主编：《现代西方哲学论著选辑》(上册)，北京：商务印书馆，1993，第41- 42。

⑦ Josiah Royce, *The Religious Aspect of Philosophy*, Boston: Houghton Mifflin Company, 1913, pp.317-357.

要被造成为真的，这是詹姆士真理观的特征。根据这一学说，一个可证实的观念，如果它不切实际，还不能说是现实的真理。它只能是潜在的真理，处在冷藏库中的“额外真理”。它在某些可能的形势下变得适用时，我们对它的信念才变得活跃起来，它才成为真的。詹姆士用两句话来解释这个额外真理：“‘它是有用的，因为它是真的’，或者‘它是真的，因为它是有用的’。”[①]这两句话后来闻名天下，被许多人用来概括詹姆士的真理观。在詹姆士看来这两句话的意思是完全一样的，即这里有一个观念实现了，被证实了。“‘真’是任何开始这个证实过程的观念的名称。‘有用’是它在经验里完成了的作用的名称。除非真的观念在一开始就这样有用，它绝不会作为真的观念被挑选出来，决不会成为一个类名，更不会成为一个引起价值意义的名称。”[②]很清楚，当詹姆士说“有用即真理”时，有其非常具体的语境，他所强调的是现实的真理，而不是抽象的真理。詹姆士并没有否认抽象的真理或者潜在的额外真理。他在《真理的意义》中说：“在我们这个星球的历史上有无数事件，从未有人对它们做出说明或者将来也不可能有人对它们做出描述，但是我们可以抽象地说只有一种可能的描述能够与其相符合。因此，关于这种事件的真理已经以一般的方式被这种事件的本质预先决定了；所以你完全可以合理地说它实际上预先存在了。”[③]但他认为我们不会关注这些与我们的实际生活完全无关的抽象真理。由此詹姆士得出关于真理的一般观念：“真理主要是和这样一个方式联系着，即我们经验的一个瞬间由之引导到其他瞬间，而这种引导将是很有价值的……心灵状态的真理意味着这种有价值的引导作用。当我们在任何种类经验的一个瞬间受到真的思想启发时，这就意味着我们迟早会通过那个思想的引导而重新投入到具体经验中，并和它们发生有益的联系。”[④]

可以看出，詹姆士认为真理本身是一种工具。他明确地说：“掌握真理，这本身决非目的，而只不过是导向其他重要满足的一个初步手段。”[⑤]我们生活在一个充满各种各样实在的世界里，这些实在对我们可能极为有益，也可能非常有害。如果有一些观念能告诉我们哪些经验是可以预期的，那么这些观念在这种最初的证实范围内就可以算作真观念，而追求这种观念就是人类的首要任务。归根

① P, p.135.

② P, p.135.

③ MT, p.155.

④ *P*, p.135.

⑤ *P*, p.134.

到底，人的认识在其原初意义上是实践的，人的才智完全建立于实践兴趣的基础上。由于真理是工具性的，詹姆士说："'真'，简言之，只是表示我们在思想方面的方便，正如'对'只是表示我们在行为方面的方便。"①

既然真理是工具性的，它就具有令人满意的性质，正是在这个意义上詹姆士说："真的问题与满意的问题绝对是一回事。你在谈话中把它们中的哪一个放在前面都可以。"②"对每个人来说，他在每一个具体时刻相信的真理总是他在该时刻最满意的；同样，抽象的真理，从长远的观点看被证实的真理，与抽象的满意，长远的满意，总是一致的。简言之，如果我们拿具体的与具体的相比，拿抽象的与抽象的相比，真理与满意确实是一回事。"③詹姆士不仅认为"一个观念的真理是由其令人满意性（satisfactoriness）决定的"，而且认为"令人满意性是一个主观的词，就像观念一样"。④

詹姆士一方面认为真理具有令人满意的性质，一方面认为真理是关于实在的信念。这两者是否冲突？詹姆士认为它们从一开始就是相容的。这种相容性源于他的思想流学说。詹姆士把真理看作关于"实在"的信念，他在《心理学原理》中说："信念或对于实在的感觉，就其内在本性而言，是一种感觉（*feeling*），它与情感的关联胜过其他任何事物。"⑤在詹姆士看来这种感觉与满意最相似，而满意是我们的主动本性的表现。"满意和信念的共同特征是通过一个内在稳定的观念，稳固地占据我们的心灵，将与其矛盾的观念排除出去，从而消除理论上的混乱。达到了这一步之后，运动结果便随后产生了。因此满意和相信的状态是纯粹理智上的歇息，是与随后的实践活动密切联系在一起的。"⑥从《心理学原理》中的这些论述，我们当能理解詹姆士为什么在《实用主义》中把真理与满意联系在一起，也能够明白知识与情感、真理与信仰的分别并不是先天的，它们在原初的意义上是同根共生的。

实用主义与其批评者的一个重要分歧表现在对"满意"的理解上。正像米德在《十九世纪思潮》一书中所说："这个学说的批评者认为，这种满意指的是一

---

① *P*, p.145.

② *MT*, p.89.

③ *MT*, p.54.

④ *MT*, p.86.

⑤ *PP*, Vol. II, p.283.

⑥ *PP*, Vol. II, p.283.

个人能够从中获得快乐，也就是说，如果一个假说让一个人快乐，那么它就是真的。”[①]因此反对这种“真理即满意”之说的批评者认为，实用主义者在认识论上是相对主义者、怀疑主义者和反实在论者。既然满意本身是一个主观状况，那么真理就完全是认识者自己的事情了，他可以随心所欲地制造真理，真理就成了任性的情感的产物，完全可以置经验的其他部分于不顾。[②]对此，詹姆士反驳说：“实用主义的认识论设定了一个实在和一个具有观念的心灵。他问的是：什么能使这些观念符合那个实在？通常的认识论满足于这种模糊的回答，即观念必定‘与……一致’或‘符合’；实用主义者坚持要求更具体的回答，他问这个‘符合’具体是什么意思。他发现首先这个观念必须指向或导向这个而不是其他实在，然后这个指向或导向的结果必定令人满意。”[③]

涂尔干在《实用主义与社会学》中说：“实用主义把真理定义为有用，是因为他们提出了这一原则即真理只是行动的工具。在实用主义看来，真理并不是具有思辨的功能：它所关注的一切都是它的实践的有用性。”[④]詹姆士生前不乏类似的批评。他在《实用主义对于真理的表述》一文中反驳了这种误解。他的实用主义强调的是任何命题都会产生某种具体效果，具体效果完全可以是理论的效果。他说：“如果一个新意见是真的，我们发现我们将不得不放弃我们的旧意见，对于每一个旧意见的放弃都是一个具体的理论效果同时也是具体的实践效果。”[⑤]詹姆士说：“人本主义把更‘真的’视为更‘满意的’……我们必须用许多标准来衡量满意，其中有些标准，就我们所知，在任何情况下都不奏效。所谓一个概念比任何别的概念更让我们满意，归根到底可能只是一些‘加’和‘减’的总和，对于这些加和减，我们只能期待，通过将来的修正和提高，能够接近最大的‘加’和最小的‘减’。如果一个人采用这种归纳的方法来看待信念的条件，那就意味着心灵的真正改变，意味着与绝对主义的看法决裂。”[⑥]詹姆士列举了多种满意。他说：“我们发现相信他人的思想、相信独立的物质实在、相信过去发生的事件和相信永恒的逻辑关系是令人满意的。我

---

① G. H. Mead, *Movements of Thought in the Nineteenth Century*, ed. Merritt H. Moore, Chicago: University of Chicago Press, 1936, p.350.

② *MT*, p.104.

③ *MT*, p.104.

④ Emile Durkheim, *Pragmatism and sociology*, p.76.

⑤ MT, p.113.

⑥ *MT*, pp.39–40.

们发现希望是令人满意的。我们常常发现消除怀疑是令人满意的。尤其是我们发现一致性，即我们当下的观念与我们心灵的所有其他知识的一致，是令人满意的，这些知识包括我们所有的感觉次序、我们直观到的相似与差异的次序、以及我们以前获得的所有真理储备。”[①]詹姆士反问：“为什么……这些满意不能产生‘客观的’真理”？[②]

一些实用主义的批评者会问，如果满意是产生真理所需要的一切，如何解释这些众所周知的事实：错误也常常使人满意，某些真信念会产生最痛苦的不满，詹姆士认为这种对实用主义的批评是一种混淆，它把证实真理的必要条件说成充分条件。他说：“当实用主义者说‘不可缺少’时，这种批评把这与‘充分’混为一谈。实用主义认为满意对于真理的构建是必不可少的，但是我一直都说，除非同时导向实在，只有满意是不够的。……如果没有真理的对象，也就不可能有真理。”[③]“具体地看，真理是我们的信念的一种属性，它们伴随着满意的属性。”[④]

詹姆士的这种辩护似乎难以让人感到满意。由于对“效用”、“满意”、“后果”可以有大不相同的解释，所以对实用主义的真理的理解也可能迥然不同。张祥龙教授认为：“总的说来，把行为的效果越解释得靠近意义发生的源头（比如詹姆士讲的‘意识流’），这实用主义就越原本和有机；相反，如果将这效果仅仅看作主客分离局面中的主体行为的后果和目标，就丧失了实用主义者们追求的那种思想元气或生机，最后沦为以对我是否有利来划分真假的唯我主义了。对实用主义的误解就往往来自实用主义者们本人在这方面的不当言论。”[⑤]张祥龙教授的这个分析可谓切中要害。詹姆士在论述实用主义真理观时，至少从其表述来看，它过于依据显意识中的“效用”、“满意”、“后果”，而未充分考虑边缘意识中的意义生成（如“空意识”、趋势之觉、虚词）对发现真理的作用。也就是说，它偏向于可对象化（哪怕是具有趋势的对象性）一侧，而未充分关注不可对象化的、隐蔽的、空虚而有趋向的一侧，或真正有内在连续性的一侧。所以它显得缺少那既动态、生发、与人的情感相关，但又不受控于相对主

---

① *MT*, p.105.

② *MT*, p.105.

③ *MT*, p.106.

④ *MT*, p.108.

⑤ 张祥龙：《当代西方哲学笔记》，北京大学出版社，2005年，第74-75页“旁注”。

义、主观主义的透彻思路。另一方面，诚如张祥龙教授所言，如果只强调真理作为观念的一面，如果“我们”不同时被那些正在生成着的观念所构成着，而只是在消化、受用、确认和证实它们，那么这真观念之说就还不够“流”化、纯“趋势”化，也就容易为人诟病。[①]现象学有时在这方面更通透些，比如海德格尔的出于艺术经验和边缘经验的“揭蔽”真理观。

这不只是詹姆士的真理观存在的问题，它同样是杜威的实用主义真理观存在的问题。杜威在《哲学的改造》中为他的实用主义真理观的这个观点辩解时说：“当真理被看作是一种满足时,常被误认为是情绪的满足、私人的安适、纯个人需要的供应。但这里所谓满足却是观念和行动的目的和方法所由产生的问题的要求和条件的满足。这个满足包含公众的和客观的条件。它不为乍起的念头或个人的嗜好所左右。又当真理被理解作效用的时候，它常被认为对于纯个人目的的一种效用，或特殊的个人所着意的一种利益。把真理当作满足私人野心和权势的工具的概念是非常可厌的，可是批评家们竟将这样一个臆想归诸健全的人们，真是怪事。其实,所谓真理即效用，就是把思想或学说认为可行的拿来贡献于经验的改造那种效用。道路的用处不以便利山贼劫掠的程度来测定。它的用处决定于它是否实际尽了道路的功能，是否做了公众运输和交通的便利而有效的手段。观念或假设的效用所以成为那观念或假设所含真理的尺度也是如此。”[②]杜威将衡量真理的满意规定为公众的满意，这虽然可以减缓人们对其实用主义真理观的攻击，但是它似乎不能从根本上反驳人们对他的一种批评，即他主张一种主观主义和相对主义的真理观。

3. 实用主义是否主张主观主义和相对主义的真理观?

詹姆士的实用主义真理观在其生前就被一些人指责为主观主义和怀疑主义，在其身后这种批评更多。但是普特南认为：“詹姆士强调证实和评价是相互依赖的，但他并没有得出相对主义和主观主义的结论。”[③]应该说，詹姆士不赞同主观主义和相对主义的真理观，他也不承认自己的真理观是主观主义和相对主义，他说：“人本主义者并不忽视真理的客观性和独立性。”[④]“概念意味着后果。如果我认为我的一个观点是‘真的’，世界对我来说会有什么不同？首先，必

① 张祥龙：《当代西方哲学笔记》，第95页“旁注”。

② [美] 杜威:《哲学的改造》，许崇清译，商务印书馆1997年，第85页。

③ Hilary Putnam, “James ’ s theory of truth ”, in *the Cambridge companion to William James*, p.182.

④ *MT*, p.49.

定能够发现一个对象（或者必定能够发现这个对象的确定标志）。其次，这个观点一定不能与我所知的其他任何知识相矛盾。”[①]“真理意味着‘与实在相符合’，它坚决认为任何一种观点带来的主要便利是与已有的其他真理相一致。我认为我并未对我的主旨仅仅做出主观主义的解读。我心中充满了客观参照的概念……”[②]

但是詹姆士对于真理的表述确实很容易被人认为是主观主义和相对主义。首先，实用主义是一种方法，一种达到某种目的的方法，它把经验效果作为澄清概念的标准，这没有问题。但是当詹姆士把实用主义扩展为一种真理观时，问题就出现了。詹姆士以为它以实用主义方法澄清了概念，这概念就是真理了，但是他似乎没有关注这个结论隐含的一个未曾言明而有待澄清的前提，即经验的普遍必然性。如果没有这样一个前提，如果认为不同人的经验是不同的，检验概念或学说的经验具有主观性和相对性，那么就会在真理问题上陷入主观主义和相对主义。这是人们指责詹姆士的真理观是相对主义和主观主义的一个重要原因。

其次，詹姆士认为唯一真理观是典型的种族假象，唯一真理观认为真理是对于世界向人提出的唯一固定之谜的确定而完全的答案。[③]詹姆士对于唯一真理观的批评似乎也意味着他主张真理是相对的，不是唯一的。在詹姆士看来，我们对于我们生活的世界至少有三种不同的思想层次、阶段或类型，即常识、科学和哲学。一个阶段的概念具有一种优点，另一个阶段的概念具有另一种优点。我们不能说到目前为止所见到的这三个阶段的哪一个绝对比其他阶段更真。[④]他说：“我们在比较这几种类型的思想时，难以得出有力的结论，断定哪一种绝对地真。它们的自然性、它们在理智上的经济性和它们在实践中的成效都是检验它们真实性的明确标准……常识在一些生活领域更好，科学在另一个领域更好，而哲学批判在第三个领域更好；至于哪一个绝对比其他的更真，只有天知道。”[⑤]他的实用主义真理学说正是基于这样一个他所认为的事实提出的，而且他的真理观也正是为了解释这一事实的。

第三，尽管詹姆士一直坚持真理是观念与实在的符合，但是詹姆士也明确地

---

① *MT*, p.148.

② *MT*, p.128.

③ *P*, p.157.

④ *P*, p.124.

⑤ *P*, p.125.

说："真理是我们与实在的主观关系。"[1]早在《心理学原理》中，詹姆士实际上就认为实在的本质和真理是相对的，它们都具有主观的性质。他说："认知一个事实的所有方式，如果它们是真的，都同样地真。对任何一个事物来说，都不存在一个绝对本质性的属性。同一个属性，在一种情况下被看作是一物的本质，在另一种情况下可能变得无关紧要。"[2]"本质的唯一意义是目的论的，分类和概念是心灵的纯粹目的论的武器。一个事物的本质就在于，它的一个属性对我们的兴趣而言很重要，与它相比，我们可以忽略其他属性"[3]。詹姆士这样说的理由是需要——有限的和实践的本性所加之于我们的需要。在他看来，我们的思想"最初是、最终是并且永远是为了我们的行动（doing）的"[4]。《心理学原理》中的这种观点正是詹姆士的实用主义真理观的思想来源。

第四，詹姆士在《真理的意义》中说："诸实在自身只有被一个人（无论实用主义者还是反实用主义者）相信，对他而言它们才能说在那里存在；它们的观念只有看来是真的，他才能相信它们；它们的观念看来是真的，只是因为它们能够令人满意地发挥作用，而且它们是对具体的思想者的目的来说令人满意地发挥作用。没有哪个观念对任一事物来说都是真观念。"[5]詹姆士的这个表述意指真理是具体的，实在作为真理的对象也是具体的。这段话本来是要说明实用主义的真理观不是主观主义的，它不否认实在的存在。但是我们从这里分明看到詹姆士确定实在的顺序是：一个个别的人有一个具体目的，一个观念能使他满意地实现这个目的，这个观念是真的，因而我们相信作为其对象的实在是真的。如此一来，真理和实在的客观性最终就取决于个人的目的！这样的真理还是客观的吗？根据这个认识次序和确信实在的次序，一个相信上帝存在的人是完全能够为自己相信的上帝的实在性辩护的，但是就连詹姆士本人也在《实用主义》中说上帝是不存在的。一个人相信某个东西存在与一个东西是否真正存在并不是一回事。詹姆士的这段话本来是想以此反驳"实用主义是主观主义"，但是他的反驳好像恰恰表明了实用主义是主观主义。

再者，詹姆士认为："一个概念的重要意义在于：它的真，能够对某人产生

---

① *MT*, p.89.

② *PP*, Vol. II, p.333.

③ *PP*, Vol. II, p.335.

④ *PP*, Vol. II, p.333.

⑤ *MT*, p.131.

具体的差别。”[1]既然检验概念意义的标准是对个人产生的效果，这种效果在不同人那里就可能是不同的。当詹姆士说真理必须具有实际效果时，他所谓“实际的”是指“具体的”，而且这种具体的效果不只是物质上的效果，它既可以是物质上的，也可以是个人心理上的。詹姆士说：“无论是什么样的满意，无论是思想的还是财物的，它们都属于真理-关系的主观方面。它们确立我们的信念；我们的信念是关于实在的信念；如果没有实在，信念就是错的；但是如果有实在，它们若不是首先被相信，如何能被认识；若非我们首先拥有——令人满意地发挥作用的——它们的观念，它们如何被认识，实用主义认为这是不可想象的。”[2]他认为观念的真理是由其令人满意性决定的，而且令人满意性是一个主观的词。[3]

类似的表述在詹姆士的著作中还有不少，这里不再一一叙述。在詹姆士那里，让人满意不是真理的充分必要条件，它只是真理的一个必要条件。但是詹姆士关于个人的具体的“实际效果”、“用处”、“方便”、“满意”的一些表述容易产生歧义，难免给人一种印象，即个人的情感、行动、审美、理智乃至财物等等方面的满足和用处都可以决定观念的真理性。尤其是孤立地看待他的一些表述，更容易给人这种印象。美国实用主义最初留给美国学者的似乎就是这样一种印象。例如，《美国思想：从清教主义到实用主义》一书的作者就认为詹姆士的实用主义是在教导“一种达到个人满意的方法”[4]。他说实用主义最重要的标准是成功，“它一直被称为要求效果的商业哲学；瞄准结果的生活实用观点”[5]。杜威坦承：“当真理被看作一种满足时，常被误会为只是情绪的满足，私人的安适，纯个人需要的供应……当真理被解释为效用的时候，它常被认为对于纯个人目的的一种效用，或特殊的个人所着想的一种利益。”[6]

简言之，詹姆士不赞同主观主义和相对主义的真理观，也不认为自己的真理观是主观主义和相对主义，但是詹姆士的确认为真理是相对的。他的实用主义真理观是对真理相对性的解释，也进一步为真理的相对性打开了大门。

---

① *P*, p.229.

② *MT*, p.131.

③ *MT*, p.86.

④ Woodbridge Riley, *American Thought: from Puritanism to Pragmatism*, New York: Henry Holt and Company, 1915, p.281.

⑤ Woodbridge Riley, *American Thought: from Puritanism to Pragmatism*, p.279.

⑥ [美] 杜威：《哲学的改造》，第85-86页。

在讨论了实用主义的真理观之后，我们现在问一个问题：实用主义是真理吗？或者进一步说，这个问题可以这样问：根据实用主义的真理观，实用主义是真理吗？这似乎不是一个可以简单地用“是”或“否”来回答的问题，因为正像詹姆士·普拉特（James. B. Pratt）所说，在实用主义者看来实用主义能够令人满意地起作用，对于他们来说它显然是真理，但是对于非实用主义者来说实用主义不是真理，因为在他们看来它不能令人满意，它没有得到证实。[①]如此，实用主义真理观似乎既是真理又不是真理。如果我们认为真理是普遍的，我们必须说实用主义的真理观不是真理。但是普拉特进一步认为：“即使在实用主义的意义上实用主义是真理，这也不能让实用主义者满意。他们认为它在非实用主义的意义上也是真理……换言之，他们坚持实用主义的真理学说在非实用主义的意义上也是真理——根据真理符合论也是真理。”[②]普拉特认为当实用主义者这样做的时候，他们就完全失败了。他说：“如果认为一个学说要成为真理，它必须被证实，又认为这个学说无论证实与否都是真理，这明显是自相矛盾的。”[③]普拉特认为，实用主义者若不自相矛盾，应当“或者放弃他的真理学说，或者不再宣称它是真理，不再宣称我们应当在逻辑上承认它，而满足于拥有它和称赞它令人满意。”[④]在他看来詹姆士实际上采取了后一种立场，因为詹姆士在《实用主义者关于真理的表述》一文中说：“实用主义的真理理论事实上是不是真理，他们[实用主义者]不能保证——他们只能相信它。”[⑤]普拉特由此认为，前后一致的实用主义至少将不再进行论证，而是开始转向劝诫，实用主义将基本上不再被视为一种严肃的哲学学说，而是被看作种种宗教经验之一。

詹姆士的实用主义真理观与真理符合论相互矛盾吗？詹姆士明确地说实用主义不反对符合论，而是要解释观念如何与实在相符合。实用主义坚持符合论并非像普拉特所说的那样等于利用他们所反驳的真理概念。詹姆士在承认真理符合论的前提下，对“实在”与“符合”重新做出了解释，这种解释不同于超验唯心论者关于真理的观点。詹姆士反对超验唯心论者的绝对真理观，他也因此否认实用主义的真理观是绝对真理。詹姆士承认实用主义的真理观并非绝对真理，这并不意味着他对于超验唯心论的真理观的反驳没有道理。相反，他的真理观与其对超

---

① James. B. Pratt, *What Is Pragmatism?*, pp.126-127.

② James. B. Pratt, *What Is Pragmatism?*, pp.127-128.

③ James. B. Pratt, *What Is Pragmatism?*, p.128.

④ James. B. Pratt, *What Is Pragmatism?*, p.129.

⑤ *MT*, p.114.

验唯心论的真理观的批评可以是一致的。

四、实用主义与人本主义

人本主义与实用主义是一对关系非常密切的概念。席勒把他论述实用主义学说的著作就命名为《人本主义》。詹姆士有时也把实用主义称作人本主义，例如，在《实用主义》一书的“实用主义与人本主义”一章中，詹姆士说在真理问题上实用主义就是人本主义。人本主义这个概念与詹姆士的彻底经验主义也有密切关系。因此，理清詹姆士哲学中人本主义的含义及其与实用主义的关系有助于我们理解他的实用主义，也有助于领会他的彻底经验主义。

詹姆士对于实用主义和人本主义这两个概念之间的关系有多种表述，这些表述之间的关系并非总是十分清晰和前后一致。詹姆士曾明确地说，实用主义首先是一种方法，其次是一种关于真理的理论。这显然告诉我们，实用主义既包括实用主义方法，也包括实用主义的真理观。但是他有时又把实用主义的含义缩小到仅仅意指实用主义方法，而把广义的实用主义称为人本主义。他说，他的实用主义方法的意义只是指“这里必须具有实际效果。但是在英国这个词是在更广的意义上使用的，它包括这样的含义，即任何一个表述的真理就在于它的效果，特别是好的效果。这就完全超出了方法的范围。既然我的实用主义与这更广义的实用主义如此不同，两者又都很重要，所以必须分别命名。我觉得席勒建议把这广义的实用主义称为‘人本主义’是很好的，应当采纳。狭义的实用主义可以叫作实用主义方法”。[①]这表明在詹姆士那里，实用主义与人本主义并不是两个等同的概念。就实用主义是一种方法而言，它不等同于人本主义。当詹姆士进一步用实用主义考察真理时，他的实用主义才可以说是一种人本主义。但是詹姆士的这段话还有另外一层含义，即人本主义不仅超出了实用主义方法，而且超出了他的真理观，是一种比他的广义的实用主义还要广义的实用主义。另一方面，詹姆士又在不同地方说他的真理观与席勒的真理观是完全一致的[②]，但是我们从这段引文分明看到他在真理问题上与席勒保持着距离。

詹姆士试图根据席勒的建议来区分开实用主义和人本主义，但是席勒对实用主义和人本主义的区分，与詹姆士对实用主义和人本主义的区分有很大的不同。

---

① *MT*, p.38.

② *MT*, p.93, p.132.

席勒对于实用主义的定义看似比詹姆士的定义要复杂得多。他在《人本主义研究》这本书中为实用主义下了七个定义。首先，席勒认为实用主义只是逻辑领域的一种方法，他为实用主义下的第一个定义是“这样一种学说，即认为真理是逻辑上的价值，它也是根据这个原则系统检验诸真理判断的方法”①。其次，席勒认为一切真正的真理必须已经表明自己有用，它们必须已经通过那些用来检验和证实它们的有用性，被应用于某些实际的认识问题，所以席勒为实用主义下的第二个定义是：“判断的真实性取决于它的应用。或者换言之，‘抽象的’真理根本不是充分真理。”②第三，席勒认为真理必须使用方能为真，并且在以后保持为真，它们是行动的规则，本来就是为了使用的。一条不被应用的抽象规则，支配不了任何东西，也没有任何意义。由此席勒为实用主义下了第三个定义：“规则的意义在于其应用。”③他认为应把这一点看作实用主义方法的本质。第四，席勒认为：“终极说来，一切意义取决于目的。”④这个定义是从第二个和第三个定义自然地延伸出来的。第五，席勒认为在人的心灵中意义永远是有选择的和有目的的，这是一种与有机体的安危密切相关的生物功能。从生物学上说，我们可以把包括理智在内的整个心灵理解为一种以达到适应环境为目的的典型的工具，这种工具之得以存留和发展是由于它证明了自己比其他动物采用的手段具有更高的功效。因此席勒为实用主义下的第五个定义是：“一切心灵生活都是有目的的”。⑤他认为实用主义的最主要特点似乎就可以说它坚持了这个事实。第六，席勒认为，实用主义必须坚持兴趣、目的、愿望、感情、目标、有用性、假定和选择等等渗透所有的实际认识，并且否认那些宣称自己与这些东西不相容的学说能够真正不需要它们。他由此给实用主义下了第六个定义：“它是一种对一切忽视实际认识的目的性的做法所进行的系统抗议，不论是为了理性主义者假想的‘纯粹的’或‘绝对的’理性而抽出这个目的，还是为了唯物主义者假想的‘纯粹机械论’而取消这个目的，我们都要抗议。”⑥最后，席勒认为实用主义虽然只是逻辑领域的一种方法，但是它也承认它与其他科学的类似观点有亲近关系。它以自己与心理学的亲密关系而自豪，当然与之结盟的心理学都承认目的的

---

① F. C. S. Schiller, *Studies in Humanism*, London: Macmillan and Go., Ltd., London, 1907, p.7.

② F. C. S. Schiller, *Studies in Humanism*, p.8.

③ F. C. S. Schiller, *Studies in Humanism*, p.9.

④ F. C. S. Schiller, *Studies in Humanism*, p.9.

⑤ F. C. S. Schiller, *Studies in Humanism*, p.10.

⑥ F. C. S. Schiller, *Studies in Humanism*, p.11.

实在性。如此，实用主义就可以理解为远远扩展到逻辑范围之外的一些观点和方法在逻辑领域的具体应用。根据这种理解，实用主义可以定义为："一种目的论的心理学在认识论（或逻辑）中的一种自觉应用，这种心理学最终隐含着一种唯意志论的形而上学。"①

席勒说，对实用主义本质的这七种规定看起来在词句上各不相同，但是它们是真正等值的，因为它们密切相关，而一个事物的"本质"就像"定义"一样，是与看待事物的视角相关的。席勒与詹姆士一样认为我们看待事物的视角不同，事物的本质在我们心中也不同。席勒说："真正重要的不是这个或那个定义，而是它探究问题的精神和考察问题的方法。它的方法是经验的、目的论的和具体的，它的精神是一件更大的事情，我们可以适当地称之为人本主义。"②

这种比实用主义更大的人本主义是什么？席勒说："人本主义自身实际上是最简单的哲学观点，它只是这样的看法：哲学问题关注的是通过人的心灵来努力理解人的经验世界的人。甚至实用主义也不能比这个自明的认识方法更简单或更接近于它。"③席勒认为实用主义是人本主义在认识论上的一种具体应用，人本主义是一种更为普遍的方法，这种方法适用于伦理学、美学、形而上学、神学、人所关心的每件事情以及认识论。④这给人的印象是实用主义和人本主义都是方法。他自己也说，实用主义和人本主义都不需要形而上学，两者都是方法，一个限于具体的认识问题，一个应用的范围更广。⑤但是席勒又把实用主义视为人本主义的低级阶段，而把人本主义视为实用主义的高级阶段。他说我们可以停留在实用主义的认识论阶段（就像我们可以停留在无哲学的科学阶段，和无科学的日常生活阶段），这实际上就是把实用主义看成认识方法和对于认识过程的分析，而不寻求对它加以概括或者将它变成一种形而上学。⑥这似乎在说，实用主义只是一种方法，而人本主义还是一种形而上学。然而席勒又说实用主义和人本主义都可以成为形而上学。首先，在他看来，尽管实用主义和人本主义自身只是方法，但是如果把方法看成终极的，方法就可以变成形而上学。一种方法能够让谁完全满足，谁就可以将它作为自己的形而上学，就像他可以接受一种可行的科学概念一样。

---

① F. C. S. Schiller, *Studies in Humanism*, p.12.

② F. C. S. Schiller, *Studies in Humanism*, p.12.

③ F. C. S. Schiller, *Studies in Humanism*, p.12.

④ F. C. S. Schiller, *Studies in Humanism*, p.16.

⑤ F. C. S. Schiller, *Studies in Humanism*, pp.16-17.

⑥ F. C. S. Schiller, *Studies in Humanism*, p.16.

“因此，实用主义和人本主义都可以当成形而上学。”[①]其次，席勒认为方法可以与形而上学有亲缘关系，所以他为实用主义所下的第七个定义就把实用主义理解为一种唯意志论形而上学的衍生物，同样，他认为人本主义可以看成一种形而上学的人格主义。第三，席勒认为方法可以或多或少地明确指向某些形而上学结论，我们可以认为实用主义所指向的是人的能动性和自由的终极实在，实在的可塑性与不完整性，在时间中的世界过程的实在等等。而人本主义可以指向我们设定为终极存在的任何宇宙原则的人格，以及它与人类的亲缘关系和同情关系。

我们从这里能够看到席勒的实用主义与詹姆士的实用主义有许多相同或相似的观点。但是我们也看到他们之间的一些区别。例如，席勒非常强调个人的兴趣、愿望、感情、目标、有用性等对确定真理的作用，詹姆士虽然也肯定这一点，但是他为了避免被人指责为主观主义和相对主义，他一再强调真理与实在的符合，强调真理与过去的真理和知识的符合。席勒认为实用主义可以作为一种形而上学，而詹姆士并没有做出这样的论断。詹姆士所认为的狭义的实用主义只是指实用主义方法，不包括实用主义真理观，他把既包括方法论也包括真理观的广义的实用主义称为人本主义；但是这只相等于席勒的实用主义概念或者狭义的人本主义概念，席勒的广义的人本主义概念的含义要更加普遍。因此詹姆士所说的人本主义与席勒的人本主义并不是一回事。

詹姆士不仅把广义的实用主义称为人本主义，有时也把彻底经验主义说成人本主义。詹姆士著作中的标题就显示出这种内容上的交叉：《实用主义》第七章是论“实用主义与人本主义”，他阐释实用主义学说的《真理的意义》的第三章是论“实用主义与真理”，第五章是论“人本主义的本质”。“人本主义的本质”这一章也出现在《彻底的经验主义》一书中。《彻底的经验主义》中还有一篇“再论人本主义与真理”。詹姆士在《人本主义的本质》一文中说：“在我看来，人本主义的主要贡献在于看到：我们的经验的一个部分可以依赖另一个部分……但是经验作为一个整体是自足的，不依靠任何东西。”[②]詹姆士把这称为“人本主义的核心观点”[③]，“它从根本上拒绝承认超经验的实在这一假设……它坚持经验之中的连接性关系是实在无误的”[④]。他在《实用主义与人本主义》

① F. C. S. Schiller, *Studies in Humanism*, p.19.

② *MT*, p.72.

③ *MT*, p.73.

④ *MT*, p.72.

一文中说："真理是从一切有限经验里生长起来的。它们互相依靠，但它们所构成的整体，如果有这样的整体的话，则无所依靠。一切真理都以有限经验为'家'；有限经验自身则无家可居。除了这个经验流，没有什么东西能保证它的产生；它只能期望依靠内在的保证和潜力得到拯救。"①这些都是他所倡导的彻底经验主义的核心内容。这个意义上的人本主义就不限于实用主义的方法和真理观了，而是一种世界观的表达，是一种形而上学。如果在詹姆士那里实用主义与彻底经验主义是两个不同的学说，那么人本主义就成了横跨实用主义和经验主义的一种学说。

作为彻底经验主义的人本主义与席勒的人本主义的差别更加明显。席勒认为人本主义的伟大原则是："人是他的经验的尺度，因此是他所经验的任何世界之不可分离的因素。"②但是经验究竟是什么？如何理解经验？这显然是不同于席勒的人本主义的另一个问题。根据席勒在《人本主义研究》中的表述，古希腊的智者像普罗泰戈拉毫无疑问是人本主义者。詹姆士会承认普罗泰戈拉是人本主义者吗？如果把人本主义理解为实用主义，我想詹姆士会承认普罗泰戈拉是人本主义者。但是如果把人本主义理解为彻底经验主义，那么詹姆士绝不会认为普罗泰戈拉是这个意义上的人本主义者，因为詹姆士将他的彻底经验主义视为哲学史上未曾出现的原创哲学。

---

① *P*, p.169.

② F. C. S. Schiller, *Studies in Humanism*, pp.12-13.

第七章　多元宇宙观

多元的宇宙观是詹姆士哲学的一个重要部分，它是与詹姆士的思想流学说、实用主义和彻底经验主义密切相关的学说。西奥多·弗卢努瓦（Theodore Flournoy）将詹姆士的多元世界观视为不同于彻底经验主义而又来自于彻底经验主义的一种学说，认为“彻底经验主义对一元论的否定直接导致了对多元论的肯定”[①]。初看之下，这个说法颇有道理，但是它忽略了彻底经验主义与多元宇宙观的真正思想基础，也没有准确地说明它们的相互区别与相互联系。詹姆士的多元世界观并非不同于彻底经验主义的另一种学说，它们是对詹姆士的存在论或宇宙观的不同表述，是从不同角度和着重点对同一个世界做出的论述。多元世界观和彻底经验主义都源自思想流学说。思想流既有变化又有连接，既有分离又有连续。多元的宇宙观着重论述世界中的分离，即世界的“多”，彻底经验主义着重论述事物之间的联系，即世界的“一”。多元宇宙观与彻底经验主义是詹姆士对世界的两个方面的论述，它们既互为前提又相辅相成，所以詹姆士有时候就把他的多元论的宇宙观称为彻底经验主义。这一章我们讨论詹姆士的多元宇宙观。多元宇宙观和彻底经验主义不只分别包含在《多元的宇宙》和《彻底的经验主义》中，也体现在詹姆士的其他相关著作之中。

一、詹姆士与柏格森

詹姆士的多元世界观立足于自己的思想流学说和实用主义方法，但是这个学说也从正反两个方面受到其他一些哲学家的思想的影响。在这里我想简短介绍一

① Theodore Flournoy, *The philosophy of William James*, trans. Edwin B. Holt and William James, Junior, New York: Henry Holt and Company,1917, p.100.

下詹姆士比较赞赏的柏格森的学说对他的影响与支持。詹姆士在多部著作中都谈到柏格森，在《多元的宇宙》中专门用一章讨论柏格森的思想。詹姆士对柏格森可以说不吝称赞，《威廉·詹姆士与亨利·柏格森》一书的作者霍勒斯·凯伦（Horace M. Kallen）曾说："他以赞同而又令人信服的方式对柏格森一个时期的观点所做的表述，使许多漫不经心的读者把他看成一个柏格森主义者。"[①]

詹姆士称赞柏格森的著作不是一个封闭的体系，非常富有启发性。[②]他说："打开柏格森的书，每一页都为你耸现出新的视野。他的著作就像清晨的气息，又如鸟儿的歌唱。他的著作讲述实在本身，而不是仅仅复述思想陈旧的教授们对先前其他教授思想的论述。柏格森的哲学是崭新的或原创的。"[③]詹姆士年长于柏格森，就其思想流学说的产生来说，它是独立于柏格森的。虽然柏格森的第一部哲学著作《时间与自由意志》（1889年）比詹姆士的《心理学原理》早一年出版，但是当柏格森的这部著作出版的时候，詹姆士的思想流学说已经形成了。柏格森的思想佐证了詹姆士的思想流学说、多元世界观和彻底经验主义，他对理智主义的批评有助于詹姆士的思想从理智主义的束缚下解放出来，尤其是在挑战理智主义的逻辑方面增强了詹姆士对自己学说的信心。詹姆士认为柏格森在哲学上的一个主要贡献是对理智主义的批评。绝对主义者和经验主义者都把理智主义的逻辑视为权威，绝对主义者用它攻击感觉世界，经验主义者则用它攻击绝对，"唯有柏格森从原则上挑战理智主义逻辑的理论权威……唯有他否认，单纯的概念逻辑就能告诉我们在存在的世界或事实的世界里什么是不可能的或什么是可能的"[④]。詹姆士说："柏格森的哲学引导我个人抛弃了理智主义的方法和这个流行观念，即逻辑是一个东西能够或不能够存在的充分尺度。"[⑤]詹姆士认为柏格森把传统的柏拉图主义的学说彻底颠倒过来了，因为柏格森认为理智知识不是更深刻的知识，而是更肤浅的知识；理智知识不是唯一的充分知识，而是很不充分的知识；它不能理解实在，不能揭示事物的本质，它唯一的优势在实用方面，能够使我们在经验里走捷径，从而节省

---

① Horace M. Kallen, *William James and Henri Bergson: A Study in Contrasting Theories of Life*, Chicago: University of Chicago Press, 1914, p.ix.

② *PU*, pp.265-266.

③ *PU*, p.265.

④ *PU*, p.243.

⑤ *PU*, p.225.

时间。由于柏格森“取消了理智主义的否决权，使得我们的哲学良知获得了前所未有的解放，使得我们现在和实在的步调一致起来”[1]。詹姆士曾说：“如果我不是受到一位年轻而富有创见的法国作家亨利·柏格森教授的影响，我现在就不能解放思想，不能以如此轻松的心情轻视逻辑，或者把逻辑从哲学的深层领域抛出去，使其在简单的人类实践领域享有其正当体面的位置。”[2]他在一次讲座中说：“可以肯定地说，如果不是从柏格森的权威那里获得信心，我绝不敢向特别长于批评的在座诸位提出这些具体观点。”[3]

柏格森关于活动、事实与经验流的思想在詹姆士那里产生了共鸣。他说：“柏格森的这个观点是绝对正确的，即：活动与变化之整个生命不能通过概念进行内在的理解，它只能通过直接的感觉进行同情的理解。实在的所有什么（*whats*）以及实在的这（*that*），关系以及关系端，最终都是直接具体的知觉内容。”[4]“柏格森告诉我们，如果你想知道实在，那么你应回到经验流本身。”[5]“柏格森将我们的希望从概念转向被人轻视的感觉流……他反对理智主义哲学的否决权，恢复我们与感觉经验及常识的天生的亲切关系……以一种健全的哲学良知重新信任我们的感觉！可曾有谁赋予我们如此宝贵的自由？”[6]詹姆士和柏格森都认为，生命的整个过程并不服从逻辑，生命的本质在于生命的持续变化，真正的生命呈现出许多互不相同的东西，它们融合在一起，概念则把这些不同的东西拆散开来而打断了生命之流。或者说，真实存在的不是现成的而是正在生成的东西，它们一旦形成，就变成死的东西了，这时可以用无数个概念定义它们，分解它们。实在在其未分割的自我中增长和变化，经过概念的分析就凋谢了。詹姆士与柏格森都承认我们的实在有一个可感觉的核心。[7]在他们看来，经验的变化不是完全毁灭，而是伴随着新事物的创生。在经验流之中，有的部分凋谢了，有的部分生长出来，一个相对稳定的核心一直存在，凋谢的部分从这个核心脱落，植入的部分被这个核心吸收，直至产生出某个新的完全不同的东西。柏格森的哲学主张回归经验主义，这无疑增强了詹姆士已有

---

① *PU*, p.266.

② *PU*, p.214.

③ *PU*, p.215.

④ *PU*, p.342.

⑤ *PU*, p.252.

⑥ *PU*, p.339.

⑦ *P*, p.163.

的经验主义立场，他说："我认为以如此富有成就的形式回到经验主义，这只能证明经验主义是不朽的。"[①]毫无疑问，柏格森的这些思想有助于詹姆士阐述和坚持自己的多元宇宙观。

二、"一"与"多"

詹姆士说，"一"与"多"的问题"是所有哲学问题中最核心的问题，说它是最核心的问题是因为它意义重大。我的意思是，如果你知道一个人是坚定的一元论者或坚定的多元论者，相比于你知道他是其他什么'论者'，你也许能够更多地了解他的其他观点。信仰一还是信仰多，这是一个具有蕴含结果最多的分类"。[②]

詹姆士认为，经验主义主张世界是"多"，理性主义主张世界是"一"。他的《若干哲学问题》的第七章和第八章专论"一与多"，詹姆士在那里从思想流学说开始，论述了经验主义的多元论和理性主义的一元论的产生。他说实在即我们的思想流或知觉流，"尽管知觉流从一个到下一个是连续不断的，但是知觉流的不毗连的部分被插入的部分所分离，这种分离似乎以各种各样的形式造成了真正的断裂"[③]。例如，后面的部分可能不包含前面部分的要素，可能与前面的部分不相似，可能忘记了前面的部分，可能被物质性的障碍或类似的东西隔断了与前面的部分联系，等等。"因此，如果我们运用我们的理智来切碎知觉流，个别地考虑它的各个部分，我们（至少暂时地事实上）把这些数量众多的部分看成似乎是彼此不相连的或者只具有极小的联系。我们一个一个地或单独地来处理它们，把整个知觉流看成似乎是它们的总和或集聚。这导致了经验主义的看法，即各个部分是不同的，整体是一种组合。"[④]理性主义反对经验主义的这种多元论。它认为："整体是根本，部分源自于它，所有事物都彼此相关，我们不加批判地接受的分离是虚幻的，整个宇宙不是一个总和，而是存在的唯一真正的统一体。"[⑤]简言之，多元论认为实在以分离的形式存在，而一元论认为实在以全体

---

① *PU*, p.264.

② *P*, p.90.

③ *SPP*, p.113.

④ *SPP*, p.113-114.

⑤ *SPP*, p.114.

的形式存在。

虽然经验主义的多元论与理性主义的一元论是两种相互对立的学说，但是在詹姆士看来，经验主义者与理性主义者一样通常都以抽象的方式来谈论世界的统一（unity），都漠视经验世界的具体统一方式，在这个意义上他们都是一元论者。他们之间的不同在于，经验主义者并未被统一性完全遮蔽了眼睛而对具体事物之间的分离视而不见，理性主义者却把统一性当作一个原则加以崇拜，以神秘的方式解释抽象的统一性，忽视其他一切事物。[①]例如，希腊哲学和经院哲学中的实体、斯宾诺莎的上帝、康德的先验自我、黑格尔的绝对等等都是理性主义者对世界的统一原则的设定。詹姆士认为要更好地理解这个问题，最好运用实用主义方法，把它带入经验的河流中。“假设事物中存在着一，它可能被认知为什么？它会对你和我造成什么差别？”[②]或者“假定这个一（oneness）存在，在结果上会产生什么不同的事实？统一性究竟指什么？世界是一——好，但它是怎样的一？对我们来说这个一的实际价值是什么？”[③]詹姆士说通过追问这些问题，我们对“一”的认识就会从模糊到明确，从抽象到具体，“使我们以冷静的头脑投入到经验流之中，这经验流真正可以为我们揭示更多的联系和统一”[④]。我们会由此看到人们所说的世界的一元性以一些明显的方式造成一些差别。

我们很容易看到或设想相互之间没有联系的事物。例如，我们可以设想，不同事物栖居于不同的时间和空间；不同人的梦各自存在于不同人的意识中；不同的人没有亲属关系；不同的人没有语言联系，等等。同样，我们也可以设想事物之间的联系。例如，许多事物以机械的方式联合在一起；许多事物以热的方式联合在一起；许多事物以化学的方式联合在一起；人们通过相互认识也可以联合在一起；通过行动也可以联合在一起，等等。詹姆士说，某个个别事物与其他个别事物之间存在着无数种联系，每一种联系都构成一种总的联合系统。在较大联合之内有无数较小部分的联合，在较大的世界之内有无数较小的世界。我们可以想象，除了我们知道的世界之外，还存在其他各种世界，这些世界有最复杂多样的等级和种类的联合。[⑤]每个系统代表某种形式或某种等级的联合，它的各个部分

---

① *P*, p.91.

② *SPP*, p.125.

③ *P*, p.92.

④ *P*, p.101.

⑤ *P*, p.105.

贯穿于那种具体的联系上，同一个部分可以出现在许多不同的系统中，就像一个人可以参加若干不同的团体一样。“这些联系就是我们将一这个词应用于我们的世界时所意指的具体情况。只有它的部分以这些方式和其他方式联合起来时，我们才称之为一。显然，根据同样的逻辑，只要它的部分在这些方面是分离的，我们就应该称之为‘多’。”①

因此，詹姆士说：“从这个‘系统化’的观点看，世界的统一性的实用价值在于：所有这些确定的网络是现实地和实际地存在的。有的包含更多，范围更广，有的包含较少，范围较小；它们相互交错重叠，世界的任何一个小的部分都不会游离于它们之外……广义地说，所有事物一般都在某种程度上相互依赖和相互联结，世界实际上是以网状或串联的形式存在的，这使世界成为一个连续的或‘整体的’的东西。只要你循着它由一个到另一个，任何一种联系都有助于世界成为一。因此你可以说‘世界是一’——也就是说，在这些方面，就它们获得这些联系而言，世界是一；但是只要它们不能获得这些联系，世界肯定不是一。”②换言之，“‘世界是一’，这只是就我们经验到它被连接在一起而言的，是就许多确定的连接而言的。但是就我们所见到的许多确定的非连接而言，它又不是一。所以我们可以根据不同情况而说世界是一或多。它既不是纯粹的一元世界，也不是纯粹的多元世界。”③

简言之，世界在许多方面是“一”，在另外方面是“多”。詹姆士认为一与多是绝对同等重要的，哪一个都不比另一个更基本、更实在或更优越。同一个事物既可能将其他事物联合起来，也可能将它们分离开来。例如，许多事物以机械的方式联合在一起，但另外一些事物却并非如此。许多事物以热的方式联合在一起，另外一些事物却不是这样。许多事物以化学的方式联合在一起，另外一些事物则不如此。无论它们对事物的联合还是对事物的分离都是同等重要的，但是有时这种功能有时那种功能较为我们关注。詹姆士说：“我们的理智实际追求的既非单纯的多样性，也非单纯的统一性，而是全体性（*totality*）。就此而言，了解实在的多样性与理解它们的联系是同样重要的。”④所以，“实用主义必定同样拒绝绝对一元论和绝对多元论。就世界的各个部分通过任何确定的联结而结合在

① *SPP*, pp.126-127.

② *P*, pp.94-95.

③ *P*, p.100-101.

④ *P*, p.91.

一起而言，世界是一。就我们不能获得这些确定的联结而言，世界是多。最后通过这些联结系统，至少通过人类在时间进程中努力形成的联结，世界会变得越来越统一。”①

事物的联合与分离究竟有多少？詹姆士说实用主义在这个问题上不下最终的经验判断，因此它显然站在多元论一边。那种认为将来有一天可能达到完全统一的观点，或许会成为最可接受的假设，但是实用主义一定接受相反的假设，即世界仍未完全统一并且也许永远如此，这种假设属于多元论。②詹姆士有时把实用主义明确地说成“多元论的实用主义”③。他说：“我的实用主义所赞同的是多元论的信念。”④詹姆士在一元论与多元论问题上的立场选择，已经超出了他的实用主义方法的范围。他之所以选择站在多元论一边，这与他的哲学气质密切相关。

三、哲学气质论

詹姆士的思想流学说的一个重要内容和特征是对“注意”和“兴趣”的重视，詹姆士在其第一篇真正具有原创性的论文《论斯宾塞的作为符合的心灵定义》中正是通过对“注意”和“兴趣”的阐述指出了英国经验主义的一个缺陷。詹姆士的这个思想与他的哲学气质论密切相关。哲学气质论是詹姆士对哲学的一种独特解释，他认为哲学史上不同类型的哲学体系是不同人对世界关注的焦点不同造成的，不同人的不同兴趣、性格、经验和气质使他们强调世界的不同部分。他说：“这些类型只是许多看法，只是对于生命的整个冲动的一些感觉方式和对于生命的整个流动的一些理解方式而已。这些见解是一个人的全部性格和经验，而且总的说来，都是为他所特别喜爱的——再没有更诚实的话了——最好的工作态度所施于他的。”⑤哲学体系自以为是上帝的伟大宇宙的描述，其实它不过是而且明显是个人趣味的一种暴露而已！⑥这种对于哲学的看法与席勒在《人本主

① *P*, p.105.

② *P*, p.138.

③ *P*, p.169.

④ *MT*, p.123.

⑤ *PU*, pp.20-21.

⑥ *P*, p.35.

义研究》中的观点非常相似，席勒也明确地说："每一种形而上学实际上都把大量的主观材料植入它的结构中，这些材料是个人性的，来自作者本人的经验。它总是从个人特有的气质中获得其最终形式。"[①]"一种哲学终究是关于一种生活的理论，而不是关于一般的或抽象的生活的理论。"[②]当然，正像罗伯特·施瓦兹（Robert Schwartz）指出的，当詹姆士强调气质对哲学思想的影响时，他并非放弃理性和经验证据，他也并非认为所有的气质因素在确定信念方面都具有合法作用。[③]

詹姆士把哲学气质分为两大类即经验主义气质与理性主义气质。相应地，他把哲学也划分为两大类，即经验主义哲学与理性主义哲学。他说："'经验主义者'是热爱各种原始事实的人，'理性主义者'是信仰抽象和永恒原则的人。"[④]原则是具有统一性的整体或一般概念，而事实都是个别的具体的世界部分，因此理性主义最重视事物的统一性，它从整体和一般概念出发，根据原则而行；经验主义则从局部出发，根据事实而行。因此也可以说："经验主义是指用部分解释整体的习惯，而理性主义是指用整体来解释部分的习惯。"[⑤]理性主义认为世界是由一个原则统摄的，因而持一元论，而经验主义则认为世界是个别事实的集聚，因而主张多元论。理性主义由于肯定抽象永恒的原则例如上帝或绝对，它认为自己比经验主义更有宗教信仰，但它也更具独断论的特点，而且更具有唯心主义色彩；经验主义则因为否认或怀疑这些超验的概念而更带有唯物主义的特征，也更可能采取一种怀疑论的态度。理性主义因为信仰上帝或绝对而对未来世界的得救拥有信心，通常赞成意志自由，显示出一种乐观主义；经验主义否认众多事实之上有一个超验的救世主和绝对的依靠，相信因果决定论对于世界的描述，甘于采纳一种悲观主义的宿命论。与此相关，在对世界前景的看法上，理性主义者更重感情，他们不愿把未来描绘成一幅冷寂无情的画面，而经验主义者对这种未来世界图景则泰然处之。因此，詹姆士又把理性主义气质称为柔性的（tender-minded）气质，而把经验主义气质称为刚性的（tough-minded）气质。

---

① F. C. S. Schiller, *Studies in Humanism*, p.18.

② F. C. S. Schiller, *Studies in Humanism*, pp.18–19.

③ Robert Schwartz, *Rethinking Pragmatism From William James to Contemporary Philosophy*, Chichester: John Wiley & Sons Inc., 2012, p.17.

④ *P*, p.20.

⑤ *PU*, pp.7–8.

“刚性的人认为柔性的人多愁善感和心肠软弱；柔性的人觉得刚性的人不文雅，无情或残忍。”[①]

简言之，在詹姆士看来，与理性主义关系比较密切的或者属于柔性气质的哲学有理智主义、唯心主义、乐观主义、宗教信仰论、意志自由论、一元论和独断论；与经验主义联系密切或者属于刚性阵营的哲学包括感觉主义、唯物主义、悲观主义、无宗教信仰论、宿命论、多元论和怀疑论。詹姆士对哲学的这种分类当然不是哲学家们的共识，他自己也认为这种划分在“一定程度上有些武断”[②]。他之所以用经验主义气质和理性主义气质来表示人们的世界观的差别，是因为这两个名词使哲学气质的对比显得简单有力，便于他阐述自己的观点。他将相关的哲学划分为经验主义与理性主义两个阵营，是想说明当他论述经验主义与理性主义的时候他心中所指的是什么。也就是说，他所描述的这种哲学气质的差别只是一个大致的区分，并不是一个精确的界定，他的真正目的是通过对历史上这两种气质的哲学进行分析，指出他们各自的特点和不足，借以显示实用主义的特质，进而阐述他的多元世界观和彻底经验主义。

詹姆士认为刚性的经验主义者重视事实，重视经验，但他们只相信事实。在他们看来，在赤裸的现象事实背后什么也不存在。[③]这样的哲学会将人们置于一个怎样的世界？近代以来科学的进步与技术的发展在创造了辉煌的物质文明的同时，也使经验主义气质的自然主义、实证主义和唯物主义越来越盛行。唯物主义认为，世界是物质的，物质的运动是有规律的，规律是客观的不依赖于人的，人只能去发现和记录事实和规律，必须服从客观真理，适应没有人性的自然界。唯物主义把精神现象还原为生理现象、生物现象乃至物理现象，把高级的东西解释成低级的东西，“永远当成‘没有什么，不过是’的情况来对待——不过是另外一种相当低级的东西罢了”。[④]人的理想、自发性和勇气都被消解在物理事实中，人越来越被缩小成生理学甚至物理学上的存在。按照科学尤其是热力学第二定理的预测，一切事物的结局是死亡，而宇宙的将来最终是“热寂”状态。这是一个科学的唯物主义的世界，也是一个近乎冷酷的宇宙图景，没有情感的呵护，没有宗教的安慰。詹姆士说只有铁石心肠的刚性人才觉得这样一个世界合乎自己

---

① *P*, p.22.

② *P*, p.21.

③ *P*, p.170.

④ *P*, p.24.

的口味。

柔性的理性主义者避开了伴随着经验主义的唯物主义，为人们提供了一个具有宗教信仰的上帝或绝对，它的确可以自称为具有宗教性。但是在詹姆士看来，对于这种宗教来说，实际事物是空的。例如布拉德雷说："绝对由于其包含的各种冲突和所有差异而更加丰富。"[①]这实际上是将有限的和相对的事物消溶于完满的绝对，认为世间的不幸和痛苦使得世界更加完满。这种宗教与实际生活中的具体部分没有接触，因为理智主义的宗教完全是由逻辑理性构造出来的，"它把它的结论叫作教义神学，或绝对哲学"。[②]理智主义赋予上帝的形而上学属性，如上帝的自主性、必然性、非物质性、不可分性、实现的无限性、以及他的自给、自爱和自足的绝对幸福，不可能与我们人生发生任何确定的关系。即使这些属性是准确无误地通过演绎推出来的，在逻辑上是真的，它在宗教方面也与我们没有一点点关系。我们从这样的上帝或绝对那里推不出任何具体的、实际的、特殊的事物。理性主义虽然肯定上帝一劳永逸地创造了世界，上帝是所有事实的合理前提，与世界上实际存在的任何情况都相符合，但是它的上帝似乎并不关心现实生活中人的实际遭遇。我们不能依靠它的上帝的帮助，回到各项具体事实的世界里来，或从关于上帝的性质的观念中，推出对我们生活有重要意义的事实结果。虽然有了崇高神圣的上帝，我们仍然要以自己的世俗的方式来拯救自己。而且我们如果想知道上帝的任何实际性质，也必须到他所创造的即我们所在的世界里来寻找。詹姆士说："人类尘世需要上帝的谦卑服务，比天堂需要他的尊严，更加迫切。"[③]彻底的理性主义轻视经验主义的需要，偏向空论和主观武断，它的上帝或绝对遥远而又空虚，是一个学究式的"绝对无价值的虚构"。[④]

詹姆士所描述的经验主义与理性主义体现了两种极端的气质。如果我们是彻底刚性的人，经验主义可以满足我们的需要；如果我们是纯粹柔性的人，理性主义可以满足我们的需要。也就是说，在詹姆士看来，经验主义者与理性主义者对于世界的假设都有合理之处，因为各有各的用处。但是现实中很少有人是完全的理性主义者或柔性的人，也很少有人是完全的经验主义者或刚性的人。我们大多数人身上混合着两种气质，而每种气质都并不突出。正像哲学家信赖他的气质并

---

① F. H. Bradley, *Appearance and Reality*, London: Oxford University Press, 1930, p.180.

② *VRE*, p.433.

③ *P*, p.57.

④ *VRE*, p.447.

相信与他的气质相适合的关于宇宙的解释一样，我们普通人也是根据自己的气质来看待事物和哲学的。由于我们身上混合着两种气质，所以我们的生活既不能离开事实也不能离开原则，既需要科学也需要宗教，“我们中间大部分人都渴望两方面的好东西”①。但是经验主义哲学的宗教性不够，而理性主义的宗教哲学又经验性不足。人们的两部分需要和追求在哲学中被决然地分开了，无论是柔性的理性主义还是刚性的经验主义都不能较好地满足大部分人的生活要求。詹姆士认为科学与宗教的这种分裂是20世纪初哲学所面临的困境。

哲学通常被认为是关于世界的普遍思想体系，是纯粹理性思考的产物，是精确的定义，严谨的推理，精致的分析。它表达的是客观的真理，不但不依赖而且要排斥人的气质。但是詹姆士却认为哲学史在极大程度上是人类气质冲突的历史。把哲学的差异和冲突说成是刚性的和柔性的气质的对立，用詹姆士自己的话说，这在专业哲学家看来似乎显得“很粗陋，粗陋到了难以饶恕的地步，不，到了几乎令人难以置信的地步”②。至少它不符合人们通常看待哲学的习惯。但是詹姆士认为：“气质与其所渴望的和拒绝的实际上决定着人们的哲学观点，而且永远如此。”③虽然无论经验主义者还是理性主义者都宣称他们的哲学是世界之谜的唯一答案，是唯一合乎逻辑的结论，是一般推理的必然产物，但是归根到底，“这些结论或多或少总是个人观点的偶然显现”④。从理性主义与经验主义相互颉颃，而多数人又不完全赞同它们二者中的任何一个，我们可以明显地感受到这一点。

詹姆士的哲学气质论可谓意蕴深长。把“主义”看成“气质”，从根本上显示了认识的人性特征。根据这种哲学气质论，人们的知识甚至通常认为是纯粹理性通过一般推理所达到的普遍思辨体系，也并不是外在于人的“客观”知识，不是世界“本来”面目的复写，而是人为的，并且是为人的。无论是科学、宗教还是哲学，其意义都是由具有一定气质和倾向的人赋予的，都带有人的特征，受人的兴趣的影响，为人的目的服务，而不是超越所有人，本来就有的。就像实用主义的早期捍卫者D.L.默里（D.L.Murray）所说的，“‘思想’处处为‘意志’所激发”⑤。这意志也即詹姆士所说的气质。詹姆士说，正因

① *P*, p.23.

② *P*, p.34.

③ *P*, p.35.

④ *PU*, p.10.

⑤ D. L. Murray, “pragmatism”, in *Early Defenders of pragmatism*, Vol.3, ed. John R. Shook, Thoemmes Press, 2001, p.28.

为如此，他才以大多数人的气质作为衡量哲学的尺度，哲学家必须注意大多数普通人的这种感情，因为“归根到底，我们所有的哲学最终是由这些感情判断的”[①]。正是在这个尺度面前，经验主义与理性主义的哲学显示出各自的缺陷，从而预示着一种新的哲学即满足大多数人气质的哲学的出现，詹姆士认为他的实用主义就是这种气质的哲学。

詹姆士的实用主义强调具体性，强调与经验事实的接近，并认为这是“实用主义最令人满意的特点”[②]。他说一个好的实用主义者“必须面向经验，面向‘事实’”[③]。这似乎意味着在实用主义这里经验主义气质占了主导地位，詹姆士也明确地说他以实用主义气质来反对理性主义气质，“实用主义离开了事实，就觉得不舒适，而理性主义只有在抽象面前才觉得舒适”[④]。詹姆士还说实用主义对许多事物的看法是与刚性哲学一致的，比如在注重特殊事实方面，实用主义和唯名论是一致的；在重视实践方面，它和功利主义是一致的；在鄙弃一切空洞的字面争讼，无用的问题和形而上学的抽象方面，它又与实证主义是一致的。[⑤]所有这些都是反理智主义倾向的。也许正因为如此，实用主义被人等同于经验主义或实证主义。

但是实用主义并不等同于传统的经验主义，它与传统的经验主义有着重大区别。首先，詹姆士的实用主义中的“事实”与经验主义的“事实”不是一回事，他重建或重新解释了这个至关重要的“事实”概念。刚性哲学之所以把世界描绘成一幅冷冰冰的图景，之所以断然否认宗教意义的可能性，是因为它用以解释世界的事实只是物理事实或科学事实。对于这些事实，詹姆士毫不含糊地加以肯定，这也是他对许多问题的看法与刚性哲学一致的原因。但是詹姆士用以解释概念的经验事实不只是传统的经验主义的物理事实，也包括情感事实、道德事实、审美事实、宗教事实以及各种关系事实等等，它极大地拓展了事实的领域，使它包涵了人的全面生活经验，时间中的所有活生生的现象。正因为这样，实用主义才能让各种概念都与事实建立起联系，保持某种连续性，才能通过它们的具体效果对概念做出解释。尤其是实用主义并不像传统的经验主义那样“带有唯物主义

① P, p.36.

② P, p.55.

③ P, p.111.

④ P, p.54.

⑤ P, p.47.

的偏见”[①]，它不排斥柔性哲学的真理性。实用主义与柔性哲学之间并不存在必然的对抗，它并非站在经验主义立场上反对理性主义。詹姆士的实用主义既不把唯心主义的“上帝”、“理性”、“绝对”，也不把唯物主义的“物质”、“能”和“力”当成意义固定的和被给予的概念。他认为这些概念需要根据我们的经验重新表述，需要把它们自己的实际价值兑现出来。它们的兑现价值是它们产生的具体经验效果，正是这效果概念超出对立的双方又显现于双方，从而能够消除彼此的偏执和歧见。由是，刚性哲学与柔性哲学的许多争论就不再是不可调和的了。比如，理性主义者说在事实的背后有上帝或绝对作为事实的根据和可能性，刚性的经验主义者指责他只是把一个抽象的名称当作现象背后的实体，当作事实背后的原本世界，这是荒谬的抽象崇拜。“根据实用主义的原则，任何一个假设，如果它的后果对人生有用，我们就不能予以否定。在实用主义看来，普遍概念，作为值得我们考虑的事物，可以与具体感觉同样地实在。”[②]因此，实用主义既能对事实保持一种最亲密的关系，也能亲切地对待积极的宗教，它能满足人类两方面的需要，显示出调和刚性哲学与柔性哲学的气质。他的多元世界观就是这种气质的一种体现。

詹姆士在《多元的宇宙》一书中认为在各种具体的气质中最值得注意的是同情的（sympathetic）气质和嘲讽的（cynical）气质之间的对立，与之相应的是唯灵论和唯物论之间的对立。从实用主义的观点看，唯物论缺乏亲密性，把人的灵魂看作世界上的过客。“唯物论认为外在的东西是更主要的和更持久的，它把我们以及我们的亲和关系送到一个孤单的角落里。”[③]唯灵论认为世界从根本上具有亲和性和人性。詹姆士把唯灵论哲学分成两个各具特点的类型或阶段，亲密性较强的一种是一元论的，亲密性较弱的一种是二元论的。二元论的唯灵论即经院哲学中的有神论；一元论的唯灵论是泛神论，有时他简单地称之为唯心论，有时叫作“后康德的”或“绝对的”唯心论。[④]詹姆士认为泛神论把上帝当作存在于内心的神而不是外在的创造主，把人的生命看作那个深奥的实在的重要部分。詹姆士把泛神论又分为两个亚种，一种在形式上更接近于一元论，另一种在形式上更接近于多元论，这两种哲学都把人的实体与神的实体视为同一的，但是前者认

① *P*, p.57.

② *P*, p.177.

③ *PU*, p.31.

④ *PU*, p.24.

为这实体只有在总体（totality）的形式里才具有充分的神性，而且实体只有在总体形式里才是它的真正自我，而后者即詹姆士所赞同的多元论则认为并不存在一个终极的总体形式，实在之实体绝不可能都聚集在一起，它的某些实体可能停留在实体所聚集的最大集合之外，因而实在的一种分布形式即个体形式在逻辑上和总体形式一样，都是可以接受的，而且在经验上同样是可能的。詹姆士又把一元论形式的泛神论叫作绝对哲学（philosophy of the absolute），而把多元论形式的泛神论叫作彻底的经验主义。[①]

四、绝对哲学与多元宇宙观

在詹姆士看来，绝对哲学与多元宇宙观的区别在于：绝对哲学认为，我们能够一下子经验到世界的绝对整体，而且只有这时我们才能认识到上帝真正存在；多元宇宙观认为，万物的绝对总和可能绝不会以那种形式被实际经验到或者被认识到，分散的、散开的或不完全统一的现象才是实在可能达到的唯一形式。[②]因此，詹姆士又把泛神论的一元论形式和多元论形式分别称为“总体形式”和“个体形式”。他说绝对哲学主张“总体形式”，就对世界的洞察和理解而言，它就像二元论的有神论一样，几乎将我们置于上帝之外。多元宇宙观坚持“个体形式”，认为“个体形式”是我们人类经验世界的形式，它把上帝看作诸个体中的一员，与我们具有更多的亲密性。[③]詹姆士在《多元的宇宙》中所说的一元论与多元论的对立就是指这两种哲学形式的对立。詹姆士主张多元宇宙观即泛神论的多元论形式，它是一种多元论的经验主义；他所批评的绝对主义者包括康德、黑格尔、布拉德雷和罗伊斯等唯心主义者，所以他又把绝对主义称为一元唯心论，同时他所批评的绝对主义者也包括斯宾诺莎这样的哲学家。

詹姆士称斯宾诺莎是“第一个伟大的绝对主义者”[④]。因为斯宾诺莎的上帝不可能与人具有亲和关系，它没有历史，不与人发生感应。就其本身而言，它完满无缺，无欲无求，既不行动也不受苦，既无成功也无失败，既不爱也不恨，

① *PU*, pp.34–35.

② *PU*, pp.43–44.

③ *PU*, pp.44–45.

④ *PU*, p.47.

既无朋友也无敌人。[①]但是这些都是我们的这个相对的世界所具有的，我们的各种有限的经验都在这个世界里，而只有其中的兴衰变化能够引起我们的关心，我们的各种感情和这个有限世界以及历史中的诸多事物交织在一起。“绝对主义者最强调的学说是‘绝对’的无时间性特征。而对于多元论者来说，时间像任何事物一样实在，世界中没有任何事物因为十分伟大或静止或永恒而没有某种历史。”[②]在詹姆士看来，我们每一个人感到最为自由自在的世界是各具其历史的诸多存在的世界，它们与我们在历史中交织，我们能够影响这些存在，正如它们会影响我们的祸福，只有在这样的世界里才有事物和事件的真正发生。绝对主义的绝对不能让我们这样称心如意，我们不能对它产生任何影响，因为它在历史之外。[③]

在一元论的绝对主义看来，世界不是一个集合体，而是一个伟大的无所不包的事实，这个事实之外是无。如果这种一元论是唯心论，这种包罗一切的事实就被视为一个绝对精神，这个绝对精神通过思考所有的部分事实而造出这些事实，因而绝对和世界具有同一内容，一切有限的事物以及他们的集合体都是绝对的认知对象。因此世界和这个无所不包的思考者相互渗透，相互吸收，毫无剩余。世界和这个思考者只是同一材料的两个名称，只不过一个是从主观方面看，一个是从客观方面看。在一元论的体系里，哲学家自然地就成为这个材料的一部分，绝对通过思考我们而造出我们，因此如果我们相信绝对，那么就可以说我们的哲学思维就是绝对能意识到它本身的诸多方式之一。这就是同一哲学，上帝内在于他的创造物之中。[④]

詹姆士认为这种绝对主义并不能贯彻到底。尽管我们与绝对实体在质料上是同一个，它是我们的整体，我们是它的部分，但是在形式上类似多元论的东西却显露出来。当我们说到绝对的时候，我们是从总体上或整体上理解这一普遍的被认知的材料；当我们说到绝对的对象、我们的有限自我时，我们是个别地分别地理解这同一个材料。[⑤]例如，当绝对认知我时，我和其余一切事物一起出现在绝对的完满知识的领域里，但是当我认知自己时，我离开绝大多数其他事物，出现

---

① 参见Baruch Spinoza, Part I of *Ethics* in *Complete Works*, trans. Samuel Shirley, Indianapolis: Hackett Publishing Company, Inc., 2002.

② *PU*, p.49.

③ *PU*, p.49.

④ *PU*, pp.36-37.

⑤ *PU*, p.38.

在我的相对无知的领域里。“没有一个和先后相续有关的属性能够应用于绝对，因为绝对一下子整个地就是它那个样子，它‘具有刹那的同一性’，因此连续性不是绝对自身的属性，而是在它之内的东西……绝对是无时间性的。”[①]个别事物与世界的有限方面相适应，而不与世界的无限能力相适应。世界作为有限而众多的世界，它对自己的描述，不同于它作为无限而单一的世界对自己的描述。绝对的观点和相对的观点之间存在着这种根本的差别。就我们来说，“我们无可改变地扎根于时间的观点里，永恒的方式与我们的方式全然不同”[②]。“我们是一些部分，这是不可改变的……必定总是把绝对理解成好像一个异质的存在。”[③]

根据詹姆士的论述，当代的多元论与一元论的区别不在于是否承认众多的事物，因为当代的一元论已不同于斯宾诺莎式的一元论。在斯宾诺莎的一元论中，多消溶于一从而消失了，但是在修正的唯心论的形式中，多作为一的永恒对象保存了下来，它们所有的多样性都保存了下来。绝对由此被绝对主义者说成具有多元的对象。但是我们看到一元论所承认的多不同于多元论承认的多。一元论所承认的多是用一包裹的多，在一之外没有他物。从实用主义的观点来看，多元论认为“实在的各种各样的部分可能具有外部关系”[④]。你能想到的每一事物，无论多么巨大或者包罗广泛，它都有某一种类或者某种程度的真正的“外部”环境。事物都以多种方式彼此相关，没有哪个事物囊括每一事物或者支配每一事物。“与”（and）这个词跟在每个句子后面，总有些东西逸出。在宇宙的任何地方，即使尽最大努力达到无所不包，也不得不说“任何时候都不十分”。因此，多元论的世界更像一个共和国，而不大像一个帝国或王国。不管积聚的东西如何多，总还有其他事物是独立的、不在场的和未被统一的。[⑤]而一元论则认为，当你谈到实在本身，也就是诸实在之实在时，“每一事物都在一个巨大的、瞬间包含着一切的整体中呈现于其他每一事物面前，任何事物无论在任何意义上，无论是功能的意义上还是实体的意义上，都不能真正离开其他任何事物，一切事物在巨大的总汇流之中相互渗透，相互嵌入”[⑥]。

① *PU*, p.39.

② *PU*, p.40.

③ *PU*, p.40.

④ *PU*, p.321.

⑤ *PU*, pp.321-322.

⑥ *PU*, p.322.

对于多元论来说，凡是我们必须承认的构成实在的东西，都是我们在经验中发现的，在有限的生活之最小部分中实现出来的。正像詹姆士的思想流学说认为不存在简单的感觉或思想一样，詹姆士的多元宇宙观认为没有一个实在的事物是绝对简单的，每一最小点滴的经验也包含多种关系，也具有丰富的内容。每个关系都是它的一个方面、特征、功能、它被接受的方式或者它接受其他某物的方式。某一点滴的实在在与这些关系中的某一关系主动产生作用时，并不因此与其他关系同时产生作用。这些关系并非都是相互依赖的关系。一个事物可以接受或放弃另一事物而不失其同一性。这就像人们抬一根原木，原来的人离开，新加入的人接着抬，只要有几个人，这根原木就可以搬到任何地方。[1]相反，对于一元论来说，每一事物，无论我们是否认识它，它都拖着整个宇宙而不丢下任何事物。那根原木从开始到结束都是由所有的人一起抬的。一旦一个事物分开了，它绝不会再联系起来。[2]因此，这两个哲学体系的实际差别是很清楚的。按照一元论的说法，如果a有一次没被b看到，或者失去与b的联系，或者更简单地说，完全“脱离”了b，那么a必定永远脱离b，它们绝无可能再相聚在一起。而多元论承认，在另一个时机它们可能合作，或者以某种方式联系起来。一元论不认为真实的或绝对的实在中存在着像“其他时机”这样的东西。[3]这种差别也就是詹姆士所说的实在的个体形式与总体形式之间的差别。

詹姆士认为，多元论让事物真实地以个体形式存在或者个别地存在，一元论则认为总体形式或者整体形式是唯一合理的形式。总体形式不允许接受或抛弃联系，因为在这个总体里所有的部分本质上永远都是相互联系和相互包含的。与之相反，多元论认为在个体形式里一个事物可能经由许多中间事物，把它和一个与其没有直接或者本质联系的事物联系起来。因此，这个事物总有许多可能的并不必然在这一时刻实现的联系，它们取决于它可能在功能上走向哪种现实的中介途径：“或”这个词就指出了一种真正的实在。[4]

如果个体形式是实在的永恒形式，正如它是时间中显现出的形式一样，那么我们是否还能拥有一个连贯的世界？詹姆士的回答是肯定的。他说我们拥有的仍然是一个连贯的世界，并非像许多绝对论者所攻击的那样是不连贯的世界。我们

---

① *PU*, pp.322–323.

② *PU*, p.323.

③ *PU*, p.323–24.

④ *PU*, p.324.

的“多元宇宙”仍然形成“一个宇宙”，因为每一部分尽管不是现实地或直接地联系着，但是由于每一部分都与其近邻的部分相互交融而彼此结合在一起，它仍然与其他部分具有可能的或间接的联系，无论这些联系多么遥远。这种统一确实与一元论的那种整个统一体不同。它不是一种普遍的内在包含或者所有事物的普遍结合。它是詹姆士所说的连串在一起的那种类型，是连续的、连接的或串联的类型。詹姆士认为我们具体感觉到的每个瞬间的经验与它直接临近的经验是彼此交汇和相连的。他说：“承认这个事实，即具体经验里临近的经验是相连的，我们在具体经验中所进行的分割都是通过概念化所产生的人为产物，那么就可以区分开我所说的‘彻底的’经验主义和传统的理性主义批评家用来唬人的经验主义。”[①]传统的理性主义者认为经验主义把经验切割成原子式的诸多感觉，它们不能彼此结合成一个整体，需要一个纯粹理智的原则自上而下地俯冲下来，将他们包含在自己的连接性范畴里，它们才能相互结合。[②]

詹姆士的多元的宇宙观强调宇宙中事物的联系不是来自外部，而是事物之间具体的个别的联系，或者说这种联系来自经验内部，而不是来自经验之外；事物之间的联系不是世界整体的联系，而是世界之中部分与部分的联系。这种宇宙观在肯定事物之间联系的同时，也阐述了联系的种类与限度。它认为这种经验中的联系是不完全的，至少在现实中是不完全的。“多元论认为世界是未完成的，它的门窗是对事先不可控制的可能性敞开的”[③]。詹姆士这里所说的实在的多元性，席勒称之为“实在的可塑性和不完整性”[④]。多元论哲学一方面假定宇宙的不完备性，并认为这是最可能的假设，一方面认为宇宙的不完备性可以通过我们而得到弥补，可以通过我们的行为部分地补上不相连的地方。因此，哲学与实在，理性与行动，可以在同一个循环里无限地相互作用下去。詹姆士说：“虽然绝对这个假设，由于产生某种宗教性的安宁，行使一种最重要的理性化的功能，但是从理智的观点看，它无疑是不合理的。”[⑤]“绝对，不仅不是逻辑强加于我们的，而且是一个不大可能的假设。”[⑥]

詹姆士认为一性中的多性（manyness in oneness）毫无疑问是我们居住的世

① *PU*, p.326.

② *PU*, p.326.

③ *SPP*, p.141.

④ F. C. S. Schiller, *Studies in Humanism*, p.19.

⑤ *PU*, p.123.

⑥ *PU*, p.111.

界的特征。这里的问题是，多是否只是万物的绝对整体的一个性质，因此我们必须设定那个不可分的巨大的整体的一作为任何多存在的前置条件，或者我们必须从理性主义的这个全部的、十足的和完全的大块宇宙开始？还是有限的要素能够有其自身的一性中的多性之原始形式，在它们没有直接的一性的地方，它们可以通过中介物彼此相连，这些中介物中的每一个都与其临近的事物在一起，但是总的“一性”永不会达到绝对完备？詹姆士说：“我坚决坚持的唯一一点是，多元论与一元论是完全同等的假设。这个世界可能最终是一个大块的宇宙；但是另一方面它可能只是串联在一起的，而不是完全封闭的宇宙。实在终究可能个别地存在，就像它看起来存在的那样。这种可能性是我要坚持的。”[①]詹姆士认为：“一个多元的没有完全结合为整体的宇宙，只能通过自由地运用‘某些’这个词来描述的宇宙，才是合理的假设。”[②]

简言之，詹姆士通过基于思想流学说的实用主义方法来考察“多”和“一”，他既反对绝对唯心主义的“一”，也反对传统经验主义的“多”。他认为绝对主义和多元论之间的巨大差别不在于要求宇宙的物质内容有什么差别，而在于形式上的差别。总体形式或者一元论的形式产生异质性，而个体形式或者多元论的形式产生亲密性。[③]

五、对一元论与多元论的价值评判

詹姆士通过实用主义方法来考察世界是“一”还是“多”。这个考察包括两个方面：第一，世界的“一”或世界的“多”被认知为什么？我们关于它们有什么经验？第二，世界是“一”或者是“多”对我们的生活产生什么实际效果？前面讨论了第一个方面，下面简要地讨论第二个方面。

在詹姆士看来，一元论坚持一是更重要更根本的原则，整个宇宙必定是一个坚固的统一体，其中每一个部分都被整体所决定而成其为那个样子，任何地方的丝毫独立都被排除。例如，根据斯宾诺莎的观点，一元论相信万物都必然自上帝的本质而出，就像三角形的内角之和等于两直角必然自三角形的本质而出一样，整体产生部分而不是部分产生整体。一元论认为，宇宙是紧凑的而不是松散

① *PU*, p.328.

② *PU*, p.106.

③ *PU*, p.319.

的，我们必须把不可约简的宇宙整体看成是被给予的，其中根本不存在部分或份额。[①]根据绝对一元论的观点，世界只是一个无限的认识心灵的对象，而我们的有限意识场在每一时刻看到的是具有各种关系的部分，其中出现的连接关系和分离关系是我们见证的结果，它们是以理智一元论的世界为基础的。这种理智一元论及其关于所有现象联系之基础的模糊观点，可能给人一种崇高和庄严感，可能赋予人一种宗教的恒心与平安，但是它给哲学也给它自身造成一些难题。詹姆士在《若干哲学问题》第八章论述了这些困难。

首先，它不能解释我们的有限意识。如果除了认识事物的绝对心灵之外无物真正存在，那么事物除了以这个心灵认识它的形式存在之外，如何能够存在？这个心灵在一个认识行为中认识一个事物的同时认识所有其他事物，或者将这个事物连同所有其他事物同时认识，可是有限的心灵在认识某些事物的时候并不连同其他事物一起认识。因此，我们不只是全知者的认识对象，我们自身也是认识主体，以不同于全知者的方式进行认知。

其次，它造成了恶的问题。在多元论看来，恶只是表示一个实际问题，即如何消除它。而在一元论那里恶是个理论难题，即：如果世界的根源是完满的，不完满是如何产生的？如果世界在绝对看来是完满的，为什么在无数低等的有限认识者看来却是另外一回事？不完满是如何进入完满世界的？

第三，它与知觉经验到的实在的特征相矛盾。变化似乎是我们的世界的根本特征，我们的世界是一个具有新奇事物、具有历史、斗争、损失和获得的世界。但是绝对的世界被表述为不变的、永恒的或无时间性的世界，与我们的理解能力和鉴赏能力无关的世界。一元论通常把感觉世界看成幻景或幻象。

第四，它是一种宿命论。詹姆士认为，可能性一方面不同于必然性，另一方面也不同于不可能性，它是人类思想的基本范畴。在一元论看来可能性纯粹是幻觉，因为如果世界像一元论者所说的那样是一个事实的统一体，那么任何存在的事物都是必然的，任何其他事物都是不可能的。我们的自由观认为，至少某些事物是眼下决定的，这个流逝的时刻可能包含着新事物，它是一些事件的新起点，而不只是传递来自别处的推动。我们认为至少在有些方面未来不是完全来自过去，而是实在地对过去有所增加，例如可能增加一种或另一种形状。未来不是完全确定的，它可能是这样，也可能是那样。一元论排除我们的常识中包含的这种

---

① *SPP*, p.136.

可能性，它认为过去与未来是紧密联结的，根本不存在真正的新事物。

多元论以感觉经验的票面价值来看待它，摆脱了上述一元论的困难。多元论反对在抽象概念的真空里考察我们的观念，它承认我们世界的一些部分不能离开整体而存在，但是其他部分可以。多元论认为在某种程度上世界似乎是有所增加的，它可能真正如此。我们不可能以概念的方式来解释新事物如何出现，但是如果一个新事物出现了，我们可以经验到它出现了。事实上，我们一直在经验到知觉中的新事物。“我们的知觉经验与我们的概念理性交互重叠：这（the that）超越什么（the why）。”[①]多元论承认新事物，接受自由意志观念，因为在它看来，“‘自由意志’只是意味着新事物”[②]。

詹姆士在《若干哲学问题》中认为多元论比一元论具有三大优点。第一，多元论更“科学”，因为它认为一意味着确定可知的连接形式，事物中可知的分离与连接不分高下，它们两者是实在中同样重要的方面。一元论为了使分离显得更重要和更原本，抛弃可证实的经验，宣称统一是不可描述的。第二，多元论与生活的道德方面和生动变化的方面更加一致。第三，多元论不必主张任何具体数量的多，因为只要我们发现有一丁点的分离是不可否认地存在的，它就战胜一元论了。一元论则必须证明多元论的主张没有任何一种可能是真的——这是一项无限困难的任务。正如尤利乌斯 · 西利 · 比克斯勒（Julius Seelye Bixler）所说，在詹姆士看来，“相比于一元论，多元论对于我们所面对的环境的描述更加准确和更加有益”[③]。当然，詹姆士也指出了一元论的优点，即：它与某种宗教信仰的亲近，世界是单一的事实这样一个概念能够引起特殊的情感。[④]一元论通常愿意坚持这种乐观主义的信仰：“虽然表面现象充满了危险，但是世界一定能够得救，是的，它已经得救，而且是无条件地和永恒地得救。”[⑤]

但是詹姆士认为他的多元论也不缺少宗教性。事实上，他的多元世界观还直接导向他的道德哲学和宗教哲学。詹姆士的多元论不否认超人类世界的存在。在他看来多元论与一元论的区别并不在于是否相信超人类的存在。他说如果我们考

---

① *SPP*, p.141.

② *SPP*, p.141.

③ Julius Seelye Bixler, *religion in the philosophy of William James*, Boston: Marshall Jones Company, 1926, p. p.214.

④ *SPP*, p.142-143.

⑤ *SPP*, p.141.

虑通常的心理学的事实、病理学的事实、所谓的灵魂研究的事实、宗教经验以及类似的现象，会发现它们证实了一种难以忽视的可能，即某种形式的超人类的意识是存在的。我们与它有共意识（co-conscious），但我们并不认识它。我们在宇宙中可能与猫和狗在我们的书房中一样，猫和狗在书房里眼见满架图书，耳闻我们高谈阔论，但是它们一点也不了解我们谈话的内容。[①]詹姆士说："我自己把人本主义解读为有神论和多元论。如果有一个神的话，这个神并不是什么绝对的全-经验者，而是最大范围的现实意识的经验者。"[②]詹姆士虽然承认超人类意识或者上帝存在，但是他所承认的超人类意识并不等同于一元唯心论的绝对或上帝。詹姆士的超人类意识在力量上或知识上或这两方面都是有限的，它本身有一个外部环境，它存在于时间之中，像我们一样在努力创造历史。詹姆士认为这种多元论的经验主义是可以与宗教联合起来的，他说："人本主义对我来说就是一个可以合理维护的宗教，"[③]"一旦经验主义与宗教联合起来，就像它迄今为止由于某种奇怪的误解而一直与非宗教联合在一起一样，我相信宗教和哲学都会开始一个新的纪元。"[④]迈克尔·斯莱特（Michael R. Slater）认为，詹姆士的多元论-向善论的世界不仅设定了超人力量的存在，而且设定了它们有助于我们的道德努力，这里的关键不只是世界的改善，还有终极的联合与救赎。[⑤]

多元论承认一个非统一的宇宙，承认这个宇宙的门窗向着事先不可控制的可能性敞开着，这使它不像一元论那样承认绝对封闭的世界，从而也不像一元论那样赋予人们较大的宗教确定性。但是一元论的宗教确定性并非建立在理性的基础之上，而只是一种信仰即"在全部实在中看到完满"。[⑥]多元论的上帝"摆脱了静止的、无时间性的和完满的绝对之一切远离人的异质性"[⑦]。多元论把上帝看作世界诸个体中的一员，这样的上帝与我们具有更多的亲密性，所以多元论对世界的理解更为合理和令人满意。[⑧]詹姆士说："从伦理学的角度来看，我认为多

---

① *PU*, p.309.

② *MT*, p.72.

③ *MT*, p.72.

④ *PU*, p.314.

⑤ Michael R. Slater, *William James on ethics and faith*, Cambridge: Cambridge University Press, 2009, pp.165-232.

⑥ *SPP*, p.141.

⑦ *PU*, p.318.

⑧ *PU*, pp.44-45.

元论的形式在现实中比我知道的任何其他一种哲学都具有更为强大的力量。”[1]

詹姆士的多元论，“既非乐观主义也非悲观主义，而是向善主义。它认为如果世界的部分尽其努力，世界可能得救。但是局部的甚至整体的毁灭仍然是可能的”。[2]在他看来，相比于这种多元论，一元论也许更能给人带来实际的心灵安宁。它们两者中一个道德性较强，一个宗教性较强，不同人通常根据这种考虑来决定自己的信念。

---

① *MT*, p.72.

② *SPP*, p.142.

第八章　彻底经验主义

对于熟悉《心理学原理》和《彻底的经验主义》的读者来说，从思想流到彻底经验主义的过渡应该不会显得突兀。彻底经验主义的两个关键部分即纯粹经验和连接性关系，是思想流学说中原初经验和思想连续性的自然延伸。《心理学原理》中的“思想”指可经验的心理现象，思想流学说不讨论经验之外的东西。《彻底的经验主义》中的经验即观念或思想[1]，彻底经验主义也“把心理素材本身理解为一种经验”[2]，并将不可经验的东西排除于哲学论域之外。思想是一不断的连续流，经验在其直接性中也是完全流动的。[3]詹姆士把直接的生活之流叫作“纯粹经验”，这种纯粹经验就是“感觉的别名”[4]。这个流无论作为一个整体或就其各个部分来看，都是连接的事物之流，同时也是分离的事物之流。连续和分离在当下的直接感觉中是绝对对等的，连接性与分离性同样是经验事实的原始成分。[5]因此，从思想流学说出发理解彻底经验主义是一种有内在学理根据的领会方式，因为有了思想流学说的铺垫，尤其是了解了原初思想的整体性和模糊性以及思想的连续与过渡，对彻底经验主义的解释就显得比较自然顺畅。詹姆士在《真理的意义》的序言中把彻底经验主义概述如下：

“彻底经验主义首先包括一个公设，接着是一个事实的陈述，最后是一个概括的结论。

“它的公设是：只有能以经验中的名词来解释的事物才是哲学上可争论的事

① *ERE*, p.76.

② *ERE*, p.200.

③ *ERE*, p.92.

④ *ERE*, pp.93–94.

⑤ *ERE*, pp.94–95.

物。其性质不可经验的东西是可以任其存在的，不过这些东西不构成哲学讨论的材料。

“事实的陈述是：事物之间的关系，无论是连接的，还是分离的，都与事物本身一样，是直接的具体经验的对象。

“概括的结论是：经验的各个部分通过关系而连成一体，而这些关系本身也是经验的组成部分。总之，我们所直接知觉的宇宙并不需要任何外来的、超验的联系的支持，它本身就有连续不断的结构。”①

为了比较清楚地阐述彻底经验主义，也为了更好地把握詹姆士的哲学思想体系，我们首先对实用主义与彻底经验主义之间的关系做一讨论。

一、实用主义与彻底经验主义

实用主义与彻底经验主义的关系问题是詹姆士哲学中比较重要而又令人困惑的问题。这一问题由于詹姆士在《实用主义》序言中的一个声明而变得愈加令人迷惑。他说：“为了避免至少一个误解，请容我声明：实用主义，就我对它的理解而言，和我最近提出的学说‘彻底经验主义’之间没有什么逻辑上的关联，后者有其自己的立足点。一个人可以完全拒绝它而仍然是一个实用主义者。”②这个声明与其说避免了读者的误解，不如说增加了读者的误解。詹姆士在《真理的意义》序言中的另一个声明进一步增加了人们的困惑。他说：“要使彻底经验主义取得成功，实用主义的真理学说之确立是首要步骤。”③詹姆士没有说明这两个声明之间的关系，它们将读者陷于左右为难的境地。

学者们关于实用主义与彻底经验主义之间关系的意见大致分为以下几种。第一种观点认为彻底经验主义是一个独立的学说。例如，佩里认为詹姆士把彻底经验主义视为“一个独立的学说”④，“詹姆士晚年倾向于把‘彻底经验主义’看得比‘实用主义’更为根本，更为重要”⑤。佩里甚至把实用主义看作彻底经验主义的一章。⑥类似的，约翰·麦克德莫特（John J. Mcdermott）认为：“尽管实

① *MT*, pp.6–7.

② *P*, p.14.

③ *MT*, p.6.

④ R. B. Perry, “Editor’ s Preface” to *ERE*, p.iv.

⑤ R. B. Perry, “Editor’ s Preface” to *ERE*, pp. iv–v.

⑥ R. B. Perry, “Editor’ s Preface” to *ERE*, p.xii.

用主义认识论是詹姆士哲学的一个重要方面，但它并非詹姆士关注的焦点，詹姆士最重要的哲学论点是他后来的彻底经验主义。”[①]第二种观点认为彻底经验主义从属于实用主义。例如，博德认为詹姆士哲学的核心是实用主义，实用主义是詹姆士哲学的一个合适的通称，彻底经验主义是次要的和从属的学说。[②]第三种观点认为彻底经验主义与实用主义的区别是内容与方法的区别，例如韦斯利·库珀（Wesley Cooper）认为，詹姆士哲学的核心是彻底经验主义中的纯粹经验学说，实用主义是关于如何整理纯粹经验的表述。[③]第四种观点认为实用主义与彻底经验主义相互交融，甚至认为它们是一回事。例如，庞景仁先生认为：“彻底经验主义是实用主义的核心”，詹姆士“把他自己的实用主义体系命名为‘彻底的经验主义’”[④]。涂尔干也把詹姆士的实用主义看作彻底经验主义。[⑤]皮尔士认为詹姆士把自己的彻底经验主义看作实用主义。[⑥]上述几种观点都能在詹姆士的著作中找到一定的根据，但是它们对实用主义与彻底经验主义之间关系的解释又都显得支离不整，而且都有一些无法化解的困难，尤其是它们对于上述詹姆士的两个声明之间的关系没有做出令人满意的说明。如果我们不否认詹姆士在他的两部著作的序言中所做的声明是严肃认真的，不否认它们在理解实用主义和彻底经验主义之间关系方面的重要性，那么我们就应该清楚合理地解释，为什么詹姆士一方面说实用主义和彻底经验主义没有逻辑上的关联，另一方面又说实用主义真理观是通向彻底经验主义的道路。

盖尔主张与上述几种不同的观点，试图澄清詹姆士的那两个声明的真正含义。他认为詹姆士的著作中有两种经验主义。他的实用主义是一种面向未来的经验主义，除此之外，他还提出了另一种不同于他的实用主义的经验主义。它不是完全面向未来的，它是苏格拉底、洛克、巴克莱和休谟的经验主义。盖尔称之为“内容经验主义”，因为这种经验主义通过已经对X已有的经验来分析X的观

---

① John J. Mcdermott, “Foreword” to *Chaos and Context: A Study in William James* by Charlene H. Seigfried, Athens, Ohio: Ohio University Press, 1978, p.ix.

② Graham Bird, *William James*, p.8.

③ Wesley Cooper, *The unity of William James’ s thought*, Nashville: Vanderbilt University Press, 2002, p.2.

④ 威廉·詹姆士：《彻底的经验主义》，“中译本说明”，第1页。

⑥ Emile Durkheim, *Pragmatism and sociology*, p.33–35.

⑤ *Collected Papers of Charles Sanders Peirce*, Vol. 5, section 414. 詹姆士在1903年4月8日写给F. C. S. 席勒的信中曾将实用主义称为彻底经验主义（*SLWJ*, p.199），这时詹姆士的实用主义和彻底经验主义思想都尚未成体系。

念。根据盖尔的看法，詹姆士承认这两种经验主义都有助于解释他的实用主义与彻底经验主义之间的关系。实用主义既是一种意义理论即实用主义种类的经验主义，也是一种真理理论。一个观念的意义在于一系列有条件的论断，它的真理在于这些论断的实际实现或证实。因此实用主义是实用主义种类的经验主义与建基于其上的真理理论的结合。詹姆士对于彻底经验主义与他的实用主义——意义理论和真理理论——之间的关系的说明很不清楚。彻底经验主义公设中设定的是一般的经验主义，它涵盖内容经验主义和实用主义的意义理论，并不必然意指实用主义的意义理论。盖尔似乎想以此说明实用主义和彻底经验主义没有逻辑上的必然关联。实用主义的真理理论之所以是“使彻底经验主义取得成功的首要步骤”，在盖尔看来，是因为它消除了针对彻底经验主义公设中的经验主义设定的一个突出反例，即真理关系。实用主义的意义理论阐明了，如何根据终结于真理关系中的符合物的系列知觉经验来对这些关系进行经验分析。因此实用主义尽管并未导致彻底经验主义，但是它通过反对某个看似强大的反例，捍卫了彻底经验主义的侧翼。①

盖尔的论述中存在几个问题。首先，盖尔没有看到詹姆士那里两种经验主义的真正区别。詹姆士在《实用主义》中区分了两种经验主义：一种是传统的经验主义，即苏格拉底、洛克和休谟等人的经验主义；另一种是他自己的经验主义，即彻底经验主义。这两种经验主义的区别不是像盖尔所说的那样是分别面向过去的经验和未来的经验，而是在于是否承认经验之间的连接性关系。在詹姆士看来，传统经验主义的一个重大缺陷在于忽视了经验中原本的连接性关系。其次，盖尔误解了彻底经验主义的公设。他认为公设中说的是一般的经验主义，不同于实用主义的经验主义，他想以此说明实用主义和彻底经验主义没有逻辑上的关联。事实上，公设中没有提到经验主义一词，它强调的是哲学讨论的对象是经验材料。当然，盖尔可以为自己辩解说，公设中所说的经验既包括传统经验主义所说的经验，也包括詹姆士的经验主义所说的经验，因此我们仍然可以说公设中指的是一般的经验主义，即既包括传统的经验主义，也包括詹姆士的经验主义。但是这种说法是无法自辩的，因为彻底经验主义的第二个规定即事实的陈述中进一步澄清了经验的含义，它不是传统经验主义所说的经验，而是詹姆士的经验主义

① Richard M. Gale, “The Deconstruction of Traditional Philosophy in William James’ s Pragmatism”, in *100 Years of Pragmatism: William James’ s Revolutionary Philosophy*, ed. John J. Stuhr, Bloomington: Indiana University Press, 2010, pp.112–113.

所说的经验。第三，盖尔没有解释清楚为什么詹姆士说“要使彻底经验主义取得成功，实用主义的真理学说之确立是首要步骤”。

在实用主义与彻底经验主义的关系问题上，首先我们可以明确地说彻底经验主义与作为方法的实用主义不是一回事。为了厘清彻底经验主义与实用主义的关系，我们需要明确詹姆士的实用主义的含义与范围。詹姆士在《实用主义》一书中明确地指出实用主义首先是一种方法。作为方法的实用主义不代表任何特别的结果，它认为一个概念、命题或理论的意义在于其所产生的实际效果。实用主义强调面向具体的经验和事实，通过经验和事实解释概念或理论，但是作为一种方法，实用主义并不要求明确主张经验和事实是什么以及怎么样。如何理解和解释经验可以是实用主义范围之外的事。在这个意义上，苏格拉底、亚里士多德、洛克、巴克莱和休谟都可以看成实用主义的先驱，他们都曾运用实用主义方法，但是他们都不是詹姆士所说的彻底的经验主义者。正是在这一意义上，詹姆士说：“实用主义的优点之一是，它是纯粹的认识论理论。它必须设定实在，但是它对实在的构造不做任何预先判断，各种形而上学都可以用它作为基础。”[①]

彻底经验主义是詹姆士关于实在的形而上学，一种关于经验的形而上学（这种表述看起来是一种矛盾）。詹姆士的彻底经验主义的独到之处或者它与传统经验主义的不同在于，它不仅像传统的经验主义那样趋向于具体经验和事实，而且比传统经验主义采取的形式更彻底。它通过基于思想流学说的纯粹经验原理和连接性关系，对经验和事实做出进一步解释，充分肯定传统经验主义所忽视的经验中的连接性关系，肯定经验是连续的，并把哲学所讨论的一切概念包括“物质”和“意识”概念都放到经验中，都通过时间中的经验事实来解释。这种解释是“自成一体”的。一个方法论意义上的实用主义者例如苏格拉底或洛克也许接受这个解释，也许不接受这个解释，但无论他是否接受它，都不影响他是一个实用主义者。这就是詹姆士在《实用主义》序言中所讲的它们两者没有“逻辑性关联”的意思。在这个意义上，我们可以把实用主义称为一种方法，而把彻底经验主义称为一种世界观或存在论。它们两者不是一回事，由此我们可以理解詹姆士为什么把彻底经验主义看作不同于实用主义的“另一种学说”[②]。

詹姆士明确地说，实用主义首先是一种方法，但它不只是一种方法，还是一种关于真理的理论。詹姆士承认真理意味着与实在相符合，这就超出了方法论的

---

① *MT*, p.115.

② *MT*, p.xii.

含义而涉及存在论问题了，就与彻底经验主义密切相关了。在詹姆士看来，推行彻底经验主义的一个重大障碍是一种根深蒂固的理性主义观点，它认为我们当下的直接经验完全是分离的、没有联系的，要从这分离的状态中构成一个统一的世界，必须有一个超验的统一者。这个统一者用各种范畴编织起来的网把一切事物连接起来，囊括起来，在所有这些范畴中最特殊的一种就是“真理关系”。它把实在的各个部分成对地联系起来，把其中一个当作是“认识者”，把另一个当作“被认识者”，而它本身却没有任何经验内容，既不能描述，也不能解释，更不能还原为更简单的东西，而只能说它是“真理”，一个非经验的连接者，一个无时间性的超验者。真理关系中的对象和认识这对象的观念之间的关系超越一切可能的经验关系。虽然观念的作用伴随着真理，但并不构成真理。真理是超越于作用的，是先于作用的，“是解释作用的，但绝不是被作用解释的”[①]。因此在真理观上理性主义者首先要确立的一点是：“一个观念之所以真，是因为它包含有一个超越于作用、先于作用的某物的意义。”[②]如果真理关系是超验的，那么认识关系本身便可以被说成是超验的，彻底经验主义便寸步难行。

詹姆士说，只有“把‘真理’当作是观念的一种性质，而不是当作与所认识的对象神秘地相联系的某物”，我们才可能“公平合理地讨论彻底经验主义”。[③]观念是源于经验的，是连续产生的。如果“一个观念的真，只是指这观念的作用，或是指这观念中某种按一般心理规律能产生这些作用的东西”，而“不是指观念的对象，也不是指观念内部任何‘突变的’、为经验中的名词所不能描述的东西”[④]，那么我们就可以把关于真理、关于一切真知识的讨论都放到经验中，排除一切为经验中的名词所不能描述的东西，而达到彻底的经验主义。

实用主义的真理观念，如前所述（第六章第三部分），正是把真理看作观念的性质。它有自己的内容，它的一切内容都是可经验的。把一切真正的知识都放在经验中讨论，意味着以经验解释意识和物质，以经验来解释认识者和被认识者，即彻底地以经验来解释认识。詹姆士说：“所谓观念的‘适用性’——一切真观念所必须具备的‘适用性’——是指这些观念在具体经验的各部分间所能产生的具体作用，无论这作用是物质的还是理智的，实际的还是可能的。”[⑤]因此，

---

① *MT*, p.8.

② *MT*, p.8.

③ *MT*, p.8.

④ *MT*, p.8.

⑤ *MT*, p.7.

“要使彻底经验主义取得成功，实用主义的真理学说之确立是首要步骤”[①]。这样一个实用主义观点如果能被接受，彻底经验主义就迈出了巨大的一步。

这样，我们就清楚地解释了上述詹姆士的两个声明的含义。但是这并不是彻底经验主义与实用主义之间关系的全部。彻底经验主义之“彻底”的一个含义是“始终如一地贯彻‘实用主义’的方法”。[②]詹姆士认为实用主义强调具体性，面向生活本身，保持与经验事实的接近，这是“实用主义最令人满意的特点”。[③]传统的经验主义像洛克、巴克莱、休谟等人的经验主义在这个方面做得不够彻底，他们重视经验和事实在解释哲学概念方面的作用，但是他们漏掉或者忽视了生活、经验和事实中非常重要的部分，尤其是连接性关系。詹姆士认为将实用主义方法贯彻到底，尊重和重视全部经验和事实，这是他的实用主义的特征，而这就走向了彻底经验主义。由此我们可以理解詹姆士为什么把彻底经验主义视为实用主义运动或人本主义思潮的一个版本或者一种描述。[④]正是在这个意义上，我们可以说实用主义不仅是一种方法和一种真理观，还是一种宇宙观。詹姆士之所以主张这种版本的实用主义，涉及他的哲学气质论。如前所述（第七章第三部分）詹姆士根据实用主义方法来考察不同的哲学理论，把哲学的差异看成在很大程度上是由哲学家的不同气质造成的。詹姆士的哲学气质使他赞同多元论形式的泛神或多元的宇宙观。这种多元的宇宙观，如果从世界的经验连续性方面来考察，就是他的彻底经验主义。所以彻底经验主义是詹姆士的哲学气质赞同的实用主义版本，但是一个实用主义者并非一定选择这一版本。也可以说，就作为一般方法的实用主义而言，它与彻底经验主义没有实质性的联系，但是詹姆士气质的实用主义必然导向彻底经验主义。因此我们应该区分开一般意义上的实用主义与詹姆士的实用主义。詹姆士在他的著作中并未明确划分这两者的界限，这是人们对他的实用主义与彻底经验主义之间关系感到困惑的重要原因。

二、纯粹经验原理

纯粹经验原理是一种方法论上的设定。根据这个原理，“任何一个事物，除

---

① *MT*, p.6.

② *ERE*, p.11.

③ *P*, p.55.

④ *ERE*, p.41, pp.155-157.

非能在某个确定的时间被某个经验者所经验，都不应被看作事实；而被经验的事实之每一特征，必须在最后的实在体系中的某个地方为它找到一个确定的位置。换言之，任何实在的东西必定能够在某个地方被经验，而被经验的每一种事物必定在某个地方是实在的”[①]。也就是说，如果你说一个东西是实在的，那么它必定是（可）经验的；如果你说它是（可）经验的，你必须指出它在哪里（可）被经验。纯粹经验原理源于思想流学说，是实用主义方法的一种运用，是詹姆士解决认识问题的基本设定。这个学说以经验解释哲学中的一切概念，让一切概念都回归经验，在这方面詹姆士首先和必须要面对的便是“意识”概念。如何消解非经验的意识实体，把整个认识都置于经验流之中，通过经验之间的过渡和代替来描述认识的发生，是彻底经验主义的任务。詹姆士认为，如果完成了这个任务，西方哲学史上延续了两千多年的意识与物质的二元分裂问题也就可能解决了。

（一）二元论问题

谈到二元论问题，便不能回避《心理学原理》中的“二元论”立场。通常人们认为《心理学原理》中的二元论与《彻底的经验主义》中的一元论是相互矛盾的。应该说这确是一个比较棘手的问题。这个问题至少在两方面有待澄清：其一，《心理学原理》中设定的是传统哲学中的实体二元论吗？其二，《彻底的经验主义》主张的是一元论吗？

的确，詹姆士在《心理学原理》中说心理学家的立场是“十足的二元论”。它假定两个要素：认知的心灵和被知的事物，并认为它们是不可还原的。任何一个都走不出自己或进入另一个之中，都不能以任何方式是另一个，都不能产生另一个。它们只是在一个共同的世界里面对面地相对着，一个只是认知其对应者，另一个只是被其对应者所知。这种独特的关系不能以任何更低层次的术语来表述，也不能翻译成任何更易理解的名称。[②]这样一个描述适用于任何一个确定的对象化认识。詹姆士的这样一个描述基于自然科学立场，是为了批驳认识上的绝对唯心论，否定**绝对心灵**（Absolute Mind）在认识中的存在，把心理学和认识问题都合理地确定在经验的领域。就通常理解的认知而言，我们不能说一个**绝对心灵**是否具有认知功能，因为在它的诸思想之外没有可与之比较的实在（如果有这

---

① *ERE*, p.160.

② *PP*, Vol. I, p.218.

些实在，它就不是绝对的了），我们不能断定它们正确还是错误。然而这似乎也表明詹姆士在心理学原理中所持的是一种不可还原的二元论。实际上并非如此，因为詹姆士进一步明确指出这种二元论是产生出来的，不是先验的和本体论上的。他说事物必须给予人脑某种信号，否则认识便不会发生，因为一个事物在人脑之外的纯粹存在并不是我们认识它的充分原因。[①]事物只有与思想发生关联，思想才能成为知者，事物才能被知。在发生这种关联之前，事物不是被知者，思想也不是知者，它们都只是世界的一部分。也就是说，是事物与思想之间的这样一种认知关系造成了知者与被知者的二元世界。对象化的认识都是对自身的超出，都指向他者。在这个意义上，一切对象化认识都是二元性的，这种二元性是消除不了的或者不可能消除的。问题不在于认识中是否应该有二元论，而在于它是什么样的二元论。传统西方哲学中除了这种认识二元论，一般还设定一种实体二元论或者本质二元论，它把知者和被知者看成两种不同的实体。这是詹姆士所不能接受的。《心理学原理》中的自然科学立场使詹姆士把心理学的材料设定为："第一，思想和感觉；第二，它们与之共存的时间和空间中的物质世界；第三，它们认知这个物质世界。"[②]需要注意的是，这里的"物质世界"不是自在的实体，而是与思想和感觉共在的，即它们是（可）被经验的，或者说是经验的一部分。所以詹姆士为心理学设定的材料都是经验材料。在这个意义上，《心理学原理》中的二元论不是传统意义上的实体二元论。那种认为詹姆士"为了科学的心理学而不得不假定实体二元论"[③]的观点，是一种错误的看法。詹姆士没有对心理学的这些材料本身进行讨论，但他认为"我们借以出发的[这个]自然科学假定是暂时的和可修正的"[④]。他只是设定了它们，但这个设定本身就已经在消除实体二元论的道路上迈出了重要一步，虽然他的主要目的和任务并不在此。这是詹姆士走向彻底经验主义的起点，纯粹经验原理就是借助纯粹经验对知者与被知者及其关系的探讨。

罗素认为，詹姆士在《彻底的经验主义》中提出"一元论"的"纯粹经验"，主要目的"是为了破除传统哲学的二元对立"[⑤]，"否定主体客体关系是

① *PP*, Vol. I, pp.218-219.

② *PP*, Vol. I, p.vi.

③ Owen Flanagan, "Consciousness as a pragmatist views it", in *the Cambridge companion to William James*, p.47.

④ *PBC*, p.468.

⑤ 尚新建：《美国世俗化的宗教与威廉·詹姆斯的彻底经验主义》，第131页。

根本性的关系”[①]。这是一个有待讨论的问题。我认为，与其说詹姆士提出纯粹经验是为了破除传统哲学的二元论，不如说破除二元论是詹姆士的彻底经验主义的必然要求，是消除通向彻底经验主义的一个障碍。也就是说，在詹姆士那里，破除二元论并非彻底经验主义的主要目的，而是推行彻底经验主义的一个结果。单纯地破除二元论之所以不是詹姆士的主要目的，还因为人们可以从两个方向破除二元论，或者二元论的破除可以导致两个结果，而这两个结果并非都是詹姆士所希望的或接受的。按照旧的心物二元论来说，彻底经验主义的“纯粹经验”和唯心主义的绝对，都是非二元论的。但就世界进程来说，一个是一元论的，一个是多元论的。如果就纯粹经验指一种“先于主客二分的中立而模糊的存在形式”[②]而言，纯粹经验理论似乎是一种一元论，但它是“一种极其原始的、与科学的或斯宾诺莎主义的双面的所谓一元论绝对相反的一元论”[③]，也是与绝对唯心主义一元论根本不同的一元论。但是如果就所有的纯粹经验而言，纯粹经验理论“属于多元论的那一支”[④]，因为它的“纯粹经验”是“复数”，是“诸纯粹经验”。[⑤]因此詹姆士并不是笼统地反对一切二元论，也不是要消除一切二元论，而只是排除实体二元论或者本质二元论，他不否认而且保留了关系上的二元论或者功能上的二元论。实际上，他要消除的是无时间性的、非经验的“意识”和“物质”，而不是简单地破除二元论。通过下面的讨论，我们可以更清楚地看到这一点。

在西方哲学史上，二元论是一种基本的哲学形态，无论是柏拉图哲学、亚里士多德哲学、经院哲学、笛卡尔哲学、康德哲学还是后康德哲学都主张基本的二元论。在这些哲学中，精神和物质代表一对对等的实体，一对不可还原的本质，由此导致一个二元分离的世界。在这样一个世界中意识的本质绝对不同于物质的本质，它有着表象和认知的神秘天赋。物质事实，就其物质性来说，它们不是经验的对象，它们与精神不发生关系。为了使它们具有我们感觉到的形式，它们必须显现出来。而显现这一事实，再加到它们的原始存在上去，就叫作我们对它们所具有的意识。詹姆士说，根据这种根深蒂固的二元论，这个世界很可能自在地

---

① [英] 罗素：《西方哲学史》下卷，第369-370。

② R. B. Perry, *The Thought and Character of William James*, Vol. II, p.385.

③ *ERE*, p.226.

④ *ERE*, p.257.

⑤ *ERE*, p.226.

存在着，但是我们无从知道，因为对我们来说世界完全是一个经验对象，它成为对象的必要条件是，被一个精神主体即意识所知。即使像斯宾诺莎这样的一元论者，也告诉我们实在具有两个不可还原的属性即广延和思想。现代的一元论，例如孔德的实证主义和斯宾塞的不可知论，在詹姆士看来，归根到底也只是“纯粹的斯宾诺莎主义”[1]。詹姆士认为，无论把意识看作实体还是看作纯粹活动，只要把意识看作无广延、没有任何真正内容、但却直接认识它自己的精神性东西，那就是一个“纯粹荒诞的幻想”[2]。他要取消被理解为实体的意识，而描述意识一词所代表的各种具体实在或经验实在。

近代以来的西方哲学已经对意识实体展开了批评。洛克揭示了精神实体的不可经验性，休谟则对精神实体进行悬置，康德以先验自我代替灵魂实体，新康德哲学又进一步将先验自我变成了一个毫无人格的意识。新康德主义排除了早期的二元论形式，但是它的理论中仍然残存着二元论，这从新康德主义的“意识”概念可以看出来。新康德主义者假定经验的内部组织本质上具有二元论形式，意识是它的一个元素或环节，如果从经验里抽去内容，意识仍旧会留下来，在它自己面前呈现出来。所以詹姆士说，新康德主义的“意识”一词就意在表明经验在结构上必须是二元论的：现实存在的最小单位不是主体，也不是客体，而是客体加主体。这种主体—客体的分别不同于传统的心与物之间、灵魂与肉体之间的分别，因为灵魂可以与肉体分开，认识活动可以发生在灵魂之中。而新康德主义者的“意识”中是不可能发生任何事情的，它本身没有时间性，只是时间中的事情的见证者，它在那些事情里不扮演任何角色。“它不过是经验中‘内容’的逻辑相关者，其特性在于：事实向它显现出来，它察觉内容。”[3]在詹姆士看来，这种意识不过是客观世界之显现这件事在逻辑上不可缺少的条件，因为“自我”和它的活动是属于内容的。当我说我意识到自己，或者说我意识到我产生了一个愿望时，这仅仅是说某些内容（“自我”）在产生时有见证者在场。简言之，詹姆士认为在新康德主义者那里，意识只是“认识论上的”逻辑必要条件，并没有其存在的直接证据，如果把新康德主义的二元论也破除的话，那么我们就把一切传统的实体二元论都破除了。

人们为什么非要抓住这样一个实体意识不放呢？为什么一定要把意识外加在

---

① *ERE*，p.208.

② *ERE*，p.222.

③ *ERE*，pp.5–6.

事物内容的存在性上呢？詹姆士认为这无非是为了说明这样一个事实：经验的内容不仅有一个特有的、似乎是内在的、本质的存在性，而且这个内容的每一部分都“沾染”了它邻近的一些部分，领会了它自己和别的部分，以某种形式走出自己以便被知。由于经验的各部分具有这种两面性，即一方面它们的存在带有它们的特有性质，另一方面它们又与其他一些部分相关联并被知，所以每一个经验在基本结构上都被认为是二元的。[①]在一张纸里，不仅有内容、白、薄等等，而且还有第二事实即对于这个白和薄的意识。这种被关联、被做成更广大经验之部分的功能，被人们看作本体论的事实。人们把这个事实安置在纸的内部，把它同纸的白与薄结合起来。这种功能或意识不是被看成一种外在的关系，而是被看作现象本身的一半。詹姆士说，一切形式的二元论都是为了解释这样一个事实，新康德主义者所假定的二元论形式的经验也不例外。

但是，正如我们在第四章所谈到的，詹姆士认为原初的思想或经验本身并没有新康德主义所主张的内在二重性，它们是一个整体。“把经验分成意识和内容的不是用减法，而是用加法”[②]，即在既定的一段经验上加上其他一些经验，它在和另外一些经验分别连接时，可以有两类不同的功用或职能。一段既定的未分的纯粹经验，在一套联合着的组织结构里扮演知者的角色、精神状态的角色、“意识”的角色，在另一套结构里扮演一个被知的角色、客观的“内容”角色。它在前一组里表现为思想，在后一组里表现为事物。由于它能够在两组里同时表现，因此我们完全可以把它说成既是主观的又是客观的。“经验作为‘主观的’，我们说它表象；作为客观的，我们说它被表象。这里表象者与被表象者在数目上是同一个……在经验自身之中并没有什么被表象与表象的二元性。”[③]也就是说，经验在其纯粹状态中，或者当其被单独拿来看时，并不存在把它自己一分为二的情况，即一个为意识，另一个为意识所属的东西。它的主观性和客观性只不过是功能上的两个属性，只有当一个新的回顾经验（这个回顾经验的新内容是由整个过去的复杂因素形成的）把它“拿来”两次，即两次“谈到”它，分别与它的两个不同结构一起来考虑时，这两种属性才得以实现。[④]因此詹姆士说：“不能认为意识和物质具有不同的本质”[⑤]，“人们通常所理解的意识并不存

① *ERE*, pp.224-225.

② *ERE*, p.9.

③ *ERE*, p.23.

④ *ERE*, p.23.

⑤ *ERE*, p.229-230.

在，同样，巴克莱给予致命一击的物质也不存在”[①]。

在詹姆士看来，原初经验或纯粹经验也就是“纯粹现象”[②]。它的背后并不存在一个更根本的实体，因此在纯粹经验中并没有本体上的二元对立。但是用“经验”、“现象”、“感官材料”这样一些具有双重含义的术语来表现的二元论仍然保留下来了。[③]不过，这种二元论与哲学史上的实体二元论以及新康德主义的二元论都不同。它不再是神秘的，而是具体的、可证实的和可经验的。它不再是实体的二元论，而是关系的二元论。这种二元论不是在单一的被考虑的经验以内，而是在它以外，而且永远能够被个别化，能够加以界说。因此詹姆士的哲学中尽管存在着一种实际的二元论，但是作为二元的双方并没有本质上的差别。

（二）纯粹经验

无论是理解詹姆士著作中的二元论问题，还是把握纯粹经验，都应从《心理学原理》谈起，《彻底的经验主义》中的纯粹经验就源自《心理学原理》。詹姆士在《心理学原理》中曾对纯粹感觉或原初经验有过多处描述（见《心理学原理》第九、十二、十五、十七、二十二章等），我们在本书第四、五章对此已有表述。詹姆士在《心理学原理》中表示他要把经验的模糊状态回复到它在我们心理生活中应有的位置[④]，纯粹经验理论可以看成这一工作的继续。纯粹经验的一个特征便是整体性与模糊性，这就像《心理学原理》中的原初感觉或原初知识。詹姆士在《心理学原理》中说：“我们所有的知识最初都是模糊的。当我们说一个事物是模糊的时候，我们意指它没有来自内部的细分，也没有从外部明确地限制；但所有的思想形式都适用于它。它可能具有统一性、实在性、外在性、大小等等——简言之，事物性，但只是作为整体的事物性。”[⑤]在《心理学简编》中，詹姆士对“纯粹感觉”的例释与《彻底的经验主义》中的有关内容几无二致：譬如我们仰头看天空，得到一蓝色感觉。这蓝色到底是感觉自身的一个规定，还是它的对象的一个规定？它是我们的感觉的一种性质，还是我们对于一种性质所产生的感觉？我们根据它最初呈现的样子，给它一个中立的名称，用“内

---

① *ERE*, p.232.

② *ERE*, p.213.

③ *MT*, p.36; ERE, p.10.

④ *PP*, Vol. I, p.254.

⑤ *PP*, Vol. II, pp.343-344.

容”、“现象”这些意义模棱两可的词来表示它，因为内容所暗示的，并非就在感觉以外，然而也不与感觉完全同一。它初现时并不直接向我们显现为两个实在——心灵和物质——之间的一种关系。当我们考察它与其他事物间的关系时，这个蓝色经验才往两个方向发展，与某些经验联合，成为物质性质；与另一些经验联合，成为心中的一种感觉。[1]在《真理的意义》中，詹姆士也论及原初的纯粹经验，他说："实在的第一个因素是一个极端混乱的纯粹经验。"[2]《彻底的经验主义》中的纯粹经验理论就是讨论这种纯粹经验的。

纯粹经验理论假定世界上只有一种原始素材，一切事物都由这种素材构成。这种原始素材是中性的，只能用一个很含糊的名字称呼它，比如现象、被给予者，詹姆士统一名之为"纯粹经验"，它供给我们后来的反思及其概念性范畴以材料。与《心理学原理》中的论述一样[3]，詹姆士认为只有新生的婴儿，或者从睡梦中猛然醒来，或者吃了药、得了病、挨了打而处于半昏迷状态的人，才可以被假定具有一个十足意义的对于"这"（that）的纯粹经验，这个"这"还没有成为任何确定的"什么"（what），虽然它已准备成为一切种类的"什么"。它既充满着一，同时也充满着多，但是各方面都尚未显露出来。它一直处在变化之中，然而十分模糊不清，以至它的各方面相互渗透，无论是区别还是同一都把握不住。这种状态的纯粹经验实际上就是感觉（sensation）的别名。但是纯粹经验流一经产生就用一些重点去充实自己，这些突出部分被同一，被固定，被抽象，因此现在的经验流就像被一些形容词、名词、前置词、连接词射穿一样。"它的纯粹性只是相对的，意指它所包含的未言明的感觉部分。"[4]

詹姆士认为，当下的瞬间意识场永远都是"纯粹"状态的经验，它尚未分化为事物和思想，只是潜在地可分为客观事实和关于事实的意见。就像詹姆士在《心理学原理》中谈到的，一个完全空前的经验，例如你咽喉中的某种新异的味道，它究竟是一个主观感觉的性质，还是一个客观的被感觉到的性质？起初你甚至不会提出这个问题。它只是那个味道。但是，如果医生听了你对它的描述，告诉你这是胃灼痛，那么这个味道就变成了在你心外已经存在的性质了，成为你已经碰到和知道的性质了。儿童第一次经验到的东西，包括空间和时间的

① *PBC*, p.465.

② *MT*, p.43.

③ 请见*PP*, Vol. II, Chap. XVII.

④ *ERE*, pp.93–94.

性质，也像初次经验到的胃灼痛一样。“从这种绝对的方式来看，它们只是存在（beings），既不在心内，也不在心外。”[1]因此，“在直观的察觉中，并不存在原初的精神性存在或物质性存在，而只是经验从一个世界到另一个世界的迁移，为了确定的实践目的或理智目的而把经验同这一组或同那一组伙伴组合起来”[2]。

当这个瞬间意识场是概念性东西的时候，情况也和它是知觉性东西的时候一样。北京大学的博雅塔在我的观念里也正如当我站在它前面时一样，都是“在那里”。只有在后来的经验取代了当下现时的经验时，这种素朴的直接性才在回顾上被分为两个部分：“意识”和意识的“内容”，而内容才得到改正或证实。因此，“一个‘心灵’或者‘个人意识’代表着通过某些确定的过渡而跑到一起的一系列经验的名称，而一个客观实在是通过一些不同的过渡所结合起来的一系列类似的经验”[3]。

詹姆士的彻底经验主义认为我们的纯粹经验是一个整体，我们最初的纯粹经验是一个宇宙，这似乎给我们一种印象，即在每一个人那里世界最初是一个完整的统一体。这显然是吸收了一元唯心论的观点。但是随后詹姆士的彻底经验主义就与一元唯心论分道扬镳了，詹姆士强调纯粹经验由此分化为物质与精神，分化为各种各样的事物，这些都是可经验的真实存在，而一元唯心论则认为这些都是幻景或幻觉，是与绝对不同的另一层次的东西，其实在性与绝对存在有天壤之别，不可同日而语。

詹姆士的纯粹经验学说受到广泛关注，也引起不少误解和争议。普特南认为詹姆士的彻底经验主义中最引人注目的方面是它接近“自然实在论”。他说，詹姆士是笛卡尔之后第一个抛弃这种观念——知觉需要中介——的哲学家。但是普特南认为詹姆士的纯粹经验学说所言的实在是外部实在，他把詹姆士的上述观点理解为“在知觉中，我们直接认识到（*directly acquainted with*）外部实在”。[4]普特南的实在论立场使他做出这种解释，但是詹姆士从未说过纯粹经验就是外部实在。相反，詹姆士明确强调：“纯粹经验理论的中心点是：‘外’和‘内’是代表两组的名称，我们按照经验如何作用于它们的相邻经验而把它们区分为两类，

---

① *PP*, Vol. I, p.272.

② *ERE*, p.148.

③ *ERE*, p.80.

④ Hilary Putnam, “James’ s theory of truth”, in *the Cambridge companion to William James*, p.174.

放到两个组里去。任何一个'内容'，都既可以划到这一组，也可以划到那一组。"[①]在詹姆士那里，"内"和"外"并不是经验一来到我们这里本来就有的两个特征，而是后来我们为了特殊需要而加以归类的结果。"如果没有对于同一现象的屡次经验，实在是不是在心外这个疑问根本不可能发生。"[②]"在当时它是单纯的未经限定的现实性或存在，是一个简单的这（*that*），"[③]还谈不到内和外。在那时物理的东西的内容就是心理的东西，内和外是混而为一的。当我们回顾时，把它重叠起来，一方面看到一种心灵状态，一方面看到这种心灵状态所指的一种实在。而当下的经验在其素朴的直接性中，还没有主客之别和内外之分。

《威廉·詹姆士：他的生活与著作》一书的作者杰拉尔德·迈尔斯（Gerald Myers）认为，尽管詹姆士声称彻底经验主义是中性的，纯粹经验除非进入一个更大的环境，它既非物质的也非心理的，但是他实际上认为物体——我们通常认为它们完全不同于感觉——是我们内心的感觉，把外部世界看成我们内心世界的投射。迈尔斯说："认为物体只能被分解成可触知的感觉或类似的东西，这是根本不合理的。既然这是彻底经验主义所主张的观点，这就使得关于纯粹经验的看法从一开始就是站不住脚的。"[④]理查德·穆林（Richard P. Mullin）认为，迈尔斯对詹姆士的批评难以成立。他说："詹姆士并未像迈尔斯所说的那样将物质的东西还原为感觉。物质性质和感觉是纯粹经验的不同方面。纯粹经验发生于原初的实在场，它就像一个流动的连续统一体。"[⑤]穆林对迈尔斯的批评是有道理的，詹姆士的确没有将物体还原为感觉。但是穆林对于詹姆士的解释也存在问题。詹姆士的纯粹经验并非内在地包含着物质与感觉之分，物质与感觉的区分不是在纯粹经验之内，而是在纯粹经验之外。因为詹姆士明确地说，当下的纯粹经验在其最初呈现给我们时，或者在感觉产生的时候，"可感觉的实在和我们对于这实在所有的感觉，二者是绝对同一的。[这时的]实在就是统觉本身"[⑥]。

詹姆士关于"纯粹经验"的论述使我们看到他的彻底经验主义不只是传统经验主义的一种简单修补，不只是在英国经验主义之中加入了一种连接性关系，更

① *ERE*, p.139.

② *PP*, Vol. I, p.272.

③ *ERE*, pp.23-24.

④ Gerald E. Myers, *William James: His Life and Thought*, New Haven: Yale University Press, 1986, p.320.

⑤ Richard P. Mullin, *The Soul of Classical American Philosophy*, Albany: State University of New York Press, 2007, pp.17-18.

⑥ *ERE*, p.211.

重要的是它进一步论证了连接性关系的起源和发生。正是在这个意义上，库珀说："彻底经验主义不仅仅是'休谟加胶水'，它的中心是纯粹经验学说，它是关于连接性经验的本性的学说，是关于它流入心与物——思想流与物质世界的拓扑学。"[①]

（三）意识是一种外在关系

如果我们了解思想流学说对于思想连续性的论述（本书第五章第三部分），便不难理解詹姆士为什么把意识看成一种外在关系，它们在思路上是一致的。一段纯粹经验从"纯粹的"状态变成"有意识的"状态意味着："第一，一些新经验接踵而来；第二，这些新经验已经产生了某种与那段经验的关系。"[②]即：新经验到来，回顾旧经验，觉得它们温暖，欢迎它们并把它们作为"我的"据为己有。只有在发生了这种"据为己有"的情况时，一段纯粹经验才显现为一个"意识"的事实；而"据为己有"是加到原初纯粹经验上的一个后来经验的内容的一部分。詹姆士举例说，这支笔，就潜能方面来说，既是客观的又是主观的，在它自己当下的时刻，事实上和实质上既不是客观的也不是主观的。它必须被回顾和使用，才能被归入客观的或主观的。但是它是在其他经验那里被使用的，它在整个操作过程中都是被动的和不变的。

因此，"主观性和客观性与一个经验原来由什么材料构成无关，而与这个经验的归类有关。而归类则是根据我们一时的目的。为了某些目的，宜于从这一组关系里来看事物；为了另一些目的，又宜于从另一组关系里来看它们"[③]。主观的东西和客观的东西的分别，是由进一步的反思所产生的事实，"当实际需要还不要求我们这样做时，我们似乎很愿意摇摆于这种模棱两可之间"[④]。詹姆士举例说，第二性质本身像热、光、声等至今还是一种模棱两可的性质。对常识和实际生活来说，它们绝对是客观的、物理的。对物理学家来说，它们都是主观的，只有形状、质量、运动才是外在的。而对唯心主义哲学家来说，形状和运动与光和热一样，也是主观的，只有不可知的自在之物，只有"本体"才是完全在心灵

---

① Wesley Cooper, *The unity of William James' s thought*, p.4.

② *ERE*, p.128.

③ *ERE*, p.141.

④ *ERE*, p.219.

以外的实在。

所以詹姆士说："'有意识的'不仅意味着存在，而且意味着被报道和被认知，意味着意识到一个人的存在加到那个存在上，即当占有的经验随之而来时所发生的情况。"[①]"笔-经验"在它原本的直接性中对其本身是不觉察的，它仅仅是存在，需要有第二个经验才能发生我们所说的对它的觉察。它之是"我的"只是由于它被感觉为我的，它之是"你的"只是由于它被感觉为你的。不过，在这两种情况下它都不是被自己感觉，而是当它被我们两个各自的若干记忆经验"据为己有"时才被感觉，就好像一份未分的产业被若干继承人据有一样。"一个纯粹经验可以被设定为具有任何大小的一种跨度或场。如果它对其他任何一个经验施加回顾和据为己有的功能，那么这后一段经验就由之而进入它自己的意识流了。"[②]所以，一个"心灵"或"个人意识"实际上是通过某些确定的过渡而形成的一连串经验的名称。

如果经验不具有"意识"的存在，如果它不是部分地由"意识"做成的，那么它是由什么构成的？在《意识的概念》一文中，詹姆士说："思想和实在是用同一材料做成的，这种材料就是一般材料。"[③]有人据此认为在詹姆士那里存在着构成经验的一般材料，并认为詹姆士的这个说法与其在《"意识"存在吗？》一文中的表述相矛盾。詹姆士在那篇文章中写道："不存在做成经验的普遍的'一般'材料。被经验的事物里有多少种'性质'就有多少种材料。"[④]那些认为詹姆士的这两个表述相互矛盾的读者犯了一个简单的错误，他们未注意到詹姆士在说"思维和实在是用同一材料做成的"时候，他只是为了表述的流畅性而采取的权宜之计，他实际上在说二分后的思维和实在的原本材料即纯粹经验，而绝非经验的一般构成材料或普遍构成元素。如果我们接着读下去会看得更清楚，詹姆士说如果要问任何一段纯粹经验是由什么做成的，答案永远是相同的，即："它是由这做成的，它显现出什么就是什么做成的……经验是所有这些可感觉性质的一个集合名称"。[⑤]

詹姆士说，当我们说一个经验是"有意识的"经验时，这并不意味着它全

---

① *ERE*, p.132.

② *ERE*, p.135.

③ *ERE*, p.216.

④ *ERE*, p.26.

⑤ *ERE*, pp.26-27.

面洋溢着一种特殊形态的存在（“心理的”存在），就像彩色玻璃洋溢着光那样，而是意味着它与在它之外的另一些经验处于某些特定的关系之中，这给它形成了一个特殊的“结构”（context）；而当我们把它放在另外一个经验结构中来看待时，我们就把它算作物理世界中的一个事实。[①]比如一支笔，最初仅仅是一个“这”、一个材料、事实、现象、内容、一个中性的或模糊的东西或者一个纯粹经验。它要被看作一支物理的笔或者被看作某一个人具有的笔的知觉，它必须承担一种职能，而这只能发生在稍后一个更为复杂的世界里。就其在那个世界里是一个稳定的状态、蘸着墨水、在纸上写字、听从一只手指挥来说，它就是一支物理的笔。这就是我们说一支笔是“物理的”东西时所指的东西。相反，就其是一个不稳定的、随着我的眼睛运动而来来去去、随着我的想象而改变、随着它自己的后续经验而持续的东西而言，它就是存在于我心中的笔的知觉。这就是我们说“意识到”一支笔的时候所指的东西。

总之，詹姆士认为作为实体的意识是不存在的。他说：“意识意味着（connotes）一种外在关系，它并不指称（denote）一种特殊的存在质料或存在方式。我们的经验的特性，即它们不仅存在而且被知（经验是‘有意识的’这种性质可以解释这一点），通过各经验间的相互关系（这些关系本身就是经验）而得到了更好的说明。”[②]詹姆士否认“意识”这一词代表一个实体，只强调它代表一个职能（认知）。[③]对于意识概念的这种理解与《心理学原理》中理解概念的方式是一致的。

再回到前面讨论的二元论问题，我们可能会更清楚地看到詹姆士通过纯粹经验理论对这个问题的解决：“思维和事物，就其质料而言，绝对是同质的，它们的对立仅仅是关系上的和功能上的。”[④]并不存在与事物材料不同的思维材料，任何事物的原材料都是纯粹经验。同一段“纯粹经验”既可以代表一个“意识事实”，又可以代表一个物理实在，就看它是在哪一个结构里。不是由于把双重的内在本质减为单一的内在本质，而是由于增加了其他一些现象，一个被给予的现象才变成被认识的现象。

---

① *ERE*, p.123.

② *ERE*, p.25.

③ *ERE*, p.3.

④ *ERE*, p.137.

（四）纯粹经验原理与中性一元论

詹姆士的纯粹经验理论启发了罗素的“中性一元论”。罗素曾说：“我深信在这个问题上詹姆士有一部分是正确的，单为这个理由，他在哲学家当中就可以说配占有崇高的地位。我原先不这样认为，后来詹姆士以及与他意见相同的人使我相信了他的学说是对的。”[①]在《心的分析》一书中，罗素“追随威廉·詹姆士的观点”[②]。他认为：“我们的纯粹经验世界由之组成的质料，既非心也非物，而是某种比它们两者更原始的东西。心和物似乎都是合成的。在某种意义上，它们由之组成的质料介于它们两者之间；在某种意义上又超出它们两者之上，就像一个共同的始祖。”[③]罗素在《心的分析》和《逻辑原子论哲学》中都把詹姆士与中性一元论联系起来，艾耶尔则认为詹姆士的纯粹经验理论就是“中性一元论”，博德也持这种观点。

但是罗素、艾耶尔和博德都在某种程度上误解了詹姆士。詹姆士的纯粹经验原理与罗素和艾耶尔所说的中性一元论并不是一回事。中性一元论的中心观点是，人们通常所认为的实在的两个相互排他的范畴即心和物不是基本的范畴，它们中的每一个都是非心非物的原始元素的逻辑构造，同一些知觉，按照物理规律相互联结时就构成了物理现象，按照心理规律相互联结时就构成了心灵。中性一元论与纯粹经验理论有相似之处，但根本不同，因为说到底，中性一元论仍是一种原子主义，它的原始元素仍是一种形而上学的基质，是无时间、无边缘的。中性一元论主张心灵或物理现象是由原始元素通过心理或物理规律而逻辑地构造出来的，而在詹姆士那里各经验之间的关系是通过边缘的连续过渡实现的。在这个问题上，塞格弗里德另有见解，他说詹姆士的纯粹经验“不是断定存在一种形而上学的基质，而是否定主体与客体的区分是不能简约的。纯粹经验既非一元论的，亦非二元论的，而是无差别的”[④]。应该说，他正确地看到了纯粹经验既非一元论的，亦非二元论的。但是在詹姆士那里，还不能说纯粹经验有无差

---

① [英] 罗素：《西方哲学史》，下卷，第370页。

② [英] 艾耶尔：《二十世纪西方哲学》，李步楼等译，上海译文出版社，1987年，第44页。

③ Bertrand Russell, *The Analysis of Mind*, pp.10–11; 又见 Bertrand Russell, *The Philosophy of Logical Atomism and Other Essays*, London: George Allen & Unwin, 1986, p.294.

④ Charlene H. Seigfried, *Chaos and Context: A Study in William James*, p.40.

别，因为谈到没有差别，总是指在什么之间没有差别，而纯粹经验只是一个模糊的“这”，还不是“什么”。詹姆士“把形容词‘纯粹的’放在‘经验’一词前面，是为了表示有一种先于客体与主体区分的中立而模糊的存在方式”[1]。

博德看到詹姆士既用“经验”、“感觉”，又用“质料”、“材料”来描述纯粹经验[2]，便据此认为纯粹经验既是心理的又是物质的。他以詹姆士所说的审美体验中的模棱性为例，说明“纯粹的”即“混合的”（hybrid）。其中心理的和物理的方面不可分离地相互关联在某个特殊的东西之中，并认为詹姆士是要以此论证“纯粹心理的或纯粹物理的东西（如果有的话）是极少呈现于我们的”[3]。博德还非常肯定地认为，詹姆士是以这种混合物来否定天真的二元论：即心理的和物理的东西一般是以纯粹的形式被给予我们的。他认为詹姆士的推理是这样的：（a）混合物由心理的和物理的东西构成，因此（b）混合物的基本形式既非心理的又非物理的。也就是说，（c）心理的和物理的哪一个都不比另一个更基本，由此推出，（d）存在着一个中性的、非心非物的，但比心和物两者都更基本的范畴。[4]在博德看来，从（a）到（b），从（c）到（d）并不存在着逻辑必然性，所以詹姆士到达中性一元论的道路是不合理的。

博德对詹姆士的理解绕了一个大弯子，最后总算归结到中性一元论。但是他不应该把这种理解说成是詹姆士的本意。詹姆士的纯粹经验是一种原初的经验，对于这种经验的理解也应采取原初的形式，不必采取这种叠床架屋的方式。实际上，（a）混合物由心理的和物理的东西构成，这个观点只是新康德主义的翻版，也正是詹姆士所批判的，詹姆士不可能以它为中介来达到纯粹经验。詹姆士从未说纯粹经验是个混合物，博德在这一点上误解了詹姆士。詹姆士通过审美体验的模棱性恰恰是要直接表明纯粹经验既非物理的也非心理的，非心非物并不等于亦心亦物。在詹姆士那里心与物都是在纯粹经验之外的名称。[5]他之所以用表示心或物的词来描述纯粹经验，是因为纯粹经验是模糊的、未名的。就像思想流中的趋势之觉，它是一个最初的经验，又是一个确定的经验，我们无法为其命名，要指出它只能使用还未出现的东西的名字，别无他途。但是无名（namelessness）并

---

① R. B. Perry, *The Thought and Character of William James*, Vol. II, p.385.

② 参见*ERE*, p.94, p.4, p.233, p.137.

③ Graham Bird, *William James*, p.96.

④ Graham Bird, *William James*, pp.96-97.

⑤ 请见*ERE*, p.152, p.154.

不是不存在，相反，它是个“强烈的感觉”[①]，是个直接的体验。

博德还根据上述对詹姆士的理解认为，詹姆士的彻底经验主义不仅是一种“认识论”（epistemology），而且还是一种强本体论的观点（strong ontological claim）。[②]需要指出的是，在《彻底的经验主义》中，“本体论”和“认识论”都是在否定的意义上使用的，它们是詹姆士所要批判的形而上学。把彻底经验主义看成认识论或本体论，这显然不合适。事实上在詹姆士那里，自《心理学原理》开始，“认识论”就是一个“形而上学”中的词，一个含有贬义的词，它试图在经验背后寻找认识的根据。詹姆士的哲学从根本上与这种形而上学不同，他要建立一种与科学和生活保持联系的厚实的哲学，而不是抽象的思辨，他要解构的正是经验背后的虚构的实体。詹姆士在《彻底的经验主义》中明确表示彻底经验主义是世界观，但描述世界观并不一定要设定非经验的实体。在他看来现象本身或经验事实就足够了，实际上他正是通过经验来描述知识和世界的。所以以詹姆士所批判和抛弃的“本体论”和“认识论”这些范畴来理解和解释詹姆士的哲学，无异于方枘圆凿。

需要指出的是，许多人把詹姆士的纯粹经验原理类同于马赫的“要素论”。实际上，纯粹经验原理与马赫的“要素论”并不是一回事。马赫与詹姆士之间有相似之处，马赫也反形而上学，他也认为自我同物体一样不是绝对恒久的实体。但在马赫看来，“要素是第一性的”[③]，“知觉和表象、意志、情绪，简言之，整个内部世界与外部世界，都是由少数同类的要素构成的”[④]。他以这种方式消解传统的自我与世界概念。由此，“我们就见不到物体和感觉之间，内部和外部之间，物质世界和精神世界之间有以前所指的那种鸿沟了”[⑤]。就此而言，马赫主义似乎更接近于罗素的中性一元论，不过它又与中性一元论很不同，马赫认为“一切要素……只构成单一的联合体”，“这种要素的复合体根本只是一个”；在这一复合体内，各种物体与自我的界限不很明确。[⑥]这似乎又与中性一元论的建构方向相反。

---

① *PP*, Vol. I. pp.251-252.

② Graham Bird, *William James*, p.96.

③［奥］马赫：《感觉的分析》，第18页。

④［奥］马赫：《感觉的分析》，第17页。

⑤［奥］马赫：《感觉的分析》，第13页。

⑥［奥］马赫：《感觉的分析》，第13页。

三、连接性关系

詹姆士自己宣称他的彻底经验主义本质上是一种关于多元事实的哲学。与休谟类型的英国经验哲学一样，彻底经验主义不认为事实为实体所固有，也不认为事实为绝对精神所创造，但彻底经验主义又与休谟的经验主义不同，因此詹姆士加上“彻底的”这个形容词，以表示其特点。他说：“一种经验主义，要彻底，就必须不把任何一个不是直接经验的元素接纳到它的结构里来，也不要把直接经验的任何元素从它的各结构里排除出去。对于这样一种哲学来说，连接各经验的关系本身必定是所经验的关系，而所经验的任何种类的关系都必须被看作是与该体系里的其他任何东西一样‘实在的’。”[1]也就是说，我们既有对于关系项的经验，也有对于关系的经验，这些关系本身就是经验网络的一些基本部分。“在最后的哲学安排中，必须为每一种被经验的事物，无论是关系项还是关系，找到一个实在的位置。”[2]张祥龙教授对詹姆士的这个观点给予很高的评价。他说：“‘彻底经验主义’的‘彻底’二字就意味那比传统经验主义‘多’出来的‘关系’，即看到‘关系’也是直接可经验的。其实这就已经极大地改变了整个经验观。”[3]

“一种经验主义，要彻底，就必须不把任何一个不是直接经验的元素接纳到它的结构里来。”在詹姆士的彻底经验主义中，这是一个“方法论的设定”[4]，意在“把我们的哲学论域限制在所经验的东西之内，或者至少限制在可经验的东西之内”[5]。这个方法论上的设定源自思想流学说。正如在《心理学原理》中一样，詹姆士在《彻底的经验主义》中认为经验作为一个整体是一个时间中的过程，其中每一个关系项逐一流逝过去，为随后的其他关系项所取代。从远处看，“这个流不论作为一个整体或就其各个部分来看，都是连接的事物之流，同时也是分离的事物之流。事物在某些方式上是分开的，而在另一些方式上是连续的。某些感觉与某些观念联合在一起，但不能与另一些感觉联合”[6]。这些过渡，无

---

① *ERE*, p.226.

② *ERE*, p.42.

③ 张祥龙：《当代西方哲学笔记》，北京大学出版社，2005年，第92页。

④ *ERE*, p.241.

⑤ *ERE*, p.243.

⑥ *ERE*, p.94.

论在内容上是分离性的还是连续性的，它们本身都是经验，而且一般都必须看作至少与它们的关系项一样实在。也就是说，连接性关系和分离性关系是经验中完全对等的部分。詹姆士认为，传统的经验主义因忽视了感觉本身的边缘而看不到这样一个事实，倾向于抹杀事物的各种连接，片面强调事物的各种分离。而理性主义与经验主义犯了同样的错误，与经验主义不同的是，理性主义要在分离的事物之间加上一些超验的统一者、实体、理智的范畴、或者**自我**等等来矫正经验主义的各种不连贯性。但是“如果经验主义本来就是彻底的，对各种事物，不管是连接还是分离，都一视同仁，对每个事物都按其票面价值来对待，那么就不需人为的矫正了”[①]。詹姆士的彻底经验主义就是这样一种哲学，它既不把实体、理智的范畴或者**自我**这些超验的东西接纳到自己的体系中来，也不把直接经验的连接性关系从它的结构里排除出去。

詹姆士认为连接性关系是经验中的一个基本事实。世界上存在着各种亲密程度不等的关系，如“在一起”的关系（最外层的关系）——同时和时间间隔，空间毗连和距离，同和异以及由它们推论出的许多关系——活动的关系，自我关系，等等。语法中的虚词，像“一起”、“近”、“下次”、“如”、“从”、“向”、“因”、“为”、“由”、“我的”等等，就表示这些关系。詹姆士认为，自我关系是一切关系中最亲密的关系，同一自我中的一个经验到另一个经验的过渡是哲学上最难解的关系之一。“在我们每个人的历史中，主体、客体、兴趣和目的都是连续的或者可以是连续的。个人的历史是时间中的变化过程，而变化本身也是直接经验的事物之一。这种情况中的‘变化’意味着与非连续性过渡相反的连续性过渡。”[②]当两个经验同属于一个主体，一个经验进入另一个经验时，除了这种不中断和这种意义的连续性，没有别的性质，没有别的“什么”。“这种‘什么’是经验的实在‘内容’，正如分离和非连续性那种‘什么’在相反的情况下是实在的内容一样。”[③]以这种活生生的方式去实际经验一个人的个人连续，即是去认识连续性观念和相同性观念的源本，去认识这两个词所具体代表的东西，去拥有它们所能意指的一切。对于这种明显的连接性关系，如前所述，经验主义和理性主义竟然都视而不见。经验主义认为事物永远是分离的，理性主义则用绝对或实体等虚构的联合者来弥补这个缺陷。

---

① *ERE*, pp.43-44.

② *ERE*, pp.48.

③ *ERE*, p.50.

在一切关系中，彻底经验主义特别坚持这种连接性关系，因为这是战略性要点。詹姆士说：“如果在这个阵地上稍有疏漏，则一切辩证法的败坏勾当，一切形而上学的虚构，都会通过这个缺口倾入我们的哲学中来。”[①]对此，艾耶尔评论道：“彻底经验主义在很大程度上依赖于这样一个假设，即时空关系与它们的关系项一样，都是经验的直接对象。”[②]但是如上所述，詹姆士所言的关系并非仅仅指时空关系，而是指世界上存在的各种亲密程度不等的关系。彻底经验主义把世界表现为一种集合，它的某些部分是连接性地关联着，而另一些部分是分离性地关联着。两个本身是分离的部分可以通过一些媒介结合在一起，最后整个世界也同样可以由于某种连接性过渡的途径结合起来，“通过这种连接性过渡，从它的一个部分过渡到另一个部分就总是可以觉察出来的”[③]。这种真实的连接性过渡是连续性的本源，它在什么地方出现就在什么地方造成连续。

詹姆士说坚持这种连接性关系，“意味着按照它的票面价值来看待它，不少也不多。按照它的票面价值来看待它，首先意味着我们感觉它是什么样子就把它当成什么样子”[④]。它们怎么出现就怎么对待它们。詹姆士说：“在这个世界里经验与实在是一回事，被经验为连续的东西就是实在连续的东西……在关系项及其关系都属于经验的世界里，被经验的连接必定至少与其他任何事物一样实在。如果我们没有什么现成的超现象的绝对来把整个经验世界一下子化为非实在，那么这些被经验的连接就将是‘绝对’实在的连接。”[⑤]詹姆士以此跳出传统的经验主义和理性主义的困境。

根据詹姆士的观点，一个个别事物与其他个别事物之间存在着无数种联系或连接，这些连接形式和它们所连接的事物同样都是经验的组成部分，都是实在的组成部分。[⑥]这些实在的连接与思想流的过渡状态或心理倾向一样，总是在边缘中被感到，似乎非常难以把捉，但是我们切实经验到了它们。詹姆士在《心理学原理》中说，思想流中的趋势之觉或心理倾向无论多么晦昧，它们的作用都是一样的，“对于那些进入心中的表象，如果与这心理倾相符合，就有一种亲缘

---

① *ERE*, p.48.

② A. J. Ayer, *The Origins of Pragmatism: Studies in the Philosophy of Charles Peirce and William James*, p.189.

③ *ERE*, p.107.

④ *ERE*, p.48.

⑤ *ERE*, pp.59-60.

⑥ *P*, pp.93-100.

感，如果与这心理倾向无关，则感到厌烦或冲突”[①]。同样，他在《彻底的经验主义》中说，在经验的过渡中，我们期待一个“更多”的到来，不过，在这个更多已经到来之前，过渡已经指向它了；否则我们就难以理解，当一种“更多”到来时，会有满意和完成的感觉，而当“更多”以另外一种形态到来时，则会有不如意的感觉。固然，就像我们只能通过趋势到达的终点来表述思想流中的趋势之觉一样，除非通过关系项，我们便不能命名这些不同的活生生的“和”或者“一起”等经验过渡和连接。但是我们在那些关系项明明白白地到达之前，就体验到了它们的特征和差异。[②]

这样一种彻底的经验主义被詹姆士称为镶嵌哲学。在实际的镶嵌艺术品中，各个小块是在一个基底上凑在一起的，其他各派哲学中的**实体**、超越的**自我**或者**绝对**，就代表这基底。在彻底经验主义中没有什么基底，各个小块好像边靠边地互相粘起来似的，在它们之间所经验到的过渡就是它们的胶泥。詹姆士甚至认为这个比喻也不太恰当，因为在实际经验中实体性较多的部分和过渡性较多的部分连续地相互渗透，没有什么间隔需要用外在的胶泥去弥合；而现实经验中的无论什么间隔都是不能弥合的，它始终都是并且被认为是间隔。他说：“经验本身可以从它的边缘上生长起来。”[③]经验的一个环节通过过渡而滋生出另一环节，这种过渡（无论是连接性的还是分离性的）使经验的结构得以继续。在过渡里和在被连接的各关系项里有同样多的生命。通过同一行为我既感觉到这个正在渡过的时刻是我生命的一个新的冲动，又感觉到旧的生命延续在新的生命之中，我们就是这样“瞻前顾后”地生活在不断的过渡中。就它的来到显然是作为过去的连续来说，它是属于过去的；而当它来到时，就未来将会把它延续下去来说，它是属于未来的。这就是经验流。詹姆士在1903年写给席勒的信中说：“一旦承认经验是一个河流，水道部分地、只是部分地限制它，在我看来，各种实在和完整性在哲学中就都是可能的。”[④]

詹姆士在《彻底的经验主义》、《实用主义》和《多元的宇宙》中反复引用克尔凯郭尔的一句名言：“我们向前生活，我们向后理解。”[⑤]他说：“必须承

---

① *PP*, Vol. I, p.259.

② *ERE*, pp.237-238.

③ *ERE*, p.86.

④ *SLWJ*, p.199.

⑤ *ERE*, p.238; P, p.146; PU, p.244, ect.

认，向后理解是哲学家们（无论是理性主义哲学家还是经验主义哲学家）常有的弱点。只有彻底经验主义坚持，理解也要向前，并且拒绝用静止的概念理解来代替我们运动着的生活中的过渡。”[①]

通过上面的讨论，我们当能理解詹姆士在《信仰的意志》一书的序言中对于“彻底经验主义”的那个解释了。尽管他感到这个词（彻底经验主义）在哲学中比在其他任何领域遭到的误解都要多，詹姆士仍要把自己的“哲学态度”命名为“彻底经验主义”。他说：“我说‘经验主义’，这是因为它甘愿把它在有关事实方面的一些最可靠的结论视为假说，这些假说在未来的经验进程中是可以改变的；我说‘彻底的’，这是因为它把一元论学说本身视为一种假说，与通常冠以实证主义或不可知论或科学自然主义等名称的那种半截子经验主义不同，它并不独断地把一元论说成是全部经验都与之相符的一种东西。”[②]

---

① *ERE*, p.238.

② *WB*, p.vii-viii.

结　语

以上的讨论尝试提出这样一个看法，即思想流学说是《心理学原理》的主旋律，是詹姆士哲学的起点，贯穿于其中的是面向经验和事实的态度以及通过边缘连续构成的思想方法。这个态度和方法渗透于詹姆士的实用主义、多元宇宙观和彻底经验主义，揭示这个方法可以对他的哲学有个比较系统的理解。

这样一个看法是我在张祥龙教授的指导下研读詹姆士著作的过程中形成的。我对詹姆士的阅读始于他后期的著作——《实用主义》、《多元的宇宙》、《彻底经验主义》和《若干哲学问题》。当时我只是感到这是一个哲学富矿，但苦于找不到开掘它的进路。张祥龙教授指点我精读“哲学味更浓”的《心理学原理》。此后我便有点开窍的感觉，并通过对思想流学说的学习产生出这样一个思路。最初我只是对这个思路有一个模糊的印象。它引导我去进一步阅读和思考，在览字诵句、推敲琢磨的功夫里，逐渐变得清晰起来，形成一个大致轮廓。我在阅读相关研究著作时发现，以思想流学说为出发点来理解詹姆士的思想，是一个尚未被人明确系统论述的议题。另一方面，我感到这又是一个言之有据而且可以持之成理的思路，以源自思想流学说的思想方法解释詹姆士的主要哲学思想和理论，可以比较清楚地显示贯穿于詹姆士各个学说之中的思想意向与行程。如果说詹姆士的实用主义、多元宇宙观、彻底经验主义、道德哲学和宗教哲学是漂浮在海上的巨轮，那么他的思想流学说就是浮载这些轮船的水流；如果说这些学说是詹姆士哲学的一个个栖息地，那么思想流则贯通它的飞翔，将这些栖息地连接成一个没有间断的飞行图景。这个思想方式潜藏着詹姆士哲学的秘密。我们了解这个思想方式，可以做到既不为其所惑又不主观任意地阅读詹姆士，从而在许多问题上避免前后矛盾、左右为难的解释局面。

我不知道这个看法在读者朋友看来是否清楚，或者它是否让读者朋友对詹姆士的哲学有一个比较系统连贯的理解。当我在写作过程中将原初的意向一步步充实起来时，发现它已与那个意向大不一样。在即将结束本书的写作时，我再一次想到它的整个内容，相比于最初的预期，一方面感觉这内容比初始的时候要充实和丰富，另一方面又感到它在许多方面尚未完成。从思想流学说的来源上看，我只是撮其大要，介绍了对詹姆士影响较大的几种理论。在这些理论中，达尔文的特别是斯宾塞的进化论对詹姆士的思想发展影响很大。本书对此只是做了简要介绍，对思想流与唯心主义的关系也只是简而述之。就思想流的意义和价值而论，它对詹姆士乃至美国的宗教哲学都影响巨大，它的现象学维度及其与现象学的关系也是重要而又富有深意的话题，而这些在本书中都少有表现。即使思想流学说同实用主义、多元宇宙观和彻底经验主义的关系，也表述得远远不够系统和深透，尤其是对思想流学说与多元宇宙观之间关系的阐述还有较大改进余地。对此我确有一种言未尽意之感。无疑，这种未完成的局面使本书显得不够充分与饱满，甚至可能显得单薄和粗糙。这或许是本书无法回避或者难以避免的缺陷：一方面是由于笔者才疏学浅，另一方面是由于该书只是笔者研究詹姆士哲学的一个开始。任何开始总已经包含着对于整体意义的指向，但又绝不是对于整体意义的现实揭示。这个整体意义存在于边缘之中，有待于进一步呈现。如果该书给人一种尚未完成的感觉，或者言未尽意的印象，那么我在抱歉之余，也并不完全感到失望，因为此书本身使人感受到了它的预期指向及其边缘中的“更多”或“超出”。

引用文献

一、詹姆士的著作

[1] James, William. *Collected Essays and Reviews.* Edited by R. B. Perry. London: Longmans, Green and Co., 1920.

[2] James, William. *Essays in Radical Empiricism.* Edited by R. B. Perry. New York: Longmans, Green And Co., 1922.（《彻底的经验主义》，庞景仁译，上海人民出版社，1965年）

[3] James, William. *Human Immortality: Two Supposed Objections to the Doctrine.* Boston: Houghton, Mifflin, 1989.

[4] James, William. *Letters of William James.* 2 vols. Edited by Henry James. Boston: The Atlantic Monthly Press, 1920.

[5] James, William. *Letters of William James and Theodore Flournoy.* Edited by Robert C. LeClair. Madison : University of Wisconsin Press, 1966.

[6] James, William. *The Meaning of Truth.*Cambridge: Harvard University Press, 1975.

[7] James, William. *Memories and Studies.* New York: Longmans, Green and Co., 1912.

[8] James, William. "On Some Omissions of Introspective Psychologypp." in *Mind,* Vol. 9, No. 33 (Jan., 1884), pp.3–4.

[9] James, William. *The Philosophy of William James:Drawn from His Own Works. Edited by Horace M. Kallen.* New York: The Modern Library, Inc., 1925.

[10] James, William. *A Pluralistic Universe.* London: Longmans, Green and Co.,

1909.（《多元的宇宙》，吴棠译，商务印书馆，1999年）

[11] James, William. *Pragmatism and Four Essays from The Meaning of Truth*. New York: The World Publishing Company, 1970. (《实用主义》，陈羽纶，孙瑞禾译，商务印书馆，1979年)

[12] James, William. *The Principles of Psychology.* 2Vols. Beijing: China Social Sciences Pub. Housing, 1999.（《心理学原理》（选译），唐钺译，商务印书馆，1963年）

[13] James, William. *Psychology: Briefer Course*. London: Macmillan and Co., 1892.（《心理学简编》，伍况甫译，商务印书馆，1933年）

[14] James, William. "Remarks on Spencer's Definition of Mind as Correspondence." in *Journal of Speculative Philosophy.* Vol. 12, No. 1 (January, 1878), pp. 1–18.

[15] James, William. "Review of A. R. Wallace' s *The Origin of Human Races and the Antiquity of Man Deduced from the Theory of Natural Selection.*" in *North American Review.* 101 (1865), pp. 261 - 63.

[16] James, William. "Review of T. H. Huxley' s *Lectures on the Elements of Comparative Anatomy: On the Classification of Animals, and on the Vertebrate Skull*". in *North American Review.* 100 (1865), pp. 290 - 98.

[17] James, William. *The Selected Letters of William James*. Edited by Elizabeth Hardwick. Boston: David R. Godine Publisher, Inc. 1980.

[18] James, William. *Selected Papers on Philosophy by William James*. New York: E. P. Dutton & Co.

[19] James, William. *Some Problems of Philosophy.* New York: Longmans, Green and Co., 1924.

[20] James, William. *Talks to Teachers on Psychology and to Students on Some of Life's Ideals*. New York: Henry Holt and Company, 1901.

[21] James, William. *The Varieties of Relegious Experience*. New York: Penguin Books USA Inc., 1985.（《宗教经验种种》，唐钺译，商务印书馆，2002年）

[22] James, William. *The Will To Believe and Other Essays in Popular Philosophy.* New York: Dover Publication, Inc., 1956.

[23] James, William. *Writings 1902-1910*. Edited by Bruce Kuklick. The Library of America, 1987.

[24] James, William. *The Writings of William James: A Comprehensive Edition,* Edited by John J. McDermott. Chicago: The University of Chicago Press, 1977.

二、其他著作

[1] Allen, G. W. *William James: A Biography.* New York: The Viking Press, New York, 1967.

[2] Ayer, A. J. *The Origins of Pragmatism: Studies in the Philosophy of Charles Peirce and William James.* San Francisco: Freeman, Cooper and Co., 1968.

[3] Barnard, G. William, *Exploring Unseen Worlds: William James and the Philosophy of Mysticism*. Albany, New York: State University of New York Press, 1997.

[4] Berkeley, George. *A Treatise Concerning The Principles of Human Knowledge.* Indianapolis: Bobbs–Merrill Educational Publishing, 1985.

[5] Bird, Graham. *William James,* London: Routledge & Kegan Paul, 1986, p.8.

[6] Bixler, Julius Seelye. *Religion in the Philosophy of William James.* Boston: Marshal Jones Company. 1926.

[7] Bradley, F. H. *Appearance and Reality.* London: Oxford University Press, 1930.

[8] Browning, Don. *pluralism and personality.* Cranbury: Associated University Press, 1980.

[9] Burgt, R. J. V. *The Religious Philosophy of William James.* Chicago: Nelson–Hall Inc.,1981.

[10] Conkin, Paul K. *Puritans and Pragmatists.* Bloomington: Indiana University Press, 1976.

[11] Coope , Christopher et al. *A Wittgenstein Workbook.* Oxford: Basil Blackwell, 1967.

[12] Cooper, Wesley. *The unity of William James's thought.* Nashville: Vanderbilt University Press, 2002.

[13] Derrida, Jacques. *Speech and Phenomena And Other Essays on Husserl's Theory of Signs.* Translated by David B. Allison, Evanston: Northwestern University Press, 1973.

[14] Dewey, John. *Psychology.* New York: American book company, 1891.

[15] Dewey, John. *The Influence of Darwin on Philosophy.* New York: Henry Holt and Company, 1910.

[16] Dewey, John. "William James." in *The Journal of Philosophy, Psychology and Scientific Methods,* Vol. 7, No. 19 (Sep.15, 1910), pp.505–508.

[17] Durkheim, Emile. *Pragmatism and sociology*. Translated by J. C. Whitehouse. Cambridge: Cambridge University Press, 1983.

[18] Gale, Richard M. "The Deconstruction of Traditional Philosophy in William James' s Pragmatism." in *100 Years of Pragmatism: William James's Revolutionary Philosophy*. Edited by John J. Stuhr.Bloomington: Indiana University Press, 2010.

[19] Flanagan, Owen. "Consciousness as a pragmatist views it." in *the Cambridge companion* to William James. Edited by Ruth Anna Putnam. Cambridge: Cambridge University Press, 1997.

[20] Flournoy, Theodore. *The philosophy of William James.* Translated by Edwin B. Holt and William James. Junior, New York：Henry Holt and Company,1917.

[21] Gale, Richard M. *The Divided Self of William James.* Cambridge: Cambridge University Press, 1999.

[22] Gale, Richard M. *The Philosophy of William James: An Introduction.* Cambridge: Cambridge University Press, 2005.

[23] Gavin, W. J. *William James and the Reinstatement of the Vague.* Philadelphia: Temple University Press, 1992.

[24] Gay, Peter. *A Godless Jew: Freud, Atheism, and the making of psychoanalysis.* New Haven: Yale University Press, 1987.

[25] Goodman, Russell B. *Wittgenstein and William James.* Cambridge: Cambridge University Press, 2002.

[26] Goodman, Russell B. "What Wittgenstein Learned From William James." *History of Philosophy Quarterly* 11: 2 (1994), pp.339 – 54.

[27] Hallett, Garth. *A Companion to Wittgenstein's "Philosophical Investigations."* Ithaca: Cornell University Press, 1977.

[28] Hodgson, Shadworth H. *The Philosophy of Reflection*. Vol.I. London: Longmans, Green and Co., 1878.

[29] Hollinger, Robert & David Depew, ed. *Pragmatism: From Progressivism to Postmodernism*, Westport: Praeger publishers, 1995.

[30] Hookway, Christopher. "Logical principles and philosophical attitudes: Peirce' s response to James' s pragmatism." In *the Cambridge companion to William James*. Edited by Ruth Anna Putnam. Cambridge: Cambridge University Press,1997.

[31] Hume, David. *A Treatise of Human Nature*. London: Penguin Books Ltd., 1969.

[32] Hume, David. *A Treatise of Human Nature*. Edited by. T. H. Green, and T. H. Grose. London: Longmans, Green and Co., 1890.

[33] Hume, David. *An Enquiries Concering Human Understanding and selections from A Treatise Of Human Nature*. Illinois: the Open Court Publishing Company, 1955.

[34] Husserl, Edmund. *The Crisis of European Sciences and Transcendental Phenomenology*. Translated by David Carr. Evanston: Northwestern University Press, 1970.

[35] Huxley, T. H. *Method and Results: Collected Essays*. Vol. I. London: Macmillan, 1898.

[36] Johnson, Michael G. and Tracy B. Henley, ed. *Reflections on 'The Principles of Psychology': William James after a century*. Hove: Lawrence Erlbaum Associates, 1990.

[37] Kallen, Horace M. *William James and Henri Bergson: A Study in Contrasting Theories of Life*. Chicago: University of Chicago Press, 1914.

[38] Kant, Immanuel. *Critique of Pure Reason*. translated by Norman Kemp Smith. London: Macmillan and Co., Ltd., 1933.

[39] Kuklick, Bruce. *The Rise of American Philosophy*. New Haven: Yale University Press, 1977.

[40] Lamberth, D. G. *William James and the Metaphysics of Experience*. Cambridge: Cambridge University Press,1999.

[41] Locke, John. *The Works of John Locke*, 9 vols. London: Routledge/Thoemmes Press, 1997.

[42] Mandler, George. *A History of Modern Experimental Psychology: From*

James and Wundt to Cognitive Science. Cambridge: The MIT Press, 2007.

[43] Marcell, David W. *Progress and Pragmatism: James, Dewey, Beard, and the American Idea of Progress.* Westport: Greenwood Press, 1974.

[44] Marchetti, Sarin. *Ethics and Philosophical Critique in William James.* Basingstoke: Palgrave Macmillan, 2015.

[45] Mcdermott, John J. "Foreword" to *Chaos and Context: A Study in William James* by C. H. Seigfried. Ohio: Ohio University Press, 1978.

[46] Mead, G. H. "The Definition of the Psychical." in *Selected Writings of G. H. Mead.* Edited by A. J. Reck. New York: Bobbs-Merrill Co., 1964.

[47] Mead, G. H. *Movements of Thought in the Nineteenth Century.* Edited by Merritt H. Moore . Chicago: University of Chicago Press, 1936

[48] Mill, James, *Analysis of the Phenomena of the Human Mind.* Vol. I. London: Longmans Green Reader and Dyer, 1869.

[49] Miller, George A. "Introduction" to *The Principles of Psychology* by William James. Cambridge: Harvard University Press, 1983, pp.ix-xxi.

[50] Moore, E. C. *American Pragmatism: Peirce, James and Dewey*. New York: Columbia University Press, 1961.

[51] Moore, E. C. *William James*. New York: Washington Square Press, 1965.

[52] Morris, Charles W. *The Pragmatic Movement in American Philosophy.* New York: George Braziller, Inc.1970.

[53] Mullin, Richard P. *The Soul of Classical American Philosophy*. Albany: State University of New York Press, 2007.

[54] Murphy, John P. *Pragmatism: From Peirce To Davidson*. Boulder: Westview Press, 1990.

[55] Murray, D. L. "pragmatism." in *Early Defenders of pragmatism*. Vol.3. Edited by John R. Shook. Virginia: Thoemmes Press, 2001.

[56] Myers, Gerald E. *William James: His Life and Thought*. New Haven: Yale University Press, 1986.

[57] Natorp, Paul. *Einleitung in die Psychologie nach kritischer Methode.* Freiburg: Akademische Verlagsbuchhandlung, 1888.

[58] Pawelski, James O. *The Dynamic Individualism of William James*. Albany:

State University of New York Press, 2007.

[59] Peirce, C. S. *Collected Papers of Charles Sanders Peirce*. 8 Vols. ed. Charles Hartshorne and Paul Weiss (vols. 1–2; 1974; vols. 3–4, 1980; vols. 5–6, 1963) and Arthur Burks (vols. 7–8, 1979). Cambridge: The Belknap Press of Harvard University Press.

[60] Peirce, C. S. *Philosophical Writings of Peirce*. Edited by Justus Buchler. New York: Dover Publications, Inc., 1955.

[61] Perry, R. B. *In the Spirit of William James*. Bloomington: Indiana University Press, 1958.

[62] Perry, R. B. *Present Philosophical Tendencies*. New York: Longmans, Green and Co., 1912,

[63] Perry, R. B. *The Thought and Character of William James*. 2 vols. Boston: Little, Brown and Company, 1935.

[64] Perry, R. B. *The Thought and Character of William James*: Briefer Version. Cambridge: Harvard University Press, 1948.

[65] Pope, Kenneth S. and Jerome L. Singer, ed. *The Stream of Consciousness*. New York, Plenum Press, 1978.

[66] Posner, Richard A. *The Problems of Jurisprudence*. Harvard University Press, 1990.

[67] Pratt, James. B. *What Is Pragmatism*? New York: The Macmillan Company, 1909.

[68] Putnam, Hilary. "James ' s theory of truth ." in t*he Cambridge companion to William James*. Edited by Ruth Anna Putnam. Cambridge: Cambridge University Press, 1997.

[69] Ramsey, Bennett. *Submitting to Freedom: the Religious Vision of William James*. New York: Oxford University Press, 1993.

[70] Reed, Edward S. *From Soul to Mind: the Emergence of Psychology, Erasmus Darwin to William James*. New Haven: Yale University Press, 1997.

[71] Richards, Robert J. *Darwin and the Emergence of Evolutionary Theories of Mind and Behavior*. Chicago: University of Chicago Press, 1988.

[72] Riley, Woodbridge. *American Thought: from Puritanism to Pragmatism*. New

York: Henry Holt and Company, 1915.

[73] Robinson, D. N. *Toward a Science of Human Nature: Essays on the Psychologies of Mill, Hegel, Wundt, and James*. New York: Columbia University Press,1982.

[74] Rorty, Richard. *The Consequences of Pragmatism.* Minneapolis: University of Minnesota Press, 1982.

[75] Rorty, Richard. "Some Inconsistencies in James' s Varieties." in *William James and a Science of Religions: Reexperiencing The Varieties of Religious Experience. Edited by Wayne Proudfoot*. New York: Columbia University Press, 2004.

[76] Roth, Robert J. *British Empiricism and American Pragmatism: New Directions and Neglected Arguments*. New York: Fordham University Press, 1993.

[77] Royce, Josiah. *The Religious Aspect of Philosophy*. Boston: Houghton Mifflin Company, 1913

[78] Russell, Bertrand. *The Analysis of Mind*. London: Routledge, 1997.

[79] Russell, Bertrand. *Philosophical Essays*. London: Longmans, Green and Co., 1910.

[80] Russell, Bertrand. *The Philosophy of Logical Atomism and Other Essays*. London: George Allen & Unwin, 1986.

[81] Rydenfelt, Henrik and Sami Pihlström, ed. *William James on Religion*. New York: Palgrave Macmillan, 2013.

[82] Scheffler, I. *Four Pragmatists: A Critical Introduction to Peirce, James, Mead, and Dewey*. New York: Humanities Press, 1974.

[83] Schiller, F. C. S. *Studies in Humanism*. London: Macmillan and Go., Ltd., London, 1907.

[84] Schuetz, Alfred. "William James' Concept of the Stream of Thought Phenomenologically Interpreted," in *Philosophy and Phenomenological Research*, Vol. 1, No. 4 (Jun., 1941), pp. 442 – 452.

[85] Schwartz, Robert. *Rethinking Pragmatism From William James to Contemporary Philosophy*. Chichester: John Wiley & Sons Inc., 2012.

[86] Seigfried, Charlene H. *Chaos and Context: A Study of William James*. Athens, Ohio: Ohio University Press,1978.

[87] Seigfried, Charlene H. *William James's Radical Reconstruction of Philosophy*. Albany: State University of New York Press, 1990.

[88] Slater, Michael R. *William James on Ethics and Faith*. Cambridge: Cambridge University Press, 2009.

[89] Simon, Linda, *Genuine Reality: A Life of William James*. New York: Harcourt Brace & Company,1998.

[90] Smith, J. E. *The Spirit of American Philosophy*. Albany: State University of New York Press, 1983.

[91] Spencer, Herbert, *First Principles*, London: Williams and Norgate, 1862.

[92] Spencer, Herbert. *The Principles of Psychology*. Routledge/Thoemmes Press, 1996.

[93] Spencer, Herbert, "Progress: Its Law and Cause", in *The Westminster Review*, April. 1857.

[94] Spinoza, Baruch. *Complete Works*. Translated by Samuel Shirley. Indianapolis：Hackett Publishing Company, Inc., 2002.

[95] Stevens, Richard. *James and Husserl: The Foundations of Meaning*. The Hague: Martinus Nijhoff, 1974.

[96] Suckiel, E. K. *The Pragmatic Philosophy of William James*. Noter Dame: University of Noter Dame Press, 1984.

[97] Taylor, Eugene. *William James on Consciousness beyond the Margin*. Princeton: Princeton University Press, 1996.

[98] West, Cornel. *The American Evasion of Philosophy*. Madison: The University of Wisconsin Press, 1989.

[99] Wild, J. D. *The Radical Empiricism of William James*. New York: Doubleday and Company, Inc., 1969.

[100] Wilshire, B. W. *William James and Phenomenology: A Study of the Principles of Psychology*. Bloomington: Indiana University Press, 1968.

[101] Allen, Gay Wilson. William James:A Biography. New York: The Viking Press, 1967.

[102] [美] 爱德华·S.里德：《从灵魂到心理：心理学的产生，从伊拉斯马斯·达尔文到威廉·詹姆斯》，三联书店，2001年。

[103] [英] 艾耶尔：《二十世纪西方哲学》，李步楼等译，上海译文出版社，1987年。

[104] 陈启伟：《读后的话》，载[美] 桑德拉·罗森塔尔：《从现代背景看美国古典实用主义》，陈维纲译，开明出版社，1992年。

[105] 陈亚军：《哲学的改造》，中国社会科学出版社，1998年。

[106] [英] 达尔文：《物种起源》，周建人，叶笃庄，方宗熙译，商务印书馆，1997年。

[107] [美] 杜威：《哲学的改造》，许崇清译，商务印书馆，1997 年。

[108] [美] 霍华德·马文·范斯坦：《就这样，他成了威廉·詹姆斯》，季广茂译，东方出版社，2001年。

[109] [美] 赫伯特·施皮格伯格：《现象学运动》，王炳文、张金言译，商务印书馆，1995年。

[110] [德] 黑格尔：《小逻辑》，贺麟译，商务印书馆，1980年。

[111] 黄启祥：《从陈康与刘述先的争论看事物的个体性与同一性》，载《哲学分析》第6 卷，第4 期（2015年8月），第53-64页。

[112] [法] 拉·梅特里：《人是机器》，顾寿观译，三联书店，1996年。

[113] [英] 罗素：《西方哲学史》，下卷，马元德译，商务印书馆，1996年。

[114] [英] 罗素：《我们关于外间世界的知识》，陈启伟译，上海译文出版社，2006年。

[115] [奥]马赫：《感觉的分析》，商务印书馆，洪谦，唐钺，梁志学译，1986年。

[116] [奥]马赫：《力学的发展》，载洪谦主编：《现代西方哲学论著选辑》（上册），商务印书馆, 1993年，第35-48页。

[117] [美] G. 墨菲，[美] J. 柯瓦奇：《近代心理学历史导引》，林方，王景和译，商务印书馆，1982年。

[118] 尚新建：《美国世俗化的宗教与威廉·詹姆斯的彻底经验主义》，上海人民出版社，2002年。

[119] [英] 索利：《英国哲学史》，段德智译，山东人民出版社，1992年。

[120] 张祥龙：《当代西方哲学笔记》，北京大学出版社，2005年。

后　记

本书是我在博士毕业论文的基础上完成的。博士毕业后的这些年，我的主要精力都用于教学和从事近代西方哲学的研究，其间虽然曾开设过詹姆士哲学课程，但是对博士论文只是断断续续地做了一些修改，一直没有具体的成书计划。2016年一家出版社来信表示对这篇博士论文感兴趣，认为它在相关的专业领域里有着潜在的需求，朋友也催促我将其出版。于是，我便在这几个月利用教学之余完成博士论文的修改。

在本书即将付梓之际，我首先要感谢我的博士论文指导老师张祥龙教授。他研究哲学的态度和方法，他对西方哲学与中国哲学的独到见解，他的严格要求和谆谆教诲，让我在治学过程中受益不尽。博士论文题目是在张祥龙教授的指导下拟定的，在攻读博士的整个过程中他的授课、指导和训练使我能够比较顺利地完成博士论文。张祥龙教授还仔细阅读了本书稿，并提出了具体的修改建议。我根据这些建议又进行了相应的修改。

我要感谢赵敦华教授。从我入学北大到博士毕业，赵敦华教授在学习上和生活上都给予了我难忘的指导、关心和帮助，他的著作让我受益良多。我要感谢陈启伟教授、靳希平教授和杜小真教授。他们是我的授业恩师。他们知识渊博，治学严谨，循循善诱，诲人不倦。我还要感谢尚新建教授。在我告诉他我的论文研究方向之后，他热情地为我提供资料，并把自己研究詹姆士的博士论文复印本送给我。

我的博士论文开题报告审核委员会成员为张祥龙教授、赵敦华教授、靳希平教授、韩水法教授和孙永平教授。非常感谢他们对我的论文写作计划提出的宝贵建议。博士论文的答辩委员会成员为张祥龙教授、赵敦华教授、靳希平教授、尚新建教授和陈波教授。诸位教授从不同角度对论文做出了评价，提出了意见。在此我深表感谢。

本书的部分内容已发表在几种学术期刊上。第三章书稿的部分内容曾以“威廉·詹姆士对英国经验主义的批判”为题发表在《云南大学学报》2010年第5期，第41–47页；第四章书稿中的部分内容曾以“论詹姆士《心理学原理》中的‘思想’概念”为题发表在《现代哲学》2014 年第2 期，第72–80页；第七章的部分内容曾以“刚柔之际的哲学追求——试论詹姆士实用主义哲学的居间性”为题发表在《山东大学学报》2005年第5期，第36–42页。我对这些学术期刊慨然允许在本书中采用这些资料表示感谢。

黄启祥

2016年12月25日